本书受广东省哲学社会科学"十三五"规划后期资助项目"伊格尔顿政治批评理论研究"(GD18HZW02)及广东省教育厅普通高校创新团队项目"粤港澳大湾区文学与文化研究团队"(2020WCXTD010)等资助。

走向新的审美实践

伊格尔顿政治批评理论研究

程露 著

中国社会科学出版社

图书在版编目(CIP)数据

走向新的审美实践：伊格尔顿政治批评理论研究 / 程露著. -- 北京：中国社会科学出版社, 2025.8.
ISBN 978-7-5227-5207-5

Ⅰ．G0

中国国家版本馆 CIP 数据核字第 2025MJ5243 号

出 版 人	季为民
责任编辑	王丽媛
责任校对	孙延青
责任印制	张雪娇

出　　版	中国社会科学出版社
社　　址	北京鼓楼西大街甲 158 号
邮　　编	100720
网　　址	http://www.csspw.cn
发 行 部	010-84083685
门 市 部	010-84029450
经　　销	新华书店及其他书店
印　　刷	北京明恒达印务有限公司
装　　订	廊坊市广阳区广增装订厂
版　　次	2025 年 8 月第 1 版
印　　次	2025 年 8 月第 1 次印刷
开　　本	650×960　1/16
印　　张	18
插　　页	2
字　　数	234 千字
定　　价	98.00 元

凡购买中国社会科学出版社图书，如有质量问题请与本社营销中心联系调换
电话：010-84083683
版权所有　侵权必究

序

2006年，程露从武汉大学文学院文艺学专业硕士研究生毕业，考入中山大学中文系文艺学专业，跟着我攻读博士学位，在确立博士论文选题时，颇费了一番周折。她在硕士期间主要关注女性主义文学研究，文学阅读较为广泛；读博之后，在我的建议下，转向更重思辨的特里·伊格尔顿理论研究，这对她而言，是锻炼也是挑战。伊格尔顿是英国当代著名的文学批评家、文化理论家，也是改革开放以来在中国文艺理论界影响深远的西方马克思主义理论家之一，其研究意义不言而喻。伊格尔顿著述颇多，其研究也是大热门，仅博士学位论文就有数十篇，因此研究其理论思想面临的首要问题是文献综述的难度。对此，程露费了几年功夫扎根于文献，坚持原创性研究，为其博士论文写作打下坚实的学术基础。本书的前身即为这本博士论文。

伊格尔顿身处西方政治语境，在各类批评实践及文化论战中却始终坚持马克思主义的一些重要观点，倡导批评的政治功能，不断发展应用马克思主义的经典概念、范畴，探讨文学、文化、政治、意识形态的关系，具有鲜明的政治色彩。政治批评理论是伊格尔顿学术思想最为核心、最有价值的部分，它像一根红线将伊格尔顿的全部理论建构与批评实践联结为一个整体。本书以"政治批评"为主线构建伊格尔顿批评理论的逻辑体系，将意识形态理论、文化批评、宗教伦理、解构思维等纳入这一总的理论框架中，通过分析伊格尔顿政治批评理论的基本内涵、发展逻辑、表现形式、理论意义及走向，探索一种可以解读伊格尔顿全部理论著作的新批评模式。全书文献扎实，论证得力，并提出诸多创新观念，在一定程度上，深化了当代西方马克思主义研究，堪称目前从政治批评角度研究伊格尔顿文艺思想的佼佼者。伊格尔顿的政治批评理论为马克思主义时代化提供了诸多批评案例，其中甚或不乏理论范式，其意义充分表明：马克思主义基本原理、经典概念和范畴在新的历史条件下具有强大的阐释能力。当前中国正着力发展具有中国特色的马克思主义文学批评，从学理层面梳理伊格尔顿应用马克思主义理论开展政治批评的问题意识、实践方法及理论创新，总结其阐释马克思主义经典文艺思想的理论形态，可以为马克思主义的中国化当代化提供充满活力的学术资源。从马克思主义理论建设角度而言，伊格尔顿的政治批评理论体现了20世纪70年代以来西方马克思主义理论的内部演化及其与其他各种理论的交锋与进化，也顺应了当代西方美学政治转向的潮流。伊格尔顿与当代西方理论之间，存在着密切的对话关系或影响关系，他对中国学者的影响尤其不能忽略，因此，研究伊格尔顿对中国当代文艺理论建设与文学批评均具有重要意义。

  程露对伊格尔顿的研究，始于纯理论的探索，但是，由于她对文学阅读本身的喜好，使得她能时时走出纯理论思辨，回望理论的来路，关注理论建构与文学批评的血脉连结，注重伊格尔顿政治批评理论在实际文学批评中的应用。全书文笔明白晓畅，诸多章节体现出较高的实践价值：例如，第二、三、四章的举例说明，伊格尔顿关于文学形式的政治批评理念及其批评实践（尤其是小说和诗歌评论），对当下的文学批评具有直接的参考示范作用，我相信是可以得到学界认可的。程露的尝试具有实实在在的意义，期望她走出新的学术之路。

王　坤
2023年9月22日

目 录

导 论 …………………………………………………………… 1
  第一节　伊格尔顿政治批评理论研究的学术背景 ………… 2
  第二节　伊格尔顿政治批评理论研究的当代进展 ………… 7
    一　国外伊格尔顿研究概况 ………………………………… 9
    二　国内伊格尔顿研究综述 ………………………………… 15

第一章　政治批评理论内涵 ………………………………… 30
  第一节　政治批评的立场：民族主义与马克思主义 ……… 30
    一　爱尔兰后裔的身份认同 ………………………………… 31
    二　马克思主义的政治信仰 ………………………………… 40
  第二节　政治批评理论切入点：意识形态 ………………… 58
    一　意识形态的主要内涵：阶级利益合法化 ……………… 58
    二　意识形态批评与政治批评的同一性与差异性 ………… 64
  第三节　政治批评的核心：社会关系研究 ………………… 74
    一　阶级关系及阶级斗争 …………………………………… 74
    二　人际关系及权力之争 …………………………………… 81
  第四节　政治批评的主旨：实质性社会功能 ……………… 87
    一　意识形态的实践功能及启示 …………………………… 88
    二　修辞学与政治批评同源共流 …………………………… 93
    三　现代批评的政治功能 …………………………………… 99

第二章　文学文本的政治批评 ············· 112
第一节　文学形式的政治批评 ············· 112
一　理论来源：古典修辞学与西方马克思主义 ······· 113
二　切入方式：文学形式与意识形态的关系 ········ 123
三　批评实践：诗歌与小说的形式政治 ·········· 130
第二节　文学的政治功能 ················ 136
一　文学的价值在于交换价值 ·············· 137
二　文学政治功能的实现方式 ·············· 140
三　文学政治功能的衰退 ················ 144

第三章　资产阶级批评理论的政治功能 ········ 149
第一节　英国文学研究对资本主义政治危机的回应 ····· 149
一　浪漫主义作为一种政治手段 ············· 150
二　英国文学的意识形态性 ··············· 151
三　英国文学研究的制度化 ··············· 153
第二节　西方美学意识形态与资产阶级领导权的确立 ···· 155
一　关于美学缘起的一般观点 ·············· 155
二　美学诞生的政治意义 ················ 157
三　美学领导权的困境与局限 ·············· 161
第三节　西方文学理论对资本主义政治逻辑的强化 ····· 164
一　文学理论的历史性与非历史性 ············ 165
二　西方文学理论所代表的阶级利益 ··········· 167
三　西方文学理论对资本主义意识形态的
　　复制与强化 ···················· 169

第四章　后现代主义：西方左派政治的理论转向 ···· 176
第一节　后现代主义：从杰姆逊到伊格尔顿 ······· 177

一　后现代主义的起因 ························· 177
　　二　后现代主义的主体特征 ····················· 179
　　三　后现代主义与现代主义 ····················· 181
　　四　后现代主义的政治前途 ····················· 183
第二节　后现代理论信条的谬误 ······················ 185
　　一　后现代主体的身体化 ······················· 185
　　二　多元历史论的反历史 ······················· 188
　　三　后现代差异论的局限 ······················· 191
第三节　解构主义的利与弊 ·························· 195
　　一　解构思维的政治价值 ······················· 195
　　二　解构主义的政治倾向 ······················· 200

第五章　走向新的审美政治 ···························· 205
第一节　政治重建的物质基础：身体 ·················· 205
　　一　马克思的劳动身体 ························· 206
　　二　尼采的权力身体 ··························· 210
　　三　弗洛伊德的欲望身体 ······················· 213
第二节　政治重建的试验田：女性主义 ················ 220
　　一　女性主义批评在伊格尔顿政治批评
　　　　理论框架中的地位 ························· 221
　　二　女性及女性主义之于理想政治模式的价值所在 ··· 227
　　三　政治效用是评价女性主义的根本标准 ··········· 231
第三节　理想政治的审美意象："爵士乐团" ············ 235
　　一　重回伦理政治：博爱与幸福 ·················· 236
　　二　政治审美化与审美政治化 ··················· 240
　　三　构建"爵士乐团"式审美政治 ················· 245

结　语⋯⋯⋯⋯⋯⋯⋯⋯⋯⋯⋯⋯⋯⋯⋯⋯⋯⋯⋯⋯　251

参考文献⋯⋯⋯⋯⋯⋯⋯⋯⋯⋯⋯⋯⋯⋯⋯⋯⋯⋯　256

后　记⋯⋯⋯⋯⋯⋯⋯⋯⋯⋯⋯⋯⋯⋯⋯⋯⋯⋯⋯⋯　280

导　论

特里·伊格尔顿（Terry Eagleton，1943—　）是英国当代著名的文学批评家、文化理论家，也是享誉中国及欧美理论界的马克思主义理论家。五十多年来，伊格尔顿出版了40多部专著并发表了数百篇论文、评论、序跋、综述、演讲稿、剧本等，其著作主要分为三大类：第一类是文学评论著作，运用马克思主义美学理论及其他方法，分析和评论英美作家作品；① 第二类是文学作品，这是伊格尔顿从事文学创作的成果；② 第三类是批评理论著作，涉及文学理论、美学理论、文化理论等诸多理论问题。③

---

① 包括《莎士比亚和社会：莎士比亚戏剧批评研究》《流亡者与放逐者：现代文学研究》《勃朗特姐妹：权力的神话》《被奸污的克拉莉莎》《希思克利夫与大饥荒：爱尔兰文化研究》《疯狂的约翰和大主教以及有关爱尔兰文化的其他论文》《如何读诗》等著作，其中《勃朗特姐妹：权力的神话》《如何读诗》已有中译本，《被奸污的克拉莉莎》《希思克利夫与大饥荒》中的部分章节也有中译版。本书提及的伊格尔顿著作英文版本大多数已列入参考文献，2010年之后出版的著作则在正文中列出英文书名。
② 包括剧本《圣奥斯卡》、小说《圣徒与学者》等著作。
③ 包括《批评与意识形态》、《理论的重要性》、《意识形态导论》、《二十世纪西方文学理论》（又译《文学原理引论》）、《美学意识形态》（又译《审美意识形态》）、《马克思主义与文学批评》、《批评的功能》、《沃尔特·本雅明或走向革命批评》、《历史中的政治、哲学、爱欲》、《后现代主义的幻象》、《文化的观念》、《论文化》、《文化与上帝之死》、《论邪恶：恐怖行为忧思录》、《异端人物》、《马克思》、《理论之后》、《甜蜜的暴力：悲剧的观念》、《文学阅读指南》、《文学事件》、《人生的意义》、《马克思为什么是对的》等，这些著作大多数有中译本（除《理论的重要性》《意识形态导论》）。其中《历史中的政治、哲学、爱欲》根据史蒂芬·里根选编的《伊格尔顿读本》翻译而成，马海良撰写译本前言，该译著省略了英文版的前言、第一部分"文学批评"的七篇文章以及各部分简介内容。

伊格尔顿是一个写作快手，才思敏捷、表述果决、文风辛辣且不乏幽默，他凭借敏锐的学术眼光和与时俱进的学术精神参与众多理论问题的讨论，积极与中、英、法、美等各国理论家进行对话与交流，其理论常常成为国内外学术研究的热门选题。

作为西方马克思主义的代表人物，伊格尔顿在中国学术界的声望很高。1984年9月，他应邀来华讲学，先后在中国社会科学院外国文学研究所、国际关系学院、北京大学、北京外语学院等处发表演讲或座谈，深受好评。伊格尔顿视野开阔、学识渊博，尤其关注时事动态。在他的作品中，不仅谈及文学家、哲学家、社会学家，还时不时提及政治家、音乐家以及电影明星等。其写作风格明显区别于传统的书斋型学者，是改革开放以来在中国文艺理论界影响最深远的欧美理论家之一。其论著成为国内学者引用的重要来源，对中国当代文论的发展具有启发价值。关于伊格尔顿理论的相关研究规模庞大，而且热度不减。鉴于如此庞杂的研究现状，任何伊格尔顿研究选题既是有价值的也是有风险的，因此，厘清"伊格尔顿政治批评理论"研究的学术背景，也是本书面临的首要问题。

第一节　伊格尔顿政治批评理论研究的学术背景

人们对政治批评通常有两种理解：一种是指公众对各种政治现象发表自己的意见，对政治人物、政治思想、政治制度、政治行为、政治事件等进行评论；另一种政治批评指以某种政治标准对文学、艺术、道德、宗教、哲学以及社会生活、经济生活中的非政治现象进行评价，讨论其政治倾向或政治价值。例如通过分析文学作品以探讨作家的政治态度，如美国学者布鲁姆的《莎士比亚的政治观》；或者将文学作品放在所属的政治语境中解读，如批评家将《格列佛游记》与辉格党背景联系起来考察，这种政治批评方法在文学领域较为常见。当批评家面对政治倾向鲜明或者政治内容突出的作品，往往自发性采用政治批评方法。在社会动荡或历史转型期，受众不满足于批评的纯艺术化分析，政治批评可有力推动文学批评介入社会生活的力度，成为社会历史批评的一个典型代表。作为学术用语的"政治批评"是一个中性词，批评即评价，不一定完全持批判态度，亦可能是表扬。有研究者指出，在文学理论、哲学、美学、社会学等领域的政治批评论著，多于政治学领域的政治批评。①

伊格尔顿理论著述中的"政治批评"即第二种用法，与政治学意义上的"政治批评"亦有所交叉。伊格尔顿认为"政治批评"是马克思主义批评史上一种批评模式，在其主编的《马克思主义文学理论读本》一书中，他概括了四种马克思主义批评模式（即人类学的、政治的、意识形态的和经济的），分别对应一定的历史时期及代表理论家，如人类学批评模式以始于第二国际时期的普列汉诺夫、考德威尔、费舍尔理论为代表；政治批评模式以始于布尔什维克时代的列宁、托洛茨基等的文学批评为代表；意识形态批评以始于第二次世界大战前后被称为西方马克思主义世系的卢卡奇、葛兰西、阿多诺、本雅明、阿尔都塞、马尔库塞等人理论为代表；经济批评模式没有明确的时间界限，在马克思主义文化理论史的不同时期都有它的身影，这一批评模式关注文化的生产方式，即研究生产文化的全部物质设置。伊格尔顿称赞"意识形态的模式"是最有创造力的马克思主义批评，但是认为其最大的弊端是脱离了政治实

---

① 此处关于"政治批评"的定义及分析参考了谢维营的《论政治批评》[《南昌大学学报》（人文社会科学版）2004年第2期]一文，该文主要是从政治学角度研究"政治批评"。

践，缺少政治成效。"最优秀的马克思主义批评一直是政治僵滞导致的文化移置的产物。"① 从卢卡奇的小说研究到杰姆逊的文化理论，马克思主义批评越来越学院化，为了应对马克思主义在西方社会的衰落，伊格尔顿对具有论战性和干预性的"政治的模式"心怀念想："我们可以从当时批评论争中追溯到一些印迹，它的活力和胆魄仍然是有待今天的我们重新获得的东西。"② 由此看来，伊格尔顿所倡导的"政治批评"应该是传统政治批评与意识形态批评的合体，当下这种政治批评模式还在进一步发展中。

20世纪西方文论受语言学转向思想及现代科技革命的影响，最初沿着形式主义批评的路径深入发展。以俄国形式主义文论的兴起为标志，随后是英美新批评、法国结构主义、神话原型批评、现象学等，具有明显的科学主义文论特征。第二次世界大战之后，随着社会语境的迅速变革，西方文论重新将视角回归历史、政治、文化等人文层面，在科学与人文交融发展的态势中不断创新文学理论。20世纪70年代以来，受法国1968年"五月风暴"事件以及其他社会历史文化巨变的影响，西方文论呈现出多元化发展态势，理论家身份亦复杂化，其对社会历史及文化政治的关注较以往更加积极也更为深刻。女性主义、解构主义、后殖民主义、文化研究、西方马克思主义以及新历史主义等新兴理论都将政治视为基本问题域。据韩加明研究，这期间成长起来的美国年轻学者的研究大都涉及上述内容，而且尤其关注那些具有对立性质的思想观念，也更为关心

---

① [英] 伊格尔顿：《马克思主义文学理论》，载伊格尔顿《历史中的政治、哲学、爱欲》，马海良译，中国社会科学出版社1999年版，第115页。
② [英] 伊格尔顿：《马克思主义文学理论》，载伊格尔顿《历史中的政治、哲学、爱欲》，马海良译，中国社会科学出版社1999年版，第112页。

批评的社会政治作用。① 布朗的《帝国之末：十八世纪早期英国文学中的女性与意识》一书提出清晰的政治主张并且论证其政治实用性，预示着政治批评的光明前景。希伯斯的《冷战批评与怀疑论之政治》一书对新历史主义等批评理论的政治姿态进行批评，要求批评加强对现实政治的关怀，提高政治批评的实践性。老一辈的学者如希利斯·米勒一如既往地保持着对政治的热情，他说："文学理论和文学批评能引导我们更好地了解当前的局势，以及新媒体如何被用来延续和加强这种局势，这种了解反过来又可能导致更有效的政治行动。"② 王庆卫在《西方马克思主义文学批评中的"政治批评"形态》一文中，以1968年"五月风暴"事件为界，将政治批评分为前后期，前期为从苏联式的宏观革命政治观念向微观政治转变的"过渡性政治批评"，如卢卡奇、葛兰西、本雅明、马尔库塞等人的理论著作；后期受后现代主义思潮影响，代表各种政治集团以及不同利益诉求的社会团体，"政治批评从根本上脱离了宏观的政治目标，而真正具有了关注日常生活和意识形态的微观政治特征"。③ 王庆卫认为，马克思主义政治批评与当代后现代主义文化思潮交融汇聚，发展为具有后现代特征的文化政治学，其性质发生了重要变化："它不再是体现着马克思主义的世界观和方法论的批评，而是以各自的问题域与马克思主义的某些要素任意'链接'的批评类型。在当代的西方政治批评中，马克思主义已经只是作为一种经常被援引的理论和激发批判精神

---

① 韩加明：《论后现代时期美国文坛的政治批评》，《外国文学评论》1996年第2期。
② ［美］希利斯·米勒：《西方文学理论在中国》，李松译，卢絮校，《长江学术》2019年第2期。
③ 王庆卫：《西方马克思主义文学批评中的"政治批评"形态》，《文艺争鸣》2018年第7期。

的资源，而不再是作为一种明确的社会立场和思想主张出场。"① 由此看来，政治批评已经发展为一个多样呈现、众说纷纭的概念，其发展路向面临多重危机。在此背景之下，伊格尔顿政治批评理论的阐释空间亦有较大的包容度。

作为西方马克思主义理论的继承者，伊格尔顿汲取了意识形态批评的理论养分，更有意识地尝试恢复具有实践性的政治批评。他强调文学批评的社会效应及实际功能，坚持倡导政治批评的创新方法。此外，他对哲学、美学、社会学、人类学、伦理学、心理学以及政治学领域的相关问题也多有涉猎，与当代西方理论存在着密切的对话或影响关系，其政治批评理论呈现出一种显著的跨学科特征。段吉方教授在《审美与政治：当代西方美学的政治转向及其理论路径》一文中梳理了当代西方美学政治转向的主要理论路径，即从马克思美学遗产出发，经西方马克思主义文化政治学、葛兰西的文化领导权理论，到雅克·朗西埃（Jacques Rancière）及其"后阿尔都塞学派"的美学政治学、齐泽克（Slavoj Žižek）的"后政治的生命政治"理论。这些理论具有两个明显的特征：其一，在感性学的维度进一步强调美学研究的现实意义和问题意识；其二，以一种较宽泛的现代意识来理解"政治"这一概念，强调政治与日常生活的关系。"所谓'当代美学的政治转向'既是在当代社会文化变迁与文化消费的多重叠加的语境中，探讨美学研究如何更深刻地融合于当代文化生产方式的变革中，展现出对人们日常生活、情感需要、文化习俗及审美制度等方面的新的把握方式与影响方式。所以，在这里，'政治'的概念更多地指向美学与现实实践关系的重新考量，通过'政治'，再度激活审美话语

---

① 王庆卫：《西方马克思主义文学批评中的"政治批评"形态》，《文艺争鸣》2018 年第 7 期。

以及感知经验,张扬审美话语的介入性。"① 伊格尔顿的政治批评理论在美学问题上亦有较多探索,他从日常生活与情感需求出发,将政治和美学在现实问题上连接起来,顺应了"当代西方美学的政治转向"的理论潮流。

伊格尔顿身处西方政治语境,不断反思当代西方资本主义社会的文化现实。其政治批评的对象相当广泛,从英美文学到欧美文论,从爱尔兰民族解放到9·11恐怖袭击事件,他不仅关注学术论争,也关注真实世界的政治纷争。更难得可贵的是,伊格尔顿始终坚持共产主义信念,并且在各类文化论战中弘扬这一政治理念,他立足于经典马克思主义的概念、范畴及原理,重新思考文艺与经济、政治、意识形态的关系,参与讨论众多现代理论问题。伊格尔顿研究马克思主义基本概念范畴的问题意识,他所开辟的政治批评方法和理论形态,以及活化马克思主义经典文艺思想的坚定姿态,可谓是马克思主义时代化的成功案例。

政治批评理论是伊格尔顿学术思想最为核心及最有价值的部分,它像一根红线将伊格尔顿的全部理论建构与批评实践联结成体。这一理论形态体现了20世纪70年代以来西方马克思主义理论的内部演化及其与各种非马克思主义理论的交锋与自身进化,代表了西方马克思主义理论发展的重要成就。

第二节 伊格尔顿政治批评理论研究的当代进展

伊格尔顿既是一位在知名大学享有教授席位的文学理论家,

---

① 段吉方:《审美与政治:当代西方美学的政治转向及其理论路径》,《外国文学研究》2017年第6期。

走向新的审美实践

也是一位在英美国家享有盛名的公共知识分子。他的重要著作《文学原理引论》①是英美高校文学理论课程的必读书目，该书所持基本观点"一切文学理论都是政治的"广为人知。Wiley Interscience 电子期刊数据库及 CSA（Cambridge Scientific Abstracts）剑桥人文社科文摘/索引库收录了大量关于伊格尔顿早期著作的书评，②不难看出其著作的流行程度。伊格尔顿是《卫报》《伦敦书评》等刊物的热门撰稿人并出版《理论之后》等多部热门著作，他凭借幽默风趣、敢于反击的辩论姿态赢得大量读者的喜爱，英国查尔斯王子称其为"可怕的伊格尔顿"，马修·博蒙特（Matthew Beaumont）赞叹伊格尔顿的干预性论辩文章很有影响力。国内外学术界一直较为关注伊格尔顿的批评理论，国外多侧重于研究伊格尔顿批评理论的政治色彩及伦理学倾向，国内则对伊格尔顿的意识形态批评、政治批评、文化批评、宗教伦理学批评以及解构批评等各种理论开展研究。

---

① *Literary Theory: An Introduction*，这是伊格尔顿写于1983年的一本关于文学理论的入门书。它在国内外都享有盛名，中译本就有八个之多。为了方便识别，除了引文出处，本书统一称其为《文学原理引论》。以下是该书的八个中译本：《二十世纪西方文学理论》，伍晓明译，陕西师范大学出版社1986年初版，1987年8月再版；《文学原理引论》，刘峰译，文化艺术出版社1987年版；《当代西方文学理论》，王逢振译，中国社会科学出版社1988年版；《现象学、阐释学、接受理论——当代西方文艺理论》，王逢振译，江苏教育出版社2006年版；《二十世纪西方文学理论》，伍晓明译，北京大学出版社2007年版；《当代文学理论导论》，聂振雄译，台湾：旭日出版社1987年版（该版本导言部分与伍晓明译本同，其他各章与刘峰译本同）；《当代文学理论》，钟嘉文译，台北：南方丛书出版社1988年版，1989年再版（该版本除个别词语外，基本与聂振雄译本同）；《文学理论导读》，吴新发译，台北：书林出版有限公司1993年版，2004年再版。

② *Modern Theology*（《现代理论》）、*Australian Journal of Politics & History*（《政治与历史》）、*Journal for Eighteenth-century Studies*（《十八世纪研究》）等杂志发表了对伊格尔顿《甜蜜的暴力：悲剧的观念》《被奸污的克拉莉莎》《十九世纪爱尔兰的学者与反叛者》《审美意识形态》《权力的神话：勃朗特姐妹的马克思主义研究》等著作的评论文章。

导　论

一　国外伊格尔顿研究概况

作为英国马克思主义的代表人物，伊格尔顿在被评论者多番将其与雷蒙·威廉斯、杰姆逊等英美马克思主义知名学者相提并论而声名渐起。伊格尔顿是雷蒙·威廉斯的追随者，众多学者讨论两人学术观念的异同。曾在北大任教的英国学者马克·辛菲尔德在《近年来英国的马克思主义批评》一文中对比分析托尼·贝内特的《形式主义和马克思主义》、威廉斯的《马克思主义与文学》以及伊格尔顿的《批评与意识形态》《沃尔特·本雅明或走向革命批评》等著作中的文学研究方法，他着重解读了伊格尔顿的文学生产理论及其分析19世纪小说的有效性，但是批评伊格尔顿执着于思想概念和理论体系，认为其文本分析不如威廉斯做得细致，理论联系实践不够。"伊格尔顿则以比较抽象和概括的语言表达了同样的观点，并分析了结构和类型的矛盾。伊格尔顿所用方法的弱点，在于他把自己禁锢在文学批评的纪律约束范围之内，因而他的部分思想是没有生气的、未经检查的。威廉斯的方法表明，它起源于自由主义的人文主义，但他却的确使我们同时既看到历史，又看到文学。"[①] 这一段评价从侧面反映出伊格尔顿在英国的学术地位，在与威廉斯的对比中伊格尔顿多数处于被否定的一方。与杰姆逊的对比情况略好，两人被视为英国和美国马克思主义的最新代表，如拉曼·塞尔登（Raman Selden）在《当代文学理论导读》中合并介绍了杰姆逊与伊格尔顿20世纪70年代发表的著作并指出其理论方法的异同，即杰姆逊的马克思主义继承了黑格尔传统，伊格尔顿则是反黑格尔式。

搜索CSA剑桥人文社科文摘/索引库，大量提及伊格尔顿的论文均是将其与其他理论家进行比较，以此确立伊格尔顿的理论

---

① [英] 马克·辛菲尔德：《近年来英国的马克思主义批评》，胡家峦译，《国外文学》1983年第3期。

走向新的审美实践

价值,如《马克思主义美学中的新唯物主义》《走向一种简便马克思主义批评:批评与建议》《马克思主义批评风格:以〈呼啸山庄〉为个案》《对手、观众、选区和社区》《英国马克思主义批评中的文学批评标准:克里斯多夫·考德威、雷蒙·威廉斯和特里·伊格尔顿》等。① 国外学者较少整篇论证伊格尔顿的学术思想,相关硕博士学位论文也多采取比较研究或应用研究方法,较少系统研究伊格尔顿的意识形态理论及其马克思主义文学观。② 中国则情况有所不同,伊格尔顿研究在中国是硕博士学位论文的热门选题。由此推测,伊格尔顿的马克思主义批评理论在西方处于非主流。2011年,伊格尔顿出版《马克思为什么是对的》③,世界社会主义网站(World Socialism)发表系列书评,基本赞同伊格尔顿在该书英文版前言的观点,马克思传记的作者弗朗西斯·惠恩(Francis Wheen)以及英国青年历史学家、恩格斯传记的作者特里斯坦·亨特(Tristram Hunt)等人分析了《马克思为什么是对的》之优劣。惠恩认为伊格尔顿是一位睿智与知识渊博的理论家,但是批评他太过于迎合一般的普通读者,引用了许多流行文化的东西,导致理论阐释和分析令人失望。亨特认为伊格尔顿正确阐释了马克思关于民主和自由意志的论述,但是批评

---

① 主要英文文献如下:Catherine Gallagher, "The New Materialism in Marxist Aesthetics", *Theory and Society*, Vol. 9, No. 4, July 1980, pp. 633 – 646; Fred Pfeil, "Towards a Portable Marxist Criticism: A Critique and Suggestion", *College English*, Vol. 41, No. 7, Mar 1980, pp. 753 – 768; Ronald Frankenberg, "Styles of Marxism, Styles of Criticism, Wuthering Heights: A Case Study", *The Sociological Review Monograph*, Vol. 26, Apr 1978, pp. 109 – 144; Edward W. Said, "Opponents, Audiences, Constituencies, and Community", *Critical Inquiry*, Vol. 9, No. 1, Sept 1982, pp. 1 – 26; Kalyan Das Gupta, *Principles of Literary Evaluation in English Marxist Criticism: Christopher Caudwell, Raymond Williams, Terry Eagleton*, the University of British Columbia (Canada), Ph. D., 1985。

② 检索结果出自 PQDT (ProQuest Dissertations & Theses) 与 PQDD (ProQuest Digital Dissertations),即 ProQuest 公司的博硕士学位论文文摘库及全文库,相关论文见参考文献。

③ Terry Eagleton, *Why Marx Was Right*, Yale University Press, 2011.

导 论

《马克思为什么是对的》一书逻辑不清，存在结构问题，导致伊格尔顿对马克思主义的价值的辩护没有被加强反而被降低了。① 21世纪以来，伊格尔顿的影响力逐渐提升，但是多数情况，受批评多于被表扬，作为一个坚定的马克思主义信仰者，伊格尔顿的学术研究在西方舆论中始终处于一种被压制的状态。

史蒂芬·里根（Stephen Regan）是较早系统研究伊格尔顿的批评家之一，他所编选的《伊格尔顿读本》②选取伊格尔顿的30篇文章并分为文学批评、文化政治/性政治、马克思主义与批评理论、现代主义与后现代主义、朋友与哲学家、爱尔兰民族主义六部分，较为全面地展现了伊格尔顿马克思主义批评的风貌及其在文化论战中敏锐独特的风格。《伊格尔顿读本》的序言是一篇极好的伊格尔顿学术思想总论，内容涉及伊格尔顿的学术道路、写作风格、理论渊源、代表著作等，序言历史感强，带有传记研究的色彩，尤其是对伊格尔顿理论渊源的阐述（即对卢卡奇、阿多诺、雷蒙·威廉斯、哥德曼、阿尔都塞、马歇雷、本雅明、布莱希特等人思想的接受与发展），为我们弄清伊格尔顿思想的来龙去脉指明了方向。

2004年，国外出现第一部真正意义上的伊格尔顿研究专著——戴维德·爱德森（David Alderson）的《特里·伊格尔顿》。该书从马克思主义角度入手，以专题研究的方式论证伊格尔顿批评理论以及他所讨论的马克思主义问题。文章指出："迄今为止缺乏研究伊格尔顿的专著可能表明这种认识是相当普遍的。"③ "这种认识"指伊格尔顿的大部分作品是介绍性的，包括文学理论、美

---

① 上述两个外国学者评价伊格尔顿的观点均转引自穆宝清《伊格尔顿：重新坚定马克思主义——读〈马克思为什么是对的〉》（《文艺理论与批评》2013年第2期）。

② Terry Eagleton, *The Eagleton Reader*, Edited by Stephen Regan, Blackwell Publishers Ltd., 1998.

③ David Alderson, *Terry Eagleton*, New York: Palgrave Macmillan, 2004, "introduction". 原文：The very absence of a book-length study of Eagleton to date may suggest that such perceptions are fairly widespread.

走向新的审美实践

学理论、意识形态理论、马克思主义批评理论等,这些文章虽然明白易懂,但是缺少严谨的理论建构,以至于伊格尔顿常常被人批评只会写入门书或序言之类的文章。爱德森的写作目的在于引导读者重新回到伊格尔顿的著作,消除对伊格尔顿的误解,同时,继续探讨马克思主义评论近三十年的理论成果,并消除对马克思本身的误解。2008年,詹姆斯·史密斯(James Smith)出版专著《特里·伊格尔顿:批判性的介绍》,该书对伊格尔顿有关批评家的论述给予关注,肯定了伊格尔顿的论辩特色,但是认为不存在独特的"伊格尔顿式的"批评理论。马修·博蒙特在《批评家的任务:与特里·伊格尔顿的对话》(2009年出版)的前言中对此观点进行反驳,他认为伊格尔顿的思想及措辞一直坚守马克思主义,并对不断发展的历史唯物主义思想有着重大贡献。《批评家的任务:与特里·伊格尔顿的对话》一书按照时间顺序对伊格尔顿的生活经历及写作过程进行访谈,清晰地勾勒出伊格尔顿思想的演变过程,尤其关注对其思想产生重大影响的生活遭遇、政治事件、理论力量等,展示了伊格尔顿在马克思主义道路上的理论耕耘,生动呈现了伊格尔顿思想的内部对话及其战略意义。

尽管里根、爱德森、博蒙特等人对伊格尔顿的马克思主义思想进行了充分肯定,但是他们在如何确定一条贯穿伊格尔顿全部理论的线索时却有些犹豫不决。里根认为伊格尔顿的政治信念是一种"带有激进天主教与革命社会主义印记的社会公正与公民道德模式"。[①] 史密斯指出:"当许多批评家讲伊格尔顿著作的影响波及他们的领域时,就意味着很难界定出一种明晰的'伊格尔顿式的'批评实践或批评理论的方法。"[②] 马修·博蒙特对此进行点

[①] Terry Eagleton, *The Eagleton Reader*, Edited by Stephen Regan, Oxford: Blackwell Publishers Ltd., 1998, preface. 原文为:Models of Social Justice and Civic Virtue that Carry the Imprint of Radical Catholicism as well as Revolutionary Socialism。

[②] James Smith, *Terry Eagleton: A Critical Introduction*, Cambridge: Polity, 2008, P.2.

评，他认为"伊格尔顿的思想不能被归结为一种静态的方法"，①可见伊格尔顿在回应当代思想时具有多变性与创造力。爱德森认为伊格尔顿缺乏代表性的理论术语以及贯穿始终并持续发展的理论要点。"必须承认的一点是，伊格尔顿的著述并没有因为某个具有革新精神的理论概念而声名显赫并被吸收到当代的批评话语中。"②而且，在《批评与意识形态》之后，伊格尔顿更少苦心经营理论体系。对此，爱德森从政治角度进行了解释："伊格尔顿完成从《批评与意识形态》式的马克思主义科学家到后期著作本雅明式折中的改变，这部分是他个人理论转换的结果，但是毫无疑问也是由于左派的政治失败所决定的，这种失败使得有建设性的社会主义事业这样一种观念更少可能性。"③

伊格尔顿认识到脱离政治斗争的纯理论是没有用的空理论，他对学院式马克思主义失去兴趣，不断探索新的理论方法。由于伊格尔顿涉足的理论领域过于宽泛，国外研究者尝试从方法论上归纳其思想。例如，杰夫里·威廉姆斯称伊格尔顿是理论研究的"流浪者"，他提出从伊格尔顿的写作风格中寻找一致性，即"灵巧的概要和言简意赅的总结"。里根强调伊格尔顿的辩证法："伊格尔顿批评文章一个突出的特征在于它那夺人眼目的辩证风格，他对社会与文化矛盾敏锐地觉察和把握，以及他那令人发指的方式——将冲突的论点如此有力地推向碰撞以至于他们爆裂并且突然透露出一些意想不到的见解或观点。"④爱德森的观点与此类

---

① ［英］马修·博蒙特：《序言》，载伊格尔顿、博蒙特《批评家的任务：与特里·伊格尔顿的对话》，王杰、贾洁译，北京大学出版社2014年版，第6页。
② David Alderson, *Terry Eagleton*, New York: Palgrave Macmillan, 2004, p. 3.
③ David Alderson, *Terry Eagleton*, New York: Palgrave Macmillan, 2004, p. 5.
④ Terry Eagleton, *The Eagleton Reader*, Edited by Stephen Regan, Blackwell Publishers Ltd., 1998, preface. 英文原文为：A Salient Feature of His Critical Prose is its Scintillating Dialectical Style, its Shrewdly Discerning Grasp of Social and Cultural Contradictions, and its Hair-raising Way of Pushing Conflicting Arguments so Forcefully into Collision that they Burst and Suddenly Reveal some Unexpected Insight or Perspective。

似,他说伊格尔顿著作的真正价值在于他的论证方式(mode of engagement),尤其是他的辩证精神,常常能一针见血地指出当代评论的自相矛盾性及其意识形态倾向。① 史密斯也十分赞赏伊格尔顿的论辩技巧以及将理论与批评实践相结合的能力,但是对其著作的系统性评价不多。由此看来,在对伊格尔顿理论进行系统梳理时,研究者碰到了类似的困难,这大概也是伊格尔顿常常被比较研究而非被独立研究的原因之一。

除了马克思主义思想,伊格尔顿的伦理学思想也被西方学者所关注。克利夫·麦克马洪主张将伊格尔顿的理论定位为伦理型的:"伊格尔顿的目的论是他对于可能要发生而不是必定要发生的事情的重要意义的图绘。由于伊格尔顿将每一件事情建立在应然的基础上,其思考模式在本质上伦理型的。他认为与认识论或世界观相比,伦理学更重要。……要理解伊格尔顿为什么谴责这个表扬那个,人们必须很好地理解伊格尔顿个人高度伦理化的乌托邦思想。"② 伊格尔顿提供了一个关于未来美好生活可能性的设想,他企图以共同的美德观念来取代个性权利至上的当代资产阶级自由人文主义思想,这一点与伊格尔顿的马克思主义信仰并不是截然分开的,他们都是为了人类解放而进行的理论探讨。但是,伊格尔顿的伦理学思想也不是毫无问题的,泰森(Giuseppe Tassone)批评伊格尔顿复苏古典道德不过是美德伦理学的变体。

伊格尔顿的文化观念亦被学界争论。如他与后现代主义的关系,戴维德·荷蒙(David J. Herman)的《现代主义与后现代主义:走向一种分析的区别》肯定了伊格尔顿的《资本主义、现代主义、后现代主义》可以用来发展出一种理解现代主义与后现代主

---

① David Alderson, *Terry Eagleton*, New York: Palgrave Macmillan, 2004, "introduction".
② [美]克利夫·麦克马洪:《论伊格尔顿》,李永新、汪正龙译,载刘纲纪主编《马克思主义美学研究》(第8辑),广西师范大学出版社2005年版,第223、226页。

义关系的模式；戴维德·科仁斯（David Couzens Hoy）的《解构意识形态》分析了伊格尔顿与后现代主义关于意识形态问题的争议；耐格林（Negrin）的《后现代主义与批评危机》将伊格尔顿攻击艺术和文学批评发生其中的机构性结构的行为视为后现代主义批评方式之一，但是他认为伊格尔顿对文艺批评机构的批评只不过是自欺欺人，他实为艺术市场的审美评价主体服务。《文化的观念》出版后，学界评价不一，雷蒙·泰里斯（TLS）批评该书未能超越威廉斯《关键词》对文化的论述，并指责伊格尔顿与后现代主义若即若离。萨利赫（S. A. Salih）则认为在众多理论家沉浸于后现代文化主义之际，唯有伊格尔顿奋力反击并积极寻找出路。①

总体而言，具有政治色彩的马克思主义批评家是西方学界对于伊格尔顿的基本定位，其次受关注的是伊格尔顿的伦理学思想与后现代主义思想，西方伊格尔顿研究的方法一是比较研究，二是应用研究，即应用伊格尔顿的理论去分析具体问题，因此，国外伊格尔顿研究具有很强的应用性与批判性，正如伊格尔顿本人喜欢论辩，关于他的研究也存在较多争论。

二　国内伊格尔顿研究综述

国内研究主要集中在伊格尔顿批评理论的研究，尤其关注其中文译著所涉及的马克思主义理论及相关问题，研究热情经久不衰。从 1980 年到 1997 年，关于伊格尔顿的研究论文有 40 来篇，主要是对《马克思主义与文学批评》②《批评

---

①　具体论述参见王伟的《批评的冲突——论伊格尔顿〈文化的观念〉之接受偏差》（《华中学术》2021 年第 1 期）以及宁的《伊格尔顿的〈论文化〉受批评》（《外国文学评论》2001 年第 1 期）。

②　*Marxism and Literary Criticism*（《马克思主义与文学批评》）是最早被译为中文的伊格尔顿著作，该书篇幅不长，却对中国理论界影响甚大，它开拓了中国马克思主义研究的新视野，也是引用率最高的伊格尔顿著作之一。《马克思主义与文学批评》和《文学原理引论》两书的理论内容成为中国早期伊格尔顿研究的重要依据，也是伊格尔顿在中国流传最广的文艺理论专著。

走向新的审美实践

与意识形态》①《文学原理引论》等早期著作的评述，文宝、刘峰、王逢振、伍晓明等作为最早的翻译者，也是最早的研究者，他们确立了伊格尔顿研究的基本方向，即将伊格尔顿定位为马克思主义文学批评家，重点分析伊格尔顿关于文学意识形态性与文学理论意识形态性的论述。这一时期的研究是具体细致的，但是宏观视野不够。1997年之后，伊格尔顿研究进一步扩大并形成一定规模，十来年间发表了200多篇期刊文章，综合分析及对个别问题深入讨论的论文有所增加，② 关于艺术形式与意识形态的关系受到关注，③ 关于伊格尔顿意识形态理论的研究更加深入，既论

---

① *Criticismand Ideology: A Study in Marxist Literary Theory*（《批评与意识形态》），1976年出版，该书最初没有中译本，但其内容多次被中国学者转述，影响颇大，2021年，北京出版社出版该书的中译本。伍晓明的《文学批评与意识形态——伊格尔顿的马克思主义文学批评观》综合《批评与意识形态》和《马克思主义与文学批评》的内容，最早介绍了伊格尔顿的意识形态理论。此后，郭志今的《文学与意识形态——伊格尔顿文学批评理论评析》、冯宪光的《"西方马克思主义"美学研究》、马驰的《伊格尔顿：英国"新左派"的旗帜》、马驰的《马克思主义美学传播史》等论著，都谈到伊格尔顿的意识形态生产理论，其依据仍然出自《马克思主义与文学批评》及《批评与意识形态》两书，与伍晓明论文内容接近、主题相当。可以说，以上研究代表了早期伊格尔顿研究的主流思路，即以评述伊格尔顿论著内容为主。

② 谢华的《文学文本作为审美意识形态生产——伊格尔顿意识形态观解读》一文的理论来源虽然也是《批评与意识形态》，但是我们已经较少看到他对原文的直接转述，而是结合传统马克思主义及其他西方马克思主义意识形态观点，分析伊格尔顿意识形态观点的独特价值，即他对传统反映说和再现说的超越。柴焰的《"意识形态终结论"的马克思主义批判——特里·伊格尔顿的意识形态观》从对抗意识形态终结论的角度入手，赋予伊格尔顿意识形态理论特殊意义。王天保的《伊格尔顿的文学意识形态论》是对后现代背景下伊格尔顿文学意识形态理论的综合考察，包括其起因、发展及具体内涵。李永新的《文本是如何被建构的？——试论伊格尔顿文学生产理论的英国马克思主义特征》则将伊格尔顿的意识形态生产理论视为英国马克思主义批评理论的个案。

③ 关于意识形态与艺术形式的关系问题，郭志今的《文学与意识形态——伊格尔顿文学批评理论评析》将文学形式问题视为伊格尔顿文学观的一个方面并做了简单介绍，但没有引起足够重视；黄茂文的《在意识形态与文学形式之间——试论特里·伊格尔顿的文学观》有所深入，他从文学形式与意识形态的关系出发，分析伊格尔顿文学批评观的反本质主义特征，并指出其意义及矛盾性；段吉方的《伊格尔顿文艺批评观念的理论意义及其局限》综合性更强，他以形式为伊格尔顿意识形态理论的切入点，认为伊格尔顿独特的意识形态诗学观念是在"意识形态"与"审美形式"的辩证关系中建构的，并且将这一观点深入伊格尔顿的其他著作。

证其哲学来源，① 也意识到理论缺陷。② 个别学者尝试将伊格尔顿的文学思想应用于中国文学批评实践，例如，龙扬志等的《游离的文学本质：伊格尔顿的文学观——兼论诗歌伦理》、王天保的《伊格尔顿的意识形态理论——兼论其对中国当代文论的启示》等。伊格尔顿理论思想是中国硕博士学位论文的热门选题，从马海良的《历史—意识形态—文本——伊格尔顿文化政治批判方法的逻辑》到郑帅的《伊格尔顿文化批判思想研究》，20 年间国内发布近百篇研究伊格尔顿的硕博士学位论文，其中博士学位论文有 17 篇之多。③ 2009 年之后，更多伊格尔顿著作陆续被翻译为中文，如《理

---

① 罗良清、格明福的《意识形态：从阿尔都塞到伊格尔顿》（《南京社会科学》2006 年第 8 期）讨论了伊格尔顿对于阿尔都塞意识形态理论的继承与发展；李永新的《文化批评和美学研究中的领导权理论——兼论威廉斯和伊格尔顿对葛兰西领导权理论的接受与发展》（《文艺理论研究》2008 年第 2 期）认为葛兰西的领导权理论才是伊格尔顿的主要影响者。

② 段吉方的《意识形态视野中的批评实践——特里·伊格尔顿的文学批评理论》及《伊格尔顿文艺批评观念的理论意义及其局限性》等论文认为伊格尔顿对意识形态概念的批判性阐释存在着本质主义的理论缺陷，影响了文学批评现实效力的发挥。林广泽的《20 世纪西方文论中的政治泛化——伊格尔顿的文学批评观探析》与黄茂文的《在意识形态与文学形式之间——试论特里·伊格尔顿的文学观》批评伊格尔顿具有泛政治化倾向，吴炫的《伊格尔顿批判——兼谈否定主义的文学观》也批评伊格尔顿的政治批评具有局限性，不足以解释中国理论。

③ 郑帅《伊格尔顿文化批判思想研究》（黑龙江大学，2020 年）、吴之昕《社会主义与后现代文化——伊格尔顿后现代文化批判理论研究》（东南大学，2018 年）、陶蕾《伊格尔顿的身体话语研究》（扬州大学，2016 年）、阴志科《新世纪伊格尔顿文论研究——基于亚里士多德视角的解读》（山东大学，2015 年）、薛稷《伊格尔顿文化批判思想研究》（山西大学，2013 年）、陈春敏《文学·文化·意识形态——特里·伊格尔顿文学意识形态观研究》（北京大学，2012 年）、程露《伊格尔顿政治批评理论》（中山大学，2012 年）、肖寒《"革命的政治批评"——论伊格尔顿的审美意识形态理论》（首都师范大学，2008 年）、李炜《伊格尔顿的解构思想研究》（扬州大学，2008 年）、赵光慧《超越文化政治：走向宗教伦理的批评——特里·伊格尔顿的批评理论研究》（南京师范大学，2007）、胡友珍《犀利的文化瞭望者——伊格尔顿文化批评观》（中国人民大学，2006 年）、方珏《伊格尔顿意识形态理论探要》（复旦大学，2006 年）、段吉方《意识形态与政治批评——伊格尔顿文学思想研究》（浙江大学，2004 年）、王天保《审美意识形态的辩证法——伊格尔顿美学思想研究》（南京大学，2004 年）、柴焰《政治与审美意识形态——特里·伊格尔顿文艺、美学思想研究》（山东大学，2003 年）、温恕《文学生产论——从布莱希特到伊格尔顿》（四川大学，2003 年）、马海良《历史—意识形态—文本——伊格尔顿文化政治批判方法的逻辑》（北京师范大学，2000 年）。

论之后》《马克思为什么是对的》《甜蜜的暴力：悲剧的观念》《批评的功能》《文学阅读指南》《文学事件》《批评与意识形态》①等，这些译作大多数是伊格尔顿的最新著作，出版时间与国外发表时间相差不远，由此不难看出中国学者对伊格尔顿的关注程度。

  国内伊格尔顿研究一直保持热度，近十年书评类论文尤其多，研究的理论问题多数与伊格尔顿新作讨论的主题直接相关。2011年，伊格尔顿出版《马克思为什么是对的》，针对当前国际形势，运用《共产党宣言》等经典马克思主义理论，以风趣通俗的语言形式，评论现实政治与经济，揭露西方资本主义社会的矛盾与危机，引起诸多学科学者热议。聂大富的《英国学者T.伊格尔顿雄辩马克思主义ABC——〈马克思为什么是对的〉一书为什么会在东西方流行》、穆宝清的《伊格尔顿：重新坚定马克思主义——读〈马克思为什么是对的〉》等论文充分肯定了伊格尔顿对马克思主义理论的认知及其对当代中国建设马克思主义理论的参考价值。哲学、政治学等其他学科领域学者也开始关注伊格尔顿的马克思主义思想，例如《从卢卡奇到伊格尔顿——西方马克思主义理论家对列宁主义的批判与阐扬》《马克思主义是经济决定论的吗？——从特里·伊格尔顿的〈马克思为什么是对的〉谈起》《试论伊格尔顿对〈德意志意识形态〉文本中意识形态思想的拓展》《历史唯物主义的美学重建——本雅明、伊格尔顿对马克思艺术生产理论的转换》等论文，具体分析了伊格尔顿所涉及的马克思主义经典理论的具体概念、范畴及原理，肯定了伊格尔顿应用经典马克思主义理论的杰出贡献，也对其发展经典马克思主义理论存在的问题提出质疑。新近出版的《文学阅读指南》《如何读诗》《文学事件》等著作，重新研究文学问题，重视文学阅读的精细化及文学批评的普及性，由此也引发了学术界

---

① 《文学阅读指南》(*How to Read Literature*, Yale University Press, 2013)、《文学事件》(*The Event of Literature*, 2012)。

关于伊格尔顿文学观的新一轮讨论。

纵观国内伊格尔顿研究四十年，基本形成以下几种定位：意识形态批评、政治批评、文化批评、宗教伦理学批评以及解构批评等。

(一) 意识形态与政治批评

意识形态问题是伊格尔顿研究中的热点问题，而且大多数研究者将其意识形态理论与政治批评合并讨论，例如柴焰的《政治与审美意识形态——特里·伊格尔顿文艺、美学思想研究》、段吉方的《意识形态与政治批评——伊格尔顿文学思想研究》、肖寒的《"革命的政治批评"——论伊格尔顿的审美意识形态理论》等博士学位论文基本属于这一立论模式，意识形态问题与政治批评之间的逻辑关系也成为众多研究者需要重点讨论的理论逻辑起点。

常见的思路是以意识形态问题为切入点分析伊格尔顿的批评理论，将政治批评视为意识形态理论实践。段吉方的博士学位论文《意识形态与政治批评——伊格尔顿文学思想研究》是从意识形态角度分析伊格尔顿文学思想的代表性著作。他认为伊格尔顿思想具有前后一贯性，即先构建意识形态理论的基本大纲或者文本科学，然后以政治批评作为实践的批评方式。也就是说，意识形态是形而上学的理论指导，政治批评是意识形态理论的具体实践，伊格尔顿的当代理论研究（包括爱尔兰文化研究、女性主义文化研究、后现代主义文化批判等）也都应该归入意识形态理论实践。"他的这种努力使他的文学批评常常能够契入具体的意识形态语境和历史文化现实，从而体现出了鲜明的历史主义理论和文化实践风格，意识形态批评因此也成为伊格尔顿在当代西方文学批评理论界的一个标志性的特征。"[①] 段吉方构建了一个相对稳

---

① 段吉方：《意识形态与政治批评——伊格尔顿文学思想研究》，博士学位论文，浙江大学，2004年，第1页。

走向新的审美实践

定的伊格尔顿理论框架,其理论本身的系统性及对意识形态实践品格的考察有助于我们理解伊格尔顿,具有较高的理论价值。但是,他的早期研究认为伊格尔顿的政治思想不是实用性的,并质疑其政治批评的独立性,这一观点值得进一步商榷。马海良的《文化政治美学——伊格尔顿批评理论研究》虽然将伊格尔顿的批评理论定义为"文化政治美学",但是他并未对文化和政治这两大要素给予更多说明,而是聚焦意识形态理论,认为伊格尔顿建立了以意识形态生产为核心的"文本科学"和"审美意识形态"范畴,恢复了"意识形态批判"的力量。[①] 方珏的博士论文《伊格尔顿意识形态理论探要》从哲学角度梳理了伊格尔顿意识形态理论的渊源及理论逻辑,充分论述了伊格尔顿与马克思主义哲学、后现代主义等理论的内在相通性,并提醒我们关注伊格尔顿意识形态理论的现实性与政治性,"从理论特征上看,他仍然坚持现代性的宏大叙事,诸如生产力、阶级斗争、革命与历史进步等,但同时又吸收了后现代的一些理论话语,如差异、身体等,力图在坚持马克思主义立场上来批判后现代主义,因此在诉求于人类解放的总体目标的同时,他以更为现实的态度支持并参与社会运动,表现出巨大的政治热情"。[②] 段吉方、马海良、方珏等人都意识到伊格尔顿批评理论的政治性,但是他们认为伊格尔顿的理论贡献主要在于意识形态理论,政治批评则是处于次要的、补充说明的位置。这一论断对于伊格尔顿在20世纪90年代之前的著述而言,基本成立,但是随着2000年以来伊格尔顿更多新著的发表,我们发现他的著述越发入世,其中的政治意味也越发浓烈。

[①] 马海良:《文化政治美学——伊格尔顿批评理论研究》,中国社会科学出版社2004年版,第20页。

[②] 方珏:《伊格尔顿意识形态理论探要》,博士学位论文,复旦大学,2006年,第129页。

另一种研究思路是直接以"政治批评"来定位伊格尔顿的批评理论。这一类论文数量不多，搜索中国知网，以"伊格尔顿政治批评"为篇名的论文不到20篇，其中很多评论主要是针对伊格尔顿在《二十世纪西方文学理论》中所提的观点："我们已经考察的文学理论是具有政治性。"[①] 如杜维平的《现代文学理论与"政治批评"——读伊格尔顿的〈文学理论导论〉》、苏东晓的《伊格尔顿的政治批评观及其启示》、刘锋杰的《被放大的"一切批评都是政治批评"——兼谈伊格尔顿的"美学矛盾"》、王伟《话语实践与政治批评——伊格尔顿文学观误读辨析》等。柴焰的博士学位论文《政治与审美意识形态——特里·伊格尔顿文艺、美学思想研究》较早尝试从"政治批评"角度系统分析伊格尔顿的文艺思想，但论文仅在第三章第二节中直接论述伊格尔顿的"政治批评观"。由于未能处理好伊格尔顿思想中意识形态批评与政治批评的关系，她对伊格尔顿政治批评理论的研究流于表面，缺乏细节化的理论分析。孙盛涛的《政治与美学的变奏——西方马克思主义文艺基本问题研究》从美学与政治的关系角度对西方马克思主义进行了综合研究。其中以"坚守的理论视野——伊格尔顿政治批评观与美学意识形态"为题专章讨论了伊格尔顿批评理论，通过比较英国批评传统与德国法国思想传统、伊格尔顿与杰姆逊的异同，孙盛涛确定了伊格尔顿政治批评理论的独特性，即以文化研究的方式将理论引入切近的现实社会层面。"对历史时刻的关注、对文学文本政治内涵的敏感、对资本主义意识形态的批判，使伊格尔顿的政治批评观成为一个由美学、政治、意识形态内在关联的交叉网络，其中，政治是这一思想网络运行的内驱力，美学是文化艺术的广阔界面，而意识形态则是构成理

---

① [英]特雷·伊格尔顿：《二十世纪西方文学理论》，伍晓明译，北京大学出版社2007年版，第197页。

论张力场的核心。"① 孙盛涛对伊格尔顿的评价很中肯，也极具启发性。

肖寒的博士学位论文《"革命的政治批评"——论伊格尔顿的审美意识形态理论》对伊格尔顿的政治定位更加明确，该文以一种充满激情的方式论证了"革命的政治批评"："马克思主义的革命立场、'内在批判式'的解构批评方法以及批评对象中隐含的革命潜能。"② 肖寒试图通过伊格尔顿的政治批评研究为文学理论如何介入现实提供借鉴意义。但是，他对伊格尔顿的政治批评理论所涉及的社会关系论述不多，也忽略了伊格尔顿政治批评中的宗教伦理因素，由于缺乏对伊格尔顿政治理想的分析，忽略了伊格尔顿那些传统保守的观点，也高估了伊格尔顿的革命性。另一篇值得一提的是张玮的《伊格尔顿早期的马克思主义政治批评》，该文从整体上分析了伊格尔顿的早期论著，认为自20世纪70年代以来伊格尔顿的文学批评尤为强调一种鲜明的马克思主义政治立场与社会主义文化立场，经历"文本科学""革命批评""拆解'三位一体'建制神话"等逻辑环节后至90年代形成"审美意识形态"批判模式，这一立场、环节、模式即构成伊格尔顿后期马克思主义理论的基础性的、隐性的"构架"。张玮指出："在伊格尔顿的这些拆解工作与话语批判背后，活跃着一种坚持马克思主义文化立场的隐性的、广义的政治哲学与伦理关怀。"③ 他的观点指明从更广义的政治批评角度开展伊格尔顿理论研究的逻辑思路及可行性，为更深入研究伊格尔顿政治批评理论提供了新的思路。

---

① 孙盛涛：《政治与美学的变奏——西方马克思主义文艺基本问题研究》，社会科学文献出版社2005年版，第225页。
② 肖寒：《"革命的政治批评"——论伊格尔顿的审美意识形态理论》，博士学位论文，首都师范大学，2008年，第5页。
③ 张玮：《伊格尔顿早期的马克思主义政治批评》，《江西社会科学》2014年第4期。

总的说来，上述两类研究为我们全面掌握伊格尔顿的政治批评理论建立了良好的理论基础，并且有些关键问题的研究已经十分深入。但是到目前为止，关于伊格尔顿政治批评理论的研究尚未形成一套成熟的理论系统，而且多数研究者对于"政治批评"采用的是一种模糊的界定方式，即笼统地谈政治批评，缺乏对其内涵的深入分析，关于"政治批评"的批评对象、理论方法、政治理想等亦有较多讨论空间。

（二）文化批评

伊格尔顿的文化批评观念是中国学者研究的另一个热点问题。王宁的《特里·伊格尔顿和他的马克思主义批评理论》较早主张从文化批评角度定位伊格尔顿的理论思想，称其为有独特个性的文化批评家。随后，诸多博士学位论文亦从文化批评角度开展伊格尔顿研究，如胡友珍的《犀利的文化瞩望者——伊格尔顿文化批评观》、薛稷的《伊格尔顿文化批判思想研究》、郑帅的《伊格尔顿文化批判思想研究》、吴之昕的《社会主义与后现代文化——伊格尔顿后现代文化批判理论研究》等。这些博士学位论文在论述伊格尔顿的文化批评思想时，自觉运用马克思主义思想及方法论，普遍强调伊格尔顿文化理论的马克思主义特征及其对中国当代文化建设的启示作用。薛稷从整体上分析了伊格尔顿文化批判思想的方法和思路，认为伊格尔顿坚持马克思主义的基本观点和立场，把马克思主义作为方法论指导，拓宽了文化研究的领域和视野。郑帅认为，新千年后伊格尔顿的研究主题发生了重大变化，由意识形态批判转为文化批判，其思想价值主要在于"开辟了一种具有鲜明辩证性、政治性、实践性特征的文化批判形式，形成马克思主义文化理论的创新成果，'社会主义新文化生存方式'成为促进人的自由全面发展的创新路径"。[①]

[①] 郑帅：《伊格尔顿文化批判思想研究》，博士学位论文，黑龙江大学，2020年，第1页。

走向新的审美实践

关于伊格尔顿文化思想研究的其他期刊论文主要集中在以下三个方面。其一，伊格尔顿的后现代主义文化思想。学术热点主要集中在关于《后现代主义的幻象》一书的研究上，① 而关于《审美意识形态》《文化的观念》《理论之后》《后现代主义的矛盾性》等论著中后现代主义文化思想的研究则相对较少，对于其中的政治批判也有所忽略。其二，伊格尔顿的爱尔兰文化观念。20 世纪 90 年代，伊格尔顿发表了爱尔兰文化研究三部曲《希思克利夫与大饥荒：爱尔兰文化研究》《疯狂的约翰与主教：爱尔兰文化论集》《十九世纪爱尔兰的学者与反叛者》以及以爱尔兰人物或历史事件为描写对象的《圣奥斯卡》《白色、金色和坏疽》《上帝的蝗虫》等戏剧作品，引起人们的关注。贾洁的《伊格尔顿爱尔兰研究中的民族主义内涵》《特里·伊格尔顿爱尔兰文化研究中的去殖民策略论》《论特里·伊格尔顿的爱尔兰文化研究——去殖民化民族主义对"形式的政治"的寻求》等论文从民族主义的角度分析伊格尔顿的文化观念，讨论了民族主义的心理建构、思想载体、催生语境以及去殖民化策略等问题，高度肯定了伊格尔顿反对文化霸权的理论探索。周小仪的《社会历史视野中的文学批评——伊格尔顿文学批评理论的发展轨迹》持类似观点，该文通过伊格尔顿对王尔德、希斯克利夫的评论推断出伊格尔顿的研究转向，即从阶级范畴转向民族范畴，在民族主义立场上批判英国文化中的欧洲中心主义霸权。此外，段吉方的《抵抗的空间：特里·伊格尔顿的爱尔兰文化研究》探讨了伊格尔顿将马克思主义的唯物主义分析的方法策略融入文化分析的过程，肯

---

① 关于《后现代主义的幻象》的研究结果大致分为四类：第一类旨在介绍，通过转述原作的内容，使读者对伊格尔顿后现代主义批判理论有所了解；第二类注重衔接，将后现代主义批判理论与伊格尔顿的意识形态观念相联系，强调伊格尔顿思想的连续性；第三类寻求启示，试图通过《后现代主义的幻象》的研究，寻找解决当代理论问题的思路，部分研究跨学科；第四类有意批判，对伊格尔顿的政治化约主义进行批评。

定其介入当代西方文化政治实践的理论意义。其三，伊格尔顿的共同文化思想。陶蕾、佴荣本的《伊格尔顿的文化观念探析》，李永新的《走向社会主义的共同文化——论伊格尔顿的共同文化观》，吴之昕、袁久红的《多元文化论、"文化主义"与社会主义共同文化——伊格尔顿对后现代主义文化观念的批判反思》，赵光慧的《论特里·伊格尔顿的文化与文明观》等文讨论了伊格尔顿的共同文化观念，分析其对后现代主义文化观念的超越以及对社会主义文化建设的启示等。从研究趋势来看，共同文化将成为继后现代主义文化、爱尔兰文化之后伊格尔顿研究的另一个理论生长点。

自2000年出版《文化的观念》之后，伊格尔顿近年出版了《文化与上帝之死》（2014）、《论文化》①（2016）等直接以"文化"命名的著作，表明了他对文化问题的重视，也促成学界对其文化批评思想的总结性论断。其中，有部分研究者提出，在伊格尔顿的理论建构中，文化只是问题的症候，而不是解决问题的法宝。如伍晓明在《论伊格尔顿的文化观》中所言："企图以文化来解决政治问题本身已经就是一个社会的'社会—文化'症候。"②刘静等研究发现："伊格尔顿在21世纪近20年来的理论探索完全印证了他的主张，他始终坚持解放理论的立场，以马克思主义的世界观和方法论来进行自我反思，不懈地揭露后资本主义社会的种种矛盾和弊端。他从批判后现代主义，矫正文化左派的偏激和离题，到走向神学和伦理，对文化进行彻底的祛魅。"③这些研究表明，伊格尔顿的文化思想从属于一个更庞大的理论设想，其与政治批评理论的关系还有较多研究空间。

---

① 《文化与上帝之死》（*Culture and The Death of God*, Yale University Press, 2014)、《论文化》（*Culture*, Yale University Press, 2016）
② 伍晓明：《论伊格尔顿的文化观》，《浙江社会科学》2020年第4期。
③ 刘静、冯伟：《摆正文化的位置——伊格尔顿文化观探析》，《理论月刊》2018年第2期。

(三) 宗教伦理批评、解构批评等

2000年以来，伊格尔顿出版了多部涉及宗教伦理问题的著作，如《甜蜜的暴力：悲剧的观念》(2002)、《理论之后》(2003)、《神圣的恐怖》(2005)、《论邪恶》(2010)、《陌生人的麻烦：伦理学研究》(2008)、《理性、信仰与革命》(2009)、《文化与上帝之死》(2014)等，这些著作除了讨论学术问题，还夹杂着时事评论，比如美国9·11恐怖袭击事件就是伊格尔顿在后期著作中经常反思的对象。这也是伊格尔顿一贯的写作风格，自爱尔兰文化研究之后，他尤其关注当下现实，并试图从宗教文化和"神学"中寻找解决当代政治问题的理想方案。关于伊格尔顿伦理学思想的研究，早在20世纪90年代，赵昌龙在关于《审美意识形态》的评论中就指出伊格尔顿的思维模式是"借助严谨的分析理性，以博爱为最高价值准则"。[①] 2007年，赵光慧的博士学位论文《超越文化政治：走向宗教伦理的批评》求证宗教伦理是伊格尔顿理论的最终走向，即以一种全人类的爱从促成他者的自我实现中完成自我实现，并最终促使整个社会走向理想状态。2019年，方珏在《基于"他者"问题思考的资本主义伦理——政治批判——论伊格尔顿的"伦理学转向"》一文对伊格尔顿伦理学思想的理论来源、基本范畴及理论走向等进行分析，指出伊格尔顿伦理学理论对于思考当下现实的意义。此外，阴志科、肖琼等人分析了伊格尔顿的伦理学思想在身体理论、悲剧理论问题中的体现，以及亚里士多德伦理学思想对伊格尔顿文艺思想的影响。王健从伦理维度对伊格尔顿的意识形态理论进行重读。[②] 林骊珠在《邪恶与罪恶：伊格尔顿的文学"伦

---

① 赵昌龙：《审美实践与审美乌托邦——评伊格尔顿的〈审美意识形态〉》，《四川大学学报》(哲学社会科学版) 1993年第2期。
② 参考以下论文：肖琼《论伊格尔顿悲剧理论中的伦理意识》、阴志科《摹仿、身体、伦理——重审晚近伊格尔顿的身体观》、阴志科《糟糕的康德：伊格尔顿伦理美学的起点》、王健《从审美走向伦理——论伊格尔顿身体美学理论的现实意义》、王健《伊格尔顿：意识形态的伦理维度》等。

理—政治"批评探析》一文中评论了伊格尔顿运用伦理学批评的文学个案分析。总体来看,伊格尔顿的伦理学思想日渐受到关注,研究成果呈增长趋势。

伊格尔顿的宗教思想常常与其伦理学思想交织在一起,面目较为模糊,加之其天主教信仰对于国内研究文艺理论的学者而言较为陌生,相关研究也较单薄。赵光慧的博士学位论文《超越文化政治:走向宗教伦理的批评》认为伊格尔顿的批评理论是一种宗教伦理批评,即倡导一种可以从促成他者的自我实现中完成自我实现的全人类的爱。虽然赵光慧将伊格尔顿的宗教观与伦理观并举,但是实际论证中对于伊格尔顿宗教思想的讨论并不深入。王曦的《伊格尔顿谈文化与上帝之死——兼评西方左翼的"神学转向"》与阴志科的《特里·伊格尔顿发生"神学"转向了吗?》在"神学"转向这一问题上有明显分歧。吴之昕、许苏明的《伊格尔顿后现代文化与宗教思想论析》和耿幼壮的《伊格尔顿的神学—文学符号学》等论文尝试从伊格尔顿的文学与文化研究中探究其宗教思想,其中耿幼壮分析较为细致,但是系统性及研究深度还有待加强,伊格尔顿思想中有关天主教思想与文学研究的关系还需进一步深化。宗教思想在伊格尔顿批评理论中占据多大分量,当前学术界仍然没有结论。

伊格尔顿的解构思想亦受到研究者关注。例如,陆扬、段吉方、王天保、黄茂文、刘艳梅等人都谈到伊格尔顿思想与后现代主义的交叉,尤其是解构思维的存在。① 李炜的博士学位论文《伊格尔顿的解构思想研究》是关于此问题的综合研究,该文系统考察了伊格尔顿解构思想的来源及具体表现,以及他对

---

① 见陆扬的《读伊格尔顿〈美学意识形态〉》、段吉方的《分裂与僭越——伊格尔顿〈审美意识形态〉的美学分析》《"女性"、"解构"与"政治反讽"》、王天保的《伊格尔顿的文学意识形态论》、黄茂文的《在意识形态与文学形式之间——试论特里·伊格尔顿的文学观》、刘艳梅的《伊格尔顿对审美自律论的解构》等论文。

走向新的审美实践

文学本质、文学形式、反映论与创作论、文学理论、文化及后现代文化理论等系列问题的解构及建构。李炜的主要观点是:"解构是伊格尔顿理论的精髓,是伊格尔顿保持理论创新与活力的重要手段,他对文学理论的解构是其解构思想的主要体现。"① 从批评方法或理论策略入手,用"解构"来定位伊格尔顿批评理论,顺应潮流,但也存在逻辑问题,且忽略了伊格尔顿的政治意图。如果解构是杜绝任何限制的,那么建构之说亦是违背解构精神的,况且,伊格尔顿坚持客观普遍真理的主张、对理性权威的认同、对理论重构的兴趣等思想都表明他与后现代式的解构貌合神离,或者说至少不是典型的解构主义者。伊格尔顿对解构的应用是策略式、阶段式的,目的在于扫清政治批评理论重构之路的障碍。彭成广的《批判与解构:伊格尔顿追寻文学本质的建构策略及其当代价值》、郭英杰的《解构与建构——伊格尔顿〈理论之后〉的写作策略与目的》等论文有类似看法,彭成广认为伊格尔顿关于文学本质问题的讨论采用的是解构式的建构策略。此外,如果只是从反传统反常规角度来理解这一概念,解构之说只不过是新瓶装旧酒,因为任何一个理论家如果要开辟新的理论之路,几乎都会采用解构的思维模式,即"先破后立",就此而言,解构并不是新锐理论。此外,除了解构,辩证法在伊格尔顿著作中也是一种常见的论战方式,两者之间的逻辑关系亦可进一步论证。

意识形态批评、政治批评、文化批评、宗教伦理批评、解构批评等多角度研究让伊格尔顿的批评理论呈现出多样的面孔及丰富的内涵。相比而言,意识形态与政治批评包容性最强,也是伊格尔顿长期探索的理论方向。"伊格尔顿坚持了政治批评的主张,对文化进行辩证的分析,他的文化观表明了他彻底割断后现代思

---

① 李炜:《文学理论的解构——伊格尔顿文学思想研究》,《扬州大学学报》(人文社会科学版)2008年第2期。

维，对未来新的归属形式和新理论的呼唤。"① 文化是其批评对象，解构是其批评方法，宗教伦理是其批评理想。如果在政治批评的框架中讨论文化、解构和宗教伦理问题，将更能凸显后者的理论价值，也更能体现伊格尔顿作为一个马克思主义理论家的本色。因此，本书将以"政治批评"来定位伊格尔顿的批评理论，同时将意识形态理论、文化批评、宗教伦理、解构思维等纳入"政治批评"这一总的理论框架之中，从而实现对伊格尔顿全部理论著述的宏观解读。

---

① 刘静、冯伟：《摆正文化的位置——伊格尔顿文化观探析》，《理论月刊》2018年第2期。

第一章　政治批评理论内涵

伊格尔顿在《文学原理引论》中曾经明确提出"政治批评"的口号，但是他本人对"政治批评"的理论阐述缺乏系统性与建构性，更多的是结合当下的美学思潮和文学批评实践，分析政治观念在文学、文化和社会评论中的运作和影响。因此，我们只能从他的著述中去寻找关于政治批评的只言片语，并结合他本人的政治批评实践，然后将其政治批评理论以相对系统的方式呈现出来。

第一节　政治批评的立场：民族主义与马克思主义

伊格尔顿出生于英国曼彻斯特附近的索尔福德镇，这是一个有着工人阶级运动历史的小城，一个世纪以前曾是曼彻斯特宪章运动者的聚集地。伊格尔顿的祖父母和外祖父母都是爱尔兰人，他们移居英国谋生并结婚生子，伊格尔顿的父母是第一代爱尔兰裔英国人，其家庭文化仍保留着较多的爱尔兰文化传统，幼年的伊格尔顿受到爱尔兰口传文化的熏陶，会唱很古老的爱尔兰起义曲。伊格尔顿的祖父母与父母都是工人阶级，其父做事主动、足智多谋，接受过一部分中等教育，努力工作并期望实现阶级飞跃，可惜不幸早逝，母亲担起生活的重担。少年伊格尔顿体弱多病，不擅长社交，但是他热爱读书，在恶劣的小学环境中刻苦学习，升入天主教文法中学，后来又考上剑桥大学。戈德曼说："一种思想，一部作品只有被纳入生命和行为的整体中才能得到它的真正意义。"① 可以说，理论的形成与确立不单单是理论的自我发展，更是理论家个人经验促成的自我抉择。伊格尔顿从小生活在爱尔兰移民、天主教信徒、工人阶级聚集地，这些环境成为影响他学术发展的重要语境，其政治批评理论的立场亦源于此。

一 爱尔兰后裔的身份认同

作为爱尔兰后裔，伊格尔顿对于其族群文化的认知是在他离开家乡之后才逐渐发展起来的。1961年，伊格尔顿进入剑桥大学学习，不同的生活背景和文化背景让他明显感觉到自己与中产阶级子弟的差异，"我发现自己孤独地站在一帮学生中间，他们看上去都高于六英尺，说话是嘶叫，在电影院里即使听到最微弱的笑话都会大跺其脚，在私密性的咖啡馆则像公共集会那样相互问候"。② 伊格尔顿在剑桥总有一种格格不入的感觉，无论是以阶级身份还是民族身份抱团，他形单影只，因此也激发了他对个人身份的思考。这一时期，雷蒙·威廉斯成为他的引路人。

1. 精神之父：雷蒙·威廉斯

1961年，雷蒙·威廉斯（Raymond Williams）到剑桥大学任教，一年后，伊格尔顿听了威廉斯的讲座。讲座深深打动了伊格尔顿，他在晚年接受马修·博蒙特访谈时这样描述当年听课的感觉："我觉得那既是精力充沛的思想冒险，又非常微妙。他将令人讨厌的抽象概念和一种友善的（说成'令人振奋的'可

---

① [法] 吕西安·戈德曼：《隐蔽的上帝》，蔡鸿滨译，百花文艺出版社1998年版，第8页。

② Terry Eagleton, *The Eagleton Reader*, Edited by Stephen Regan, Oxford: Blackwell Publishers Ltd., 1998, p.311.

能有些言过其实)、仁慈的、亲切的风格结合了起来。……有人在用人的声音说话,和人们交谈,令人印象深刻。……他的讲课风格既有道德的信奉,又不乏理智的探询,既有党派性,又明智得令人钦佩。他的观点听起来合情合理,又潜藏着颠覆性。"① 威廉斯的讲座发展了一种不同于剑桥传统英国文学教学的学术研究思路,他将文本细读与"生活和思想"研究发展为历史语言学与文化研究。当伊格尔顿第一次听到这种非官方的、非学院的却又是自己想说又说不出来的政治感觉时,他一下子找到了心灵的导师,一个像父亲一样的引路人。"我一直认为雷蒙德出生于威尔士的这种特殊的被赋予一定特权的环境给予了他一种坚定、沉稳、自信,和几乎有些盛气凌人的权威感,这些都是我所没有的。或许在一定程度上,他是我理想中的父亲的形象,他对我而言有父亲的意义。"② 伊格尔顿和约翰·巴雷尔等人一起忠诚地听了雷蒙·威廉斯的所有讲座,成为威廉斯的追随者。后来,威廉斯为伊格尔顿申请到剑桥大学耶稣学院研究员的职位,21岁的伊格尔顿从此开启大学执教生涯,他和一群年轻人经常参加威廉斯的聚会,参与一些激进话题的讨论,其学术观念也深受威廉斯的影响。

一方面,伊格尔顿对威廉斯的生活经历、政治追求及其独特人格产生兴趣,他想知道这个人从哪里来,为什么能在这里为无权无势的人说话,而且说得那么精当与中肯。为了弄清楚这些问题,伊格尔顿自觉走上雷蒙·威廉斯的治学之道,他不仅学习威廉斯的治学方法,而且其诸多理论命题,都是对威廉斯理论的重复或发展,例如戏剧研究、文化研究、莎士比亚研究,尽管有段

---

① [英]伊格尔顿、博蒙特:《批评家的任务:与特里·伊格尔顿的对话》,王杰、贾洁译,北京大学出版社2014年版,第29页。
② [英]伊格尔顿、博蒙特:《批评家的任务:与特里·伊格尔顿的对话》,王杰、贾洁译,北京大学出版社2014年版,第17页。

时间伊格尔顿曾经转向阿尔都塞学派并批判雷蒙·威廉斯，但最终他仍然回到威廉斯这里，且不得不承认威廉斯的先见之明及其理论成就与生命力，正如伊格尔顿所写的论文标题所示："希望之旅的资源：雷蒙德·威廉斯。"

另一方面，从雷蒙·威廉斯身上，伊格尔顿学到一种精神，一种对政治的执着，对社会主义的信念，以及对普通人生存状态的关怀。雷蒙·威廉斯经历过工人阶级生活，直到进入剑桥，其言行仍然保留着当年经历的影响，在威廉斯那里，工人阶级、社会主义、政治倾向、文本分析、社会历史等因素相互联系，伊格尔顿称威廉斯越老越激进："威廉斯一生的突出特征是他稳步不断地走向政治左派。"① 威廉斯与剑桥学者格格不入，是剑桥精英教育的反叛者，但是，威廉斯心系底层人民，尊重理性，为普通人发声。正是这一点让伊格尔顿产生了共鸣，他说："我从未见过比威廉斯更尊重理性探询的人，尽管他实际上也像所有人一样知道理性总是不在理性的地方。他从来没有低估知性工具的价值，自己的人民被处心积虑地剥夺了的正是这一工具。所以他才用教育者交在他手里的这种工具反击教育者。他用这些工具创造了二十世纪英国最优秀的文化作品实绩，他代表的是那些无缘进入剑桥大学、聆听 E. M. W. 提亚德就鞋子问题发表高论的人们。"②

作为一名爱尔兰后裔、工人阶级子弟，伊格尔顿对强弱之争有着切身的体会，对不公平的社会现象深恶痛绝，他希望通过理论去改造世界，实现全人类的幸福。受限于英国精英教育难以表达自己心声的伊格尔顿从雷蒙·威廉斯身上学会了一种创新的方式去说自己想说的话。"通过他这个权威的中介，我觉得自己获

---

① ［英］特里·伊格尔顿：《历史中的政治、哲学、爱欲》，马海良译，中国社会科学出版社1999年版，第260页。

② ［英］特里·伊格尔顿：《历史中的政治、哲学、爱欲》，马海良译，中国社会科学出版社1999年版，第260页。

得了表达自己的权威，并且通过我表达所有父老乡亲的心声。"①在伊格尔顿眼中，一方面爱尔兰越来越先进，也越来越自信；另一方面，其内部仍然存在巨大的认同危机。可以说，伊格尔顿的个人危机与爱尔兰的民族危机在某些方面是同步的。爱尔兰人在历史上曾处于一种被压迫、被忽略的生存境遇，伊格尔顿感同身受并深深地同情自己的民族，既而将这种本能与同情投注到个人学术研究中。从雷蒙·威廉斯那里，伊格尔顿掌握了批评的方法，更获得一种批判的勇气，中年时期的伊格尔顿开始寻找回归其爱尔兰民族的途径。他有意识地选择那些爱尔兰文学家及文化现象进行研究，并且其研究不止于文学问题，更是透过文学与文化问题去讨论爱尔兰人的生存方式及其政治处境。

2. 批判之根：爱尔兰民族主义

伊格尔顿最初有意识接触爱尔兰问题是通过创意写作进入的。1987年，他发表爱尔兰题材小说《圣徒与学者》，作品幻想出尼古拉·巴赫金、詹姆斯·康诺利、路德维希·维特根斯坦、利奥波德·布卢姆四个人物在爱尔兰的故事。伊格尔顿自称这部作品是"典型的爱尔兰写作""一本有关语言的小说"②，小说受到贝克特、奥布莱恩、乔纳森·斯威夫特等爱尔兰作家风格的影响，尝试以一种无主线叙述的形式表达某种思想观念。后来为了更多地表达自己的理论与政治的兴趣，伊格尔顿转入剧本创作，发表《圣奥斯卡》《白色、金色和坏疽》《不翼而飞》《上帝的蝗灾》等作品，其中《圣奥斯卡》于1989年首次上演后大获好评，多次公演。该戏剧通过描写奥斯卡·王尔德的经历来讲述爱尔兰历史，涉及社会主义与反殖民主义的主题。理论方面，1989年，

---

① [英] 特里·伊格尔顿：《历史中的政治、哲学、爱欲》，马海良译，中国社会科学出版社1999年版，第256页。

② [英] 伊格尔顿、博蒙特：《批评家的任务：与特里·伊格尔顿的对话》，王杰、贾洁译，北京大学出版社2014年版，第188页。

第一章　政治批评理论内涵

伊格尔顿在《新左派评论》发表论文《奥斯卡的没落》，指出王尔德的激进思想具有爱尔兰特性，初步明确爱尔兰研究的方向。从《美学意识形态》开始，伊格尔顿自称正式开启爱尔兰学术研究，他说："在论述欧洲美学理论的时候，把每一个论点都与对爱尔兰文化的思考结合起来。"①

1993 年，伊格尔顿移居爱尔兰都柏林，他积极参加城市文化生活，开讲座、出书、为爱尔兰的刊物写作，与爱尔兰作家和艺术家往来。"在都柏林，我感到很舒服、很自在，我在这儿结识的朋友不比英国少。"② 1995 年，伊格尔顿出版第一本爱尔兰研究专著《希思克利夫与大饥荒：爱尔兰文化研究》，该书集中了他多年来对勃朗特姐妹、乔伊斯、萧伯纳、王尔德等爱尔兰本土作家的研究成果，将文学批评、历史批评、文化批评与马克思主义批评等多种研究方法合为一体，史料丰富，论证翔实，民族意识强烈，且极具可读性。该研究不仅是伊格尔顿个人在学术创新方面的突破，而且在爱尔兰历史研究方面打破禁锢，引发了爱尔兰学术界的大量讨论。此后，伊格尔顿将研究重心投入那些被人忽视的、未被经典化的爱尔兰人物，如科学家、经济学家、医生、古文物研究者、政治人物等，出版《疯狂的约翰与主教》以及有关爱尔兰文化的其他论文《学者与反叛者》，这两部专著的影响虽不及《希思克利夫与大饥荒：爱尔兰文化研究》，却也具有相当的专业性。史蒂芬·里根的《伊格尔顿读本》以"爱尔兰自己的"为标题收录了伊格尔顿关于爱尔兰文化及民族主义的几篇重要论文，他说："从早期关于叶芝的论文到 1995 年大规模雄心勃勃的《希思克利夫与大饥荒》，伊格尔顿频繁地介入爱尔兰文

---

① [英]特里·伊格尔顿：《导言》，载伊格尔顿《审美意识形态》，王杰、傅德根、麦永雄译，广西师范大学出版社 2001 年版，第 12 页。
② [英]伊格尔顿、博蒙特：《批评家的任务：与特里·伊格尔顿的对话》，王杰、贾洁译，北京大学出版社 2014 年版，第 220 页。

走向新的审美实践

化政治,他的本能与同情心属于天主教的民族主义传统。……英国只是伊格尔顿的国籍,爱尔兰才是他的真正出身,伊格尔顿已经自我赋予一个任务去摧毁那些各式各样的矛盾叙事——这些叙事在过去两百多年的时间里已经塑造了文学和历史的英—爱联系。"① 可以说,伊格尔顿的政治批评实践与他的爱尔兰身份认同是同步进行的,这种身份认同是一种文化认同,也是一种政治认同。关于这一点,伊格尔顿对王尔德的各种评价以及代表作《希思克利夫与大饥荒:爱尔兰文化研究》尤其明确。

由于特殊的政治原因,爱尔兰长期南北分裂,北爱尔兰经济发达,行政上隶属英国,杰出的北爱尔兰作家通常都被纳入英国文学史,奥斯卡·王尔德(Oscar Wilde)就是一个典型代表。和大多数英国人一样,伊格尔顿最初对王尔德和爱尔兰的关系一无所知,而且对王尔德存有几分利维斯主义的看法。从 20 世纪 80 年代开始,伊格尔顿开始关注并研究王尔德,他阅读王尔德的作品,创作戏剧《圣奥斯卡》,在王尔德身上寻找爱尔兰特性,既而改变对王尔德的看法。伊格尔顿声称:"在一个层面上是风格问题,在另一个层面上就是献身和身份问题,就是慢慢发现我身上什么东西是爱尔兰的但是已经被我受的正式英国教育所压抑。对奥斯卡·王尔德这个牛津大学的花花公子和都柏林最肮脏的一个人的儿子考察一番,好像是这一自我探索过程中一个避不开的阶段。"② 伊格尔顿研究王尔德,一方面是为了总结王尔德作品所表现的爱尔兰特性;另一方面也是为了寻找自己的写作之根,他所做的不仅仅是一种学术选择,更是一种政治的选择。在伊格尔顿看来,王尔德是一个地道的爱尔兰人,是一个典型的英国反叛

---

① Terry Eagleton, *The Eagleton Reader*, Edited by Stephen Regan, Oxford: Blackwell Publishers Ltd., 1998, Preface.

② [英]特里·伊格尔顿:《历史中的政治、哲学、爱欲》,马海良译,中国社会科学出版社 1999 年版,第 324 页。

第一章 政治批评理论内涵

者，王尔德的艺术成就背后有着深刻的政治诉求：

> 如果你像王尔德那样有一段遭受殖民者压迫的历史，你就不会过分迷恋那种稳定的再现形式，那样做等于站在凯撒的一边。你会发现自己是个仿拟者和寄生者，完全失去了强劲不息的文化传统，只是一边走一边补缀出一种文化来。你的作品往往是用反现实主义的幻想和铺张夸饰的想象建立起来的家园，经常不得不用这样一些模式捉襟见肘地补偿严酷的社会现实。如果你的写作语言像王尔德一样是殖民压迫者的母语，你就不可避免地对文字有一种强烈的自觉意识；那么对你而言，语言似乎是一个让人存活的空间，你可以在这里得到一份暂时的自由并且胜利制服无情地决定一切的历史。殖民地的主体陷入一种永久的身份危机，不会特别地打上稳实而全面的古典的文学现实主义的特征印记，而是感觉到自己的流动、弥漫和暂存性。而且对社会形式和惯例也有这样的暂存感觉，对这些形式和惯例的虚构性和无根据性渐渐有了一种反讽意识。……他留下了一种嘲讽现实主义的盎格鲁—爱尔兰写作形式，嬉笑怒骂，天马行空，疯狂的喜剧下面有着黑色而清醒的亚文本，矛盾和颠覆性的机智里表现出一种深刻的反常规性。①

王尔德作品所呈现的艺术特征是由其所处的政治语境决定的，作为被殖民者，王尔德始终受到身份危机的困扰，他不得不采用一种反常规的文学形式，如反现实主义、夸张、想象、反讽、流动性与暂存性等，尤其是反讽，被视为具有普遍革命意味的修辞手段。伊格尔顿本人的文风也具有很强的修辞特征，比喻、反讽尤其多

---

① ［英］特里·伊格尔顿：《历史中的政治、哲学、爱欲》，马海良译，中国社会科学出版社1999年版，第323—324页。

走向新的审美实践

见,这种写作方式正是其爱尔兰特性的体现。修辞性、流动性、暂存性既是王尔德的艺术特征,也是爱尔兰反英文学的重要特征。伊格尔顿认为王尔德的艺术创新具有明显的政治效应。表面看来,王尔德具有上层英国人的典型特征,他嘲弄资产阶级准则,爱好花哨的服装和俏丽的辞藻,但在伊格尔顿看来,这不过是以其人之道还治其人之身,王尔德的言行有着强烈的政治意味,他以文学作为政治武器,利用统治阶级的艺术形式去反对帝国主义。"王尔德是一个最名副其实的政治人物……他的轻浮举止是精心培养出来的,终其一生都表现出对剥夺者的同情和怜悯。"① 透过王尔德,伊格尔顿发现了被殖民者反对殖民者的可能性及其有效策略。他认为,即使是最弱小的国家,如果被压迫到了一定的程度,它的人民都将奋起反抗,即使其所面对的是一个强大的对手,这些反抗者都可能找到突破口。重新评价王尔德不仅具有学术价值,更具有现实的政治意义。通过研究爱尔兰名家名作,伊格尔顿获得一种民族自豪感,并逐步确立属于自己的批评风格。

透过爱尔兰文学探讨爱尔兰政治问题——尤其是英爱政治关系,这是伊格尔顿研究爱尔兰文学的常用思路。他对爱尔兰裔作家王尔德、叶芝、勃朗特姐妹等人作品的研究都涉及英爱政治,不同于前人多从英国的角度进行研究,伊格尔顿有意突出这些作家与爱尔兰的关系,剖析其文本中蕴含的爱尔兰真实历史症候及英爱政治关系,揭露英国霸权政治在文学领域的意识形态伎俩。《希思克利夫与大饥荒》是一部典型之作,该文评论《呼啸山庄》,极少讨论希思克利夫与凯瑟琳的爱情纠葛,更多的是讨论其中的政治隐喻。

在《希思克利夫与大饥荒》一书中,伊格尔顿考察了《呼啸山庄》的主人公希思克利夫的人物原型,他认为其创作灵感来自

---

① [英]特里·伊格尔顿:《历史中的政治、哲学、爱欲》,马海良译,中国社会科学出版社1999年版,第324页。

艾米莉·勃朗特的兄弟布莱威尔的故事。布莱威尔是一个典型的爱尔兰人，他于1845年8月来到利物浦，当时正值大饥荒前夕，城里挤满了饥民。伊格尔顿大胆推测希思克利夫可能也是爱尔兰人，并且是大饥荒的受害者，因为小说中希思克利夫是老恩肖从利物浦街头捡来的弃儿。尽管这一推断在时间上并不成立，并且受到历史学家的诟病，但是伊格尔顿仍然坚持这一观点，他从经济和政治角度解读希思克利夫的个人经历，并且将其与爱尔兰革命相对照。"希思克利夫也是集压迫者和被压迫者于一身，在他身上体现了爱尔兰革命的各个阶段。在孩童时期他是个自卫者，在一次小小的乡村暴行中被逐出了画眉田庄，因为庄园主以为他是要投宿于此。然后他就从一个农村无产阶级，爱尔兰大饥荒后的一个垂死之人，摇身一变而成为农村资产阶级：把呼啸山庄从欣德利的手中骗取过来。可以说他重复了爱尔兰农民权益同盟会的变化，开始是劳动者、小农、康诺特省的小农田主，最终是兜里有点钱的农村中产阶级。一旦在呼啸山庄扎下根，希思克利夫自己也变成一个'无情的地主'，开始吞并别的地主，并夺取了画眉山庄。"① 他将希思克利夫视为爱尔兰民族反叛英国的寓言化表达，从自卫者到农村无产阶级，再到农村资产阶级，希思克利夫这一人物形象被伊格尔顿解读为爱尔兰农民政治命运的缩影，但是他批评希思克利夫所代表的是变了味的革命，因为后者从一个被剥削者最终变成一个剥削者，革命不过是满足个人私欲的工具。伊格尔顿运用马克思主义理论将《呼啸山庄》与爱尔兰大饥荒事件进行关联，不仅仅是为了深入开展文学评论，更试图建构一种新的关于爱尔兰历史的叙述。"我自觉地建构一种不同的历史叙述，而不仅仅是不同的文学叙述，比如在《希思克利夫》中有一章是论英裔爱尔兰人的。我这样做意在抵制一种息事宁人

---

① [英] 特雷·伊格尔顿：《希思克利夫与大饥荒》，周小仪译，《国外文学》1997年第3期。

的、将灾难和冲突抽离出爱尔兰历史的修正主义的话语，这个话语是由现在的爱尔兰中产阶级的兴趣主导的，它所持的是所谓公正的历史编纂学的立场，所以我的一部分任务是要揭露这个立场背后的意识形态。"①

从当代文化入手，介入爱尔兰历史与政治，讨论其意识形态立场，进而揭露英爱政治关系的真相，为爱尔兰人辩护，这就是伊格尔顿爱尔兰文化研究的基本逻辑，也是其民族主义情结的某种外化。伊格尔顿在从事批评工作时，时刻提醒自己作为爱尔兰后裔应该坚持某些信仰。上述批评逻辑始终贯穿于伊格尔顿政治批评的具体实践中，它使伊格尔顿的政治批评避免了空谈，也使他区别于杰姆逊等其他政治批评家。后者强调政治批评的无意识化，其实也是将政治批评泛化，从而丧失了政治批评的实效性，相比于杰姆逊的内向性与学院化，伊格尔顿政治批评的现实指向性更加明显。正如雷蒙·威廉斯所做的，伊格尔顿也在用理论为他的爱尔兰祖辈说话，并且替所有的弱小者说话。除了批判英国对爱尔兰的压迫，伊格尔顿还批判了资本主义社会中的阶级压迫，发达资本主义国家对其他发展中国家的压迫，甚至直接批判美国。

二 马克思主义的政治信仰

少年伊格尔顿在德拉萨文法中学（教会学校）读书时，深受天主教思想浸染，同时接触到一些社会主义思想。十四五岁时，他自称是社会主义者，十六岁加入"斯托克波特青年社会主义者"，听当地左翼工党议员的演讲，支持工人阶级左翼分子，并在持这一政治倾向的英文老师指导下阅读大量不同流派的经典文学作品。在这样一种社团性质的、体制化的学习环境中，伊格尔

---

① [英]伊格尔顿、博蒙特：《批评家的任务：与特里·伊格尔顿的对话》，王杰、贾洁译，北京大学出版社2014年版，第221页。

顿没有接触多少自由人文主义思想,更多受到共同信仰和身份认同观念的浸染,"我们被教导成为本能地相信人类生活是体制化的一群人"。① 后来伊格尔顿到了剑桥大学三一学院,苦于找不到身份认同,于是加入天主教左派,学习并讨论列宁、伦理学、悲剧等话题,天主教左派因此成为伊格尔顿的学术背景之一,并因此产生相伴一生的学术兴趣。大学期间,伊格尔顿受导师影响开始阅读马克思的著作,并与一群年轻人成立剑桥左派论坛,在市区举办公共会议,邀请工人参会,参加市民政治活动,发表言论。

从 1969 年开始,伊格尔顿在牛津大学瓦德汉学院主持马克思主义系列研讨班,研讨班成员阅读并介绍各种类型的马克思主义批评家和批评理论。最初参加研讨班的成员是伊格尔顿和他的学生,后来吸引了牛津大学里知识和政治领域的各种流浪儿,从拉斯金学院的矿工学员们到年轻的左翼知识分子,以及若干"国际马克思主义小组"和"国际社会主义者"成员。研讨班形式自由、民主,通常由参加者自行决定讨论话题,而且论题选择与广泛的政治历史相关,有些论题具有激进色彩,在牛津大学颇有影响,伊格尔顿却因此被同行孤立。20 世纪 80 年代,研讨班转变为"牛津英文有限",课堂被牛津大学英文系的本科生和研究生接管,伊格尔顿则加入了"工人社会主义同盟",试图将研讨班的活动与社会活动连接起来。他参与编撰《从战斗性到马克思主义》《现代马克思主义的打造者》等出版物,又尝试向工人们宣扬西方马克思主义理论,寻找理论应用于实践的可能性,甚至声援 1984 年的矿工罢工运动。这些经历成为伊格尔顿开展马克思主义研究的关键背景,将马克思主义与其他理论并置讨论更有利于他深入理解马克思主义。其间,伊格尔顿撰写了《权力的神

---

① [英]伊格尔顿、博蒙特:《批评家的任务:与特里·伊格尔顿的对话》,王杰、贾洁译,北京大学出版社 2014 年版,第 14 页。

走向新的审美实践

话：勃朗特姐妹的马克思主义研究》(*Myths of Power: A Marxist Study of the Brontes*)，大胆标榜自己的理论指向，尝试一种理论与实践相结合的马克思主义批评方法。第二年又撰写《批评与意识形态》，系统提出自己的批评理念，即"文学文本是一种意识形态矛盾的生产，而不是简单的对意识形态矛盾的反映"。① 此外，他在《批评文萃》《批评季刊》《英文研究评论》《笔记与问责》《新黑衣修士》等刊物发表大量评论，有时还会介入讨论一些政治事件，这些刊物成为伊格尔顿探索马克思主义批评方法的园地。研讨班期间，伊格尔顿和他的学生们还接触到西方马克思主义经典批评家的作品，如卢卡奇、阿尔都塞、马尔库塞的作品，杰姆逊的《马克思主义与形式》，并从中认识本雅明、阿多诺等思想家，此外，还有马歇雷的《文学生产理论》。这些批评家及其理论成为《马克思主义与文学批评》的主要内容，他们构成了伊格尔顿发展马克思主义批评方法的理论背景。

从伊格尔顿早期经历来看，他在少年时期已经阅读马克思的著作，并且出于个人阶级身份及宗教信仰的原因而对马克思主义产生天然的认同感，同时积极参加社会实践。但是，从理论研究的角度看，伊格尔顿的马克思主义批评理论及应用是通过批判性继承西方马克思主义世系的方法论而建立起来的，其早期文学批评思想带有明显西方马克思主义烙印，其关注的理论问题很多来自其他西方马克思主义学者的论著。伊格尔顿说："我第一次听说卢卡奇这个批评家的名字，就被他引向了马克思主义批评之路。"② 1976年，伊格尔顿发表《马克思主义与文学批评》(*Marxism and Literary Criticism*)，具体评述了卢卡奇、戈德曼、马

---

① [英]伊格尔顿、博蒙特：《批评家的任务：与特里·伊格尔顿的对话》，王杰、贾洁译，北京大学出版社2014年版，第107页。
② [英]伊格尔顿、博蒙特：《批评家的任务：与特里·伊格尔顿的对话》，王杰、贾洁译，北京大学出版社2014年版，第36页。

歇雷、布莱希特、本雅明等理论家的思想,他们与以列宁、托洛茨基为代表的传统马克思主义有着完全不同的理论观念。西方马克思主义引导伊格尔顿进入马克思主义批评的大门,在与各种类型的马克思主义理论辩论的过程中,伊格尔顿不断回归马克思著作本身,并逐渐梳理出自己的马克思主义观念。

1997年,伊格尔顿出版了《马克思与自由》(*Marx and Freedom*),这只是一本很薄的小册子,分别从哲学、人类学、历史、政治四个方面简明扼要地介绍了马克思的理论观点,其篇幅不长,却体现了伊格尔顿对马克思的几点重要认知,这些认知在他的许多理论文章中被反复阐述。可以说,《马克思与自由》表明伊格尔顿回归马克思原典寻求理论支持的姿态,也标志着他正在脱离西方马克思主义的影响而更加独立地实践马克思主义批评方法。2011年4月,伊格尔顿出版《马克思为什么是对的》(*Why Marx Was Right*),重申坚守马克思主义信仰的必要性,集中展示了他的马克思主义世界观及方法论。可以说,伊格尔顿的创新正在于他能超越学院派的西方马克思主义,重新重视经典马克思主义的实践性,积极运用马克思主义理论回应现实问题,推进马克思主义的时代化。马克思主义既是伊格尔顿努力遵循的理论原则,也是我们用于评价伊格尔顿政治批评理论的理论工具。

1. 重申马克思主义信仰:《马克思为什么是对的》

《马克思为什么是对的》一书的标题以一种极其直白的方式提出问题:马克思为什么是对的?正文分十章批驳了十个关于马克思主义的错误观点,即终结论、实践有害论、宿命论、乌托邦论、还原论、机械唯物论、阶级痴迷论、暴力革命论、极权国家论、地位边缘论。该书不是伊格尔顿的心血来潮之作,文中许多观点他在早年著作中已反复提及。面临当今资本主义社会中马克思主义的尴尬处境,伊格尔顿批驳的第一个错误观点是"马克思主义已经终结"。自20世纪70年代以来,西方的

走向新的审美实践

资本主义制度经历了至关重要的变革，物质财富极大增长，进入以消费主义、通信、信息技术和服务业为主的后工业时代，一些社会主义者因此觉得资本主义政体已经难以摧毁，丧失了改变资本主义制度的理想信念。伊格尔顿声明，只要资本主义没有终结，马克思主义就必然存在，即使马克思主义者一再挫败，也不能丢弃马克思主义信仰。"马克思主义的名声之所以遭到践踏，主要应归因于一种日益加剧的政治无能感。在变革中坚守信仰不易，当变革不期而至时则更加艰难，哪怕此时正是最需要你坚守信仰的时刻。"① 身处政治左派日益退却的西方政治语境，伊格尔顿此番作为难能可贵。

伊格尔顿独辟蹊径地运用马克思的艺术观，畅想未来社会的美好生活是进入一种类似于艺术创作的自由状态，期望每个人都能充分实现自我。他不仅仅将马克思主义视为一种精神信仰，更将这种信念贯彻到理论研究及实际生活中。伊格尔顿秉承马克思的批判精神，坚持运用经济、物质、生产方式、阶级斗争等马克思主义理论的基本概念、范畴、原理分析各种理论及现实问题。从阶级斗争或阶级冲突角度分析各种观念的来路是伊格尔顿马克思主义批评理论的基本模式。伊格尔顿自觉运用辩证唯物主义方法对经典马克思主义理论进行重新评价，既维护了马克思主义的逻辑合理性，又对马克思的原创理论进行了创造性发展。尤其是针对当今资本主义社会的现实状况，他对劳动、经济、生产、阶级等概念的新解，以及他对后现代主义多元论、机械决定论、反本质主义的反击，既从理论上确立马克思主义的合法性，又避免将马克思主义禁锢在学术圈内，彰显了马克思主义的时代生命力。

坚持马克思主义信仰不是喊口号，或者仅在知识界、学术界

---

① [英] 特里·伊格尔顿：《马克思为什么是对的》（珍藏版），李杨、任文科、郑义译，重庆出版社 2017 年版，第 7 页。

开展学术活动，而是要坚持将马克思主义运用于实际生活或者历史建构。伊格尔顿始终强调马克思主义的实践性，他曾在不同论著中多次提及马克思的这句名言："哲学家们只是用不同的方式解释世界，而问题在于改变世界。"① 在《马克思与自由》一书中，他开篇就提出一个问题：马克思在何种意义上可以被称为一个哲学家？随后列举了马克思本人的诸种言论，极力说明马克思本质上不是要做一个哲学家，而是一个实践者、解放者。在接受王杰教授的访谈时，伊格尔顿再次申明这个观点，他说："马克思主义是一种非常具体的历史批评，在我看来，马克思主义不是一种宇宙哲学，它有非常具体的关注焦点；一旦完成了这个任务，它的历史作用也就消失。马克思主义的存在是为了完成某种任务，而不是为了提出深刻的形而上学问题，这些形而上学问题有待马克思主义继续探索。"② 伊格尔顿不仅在理论上坚持马克思主义的实践性，更用自己的实际行动证明马克思主义的现实作用。他身处两个马克思主义左派团体，积极参加各类马克思主义者活动，为工人阶级的教师作报告。他认为美国的马克思主义几乎完全是纯学术的东西，而英国的马克思主义不仅仅是学术界、知识界的事，至今仍然是英国国家政治生活的一支力量，尽管这支力量很微弱。无论如何，坚持马克思主义信仰的同时，不放弃马克思主义实践的可能性。伊格尔顿的马克思主义观不仅仅具有形而上的精神意义，更强调将这种信念贯彻到理论研究及实际生活中。

2. 批评原点：马克思的历史观

恩格斯认为，马克思的伟大成就中有两点特别值得一提，

---

① [德] 马克思：《关于费尔巴哈的提纲》，载《马克思恩格斯选集》（第1卷），人民出版社1995年版，第57页。
② 王杰、徐方赋：《"我不是后马克思主义者，我是马克思主义者"——特里·伊格尔顿访谈录》，《文艺研究》2008年第12期。

走向新的审美实践

"第一点就是他在整个世界史观上实现了变革"。① 马克思以前的历史观,都是从人的思想出发去寻求历史变化的最终原因,这很容易导致一种唯心主义的结论。"现在马克思则证明,至今的全部历史都是阶级斗争的历史,在全部纷繁复杂的政治斗争中,问题的中心仅仅是社会阶级的社会的和政治的统治,即旧的阶级要保持统治,新兴的阶级要争得统治。可是,这些阶级又是由于什么而产生和存在的呢?是由于当时存在的粗鄙的物质条件,即各该时代社会借以生产和交换必要生活资料的那些条件。"② 一切历史都是阶级斗争的历史,一切阶级斗争都必须从物质角度进行解释,这是马克思的历史观,也被称为历史唯物主义,遵循"存在决定意识"这一基本原则。在《〈政治经济学批判〉序言》中,马克思说:"物质生活的生产方式制约着整个社会生活、政治生活和精神生活的过程。不是人们的意识决定人们的存在,相反,是人们的存在决定人们的意识。"③ 人们在物质生活中建立起来的生产关系是一个社会的基本经济结构,生产关系的发展由生产力所决定,它又决定了法律及政治等上层建筑的发展。如果上述三者能够保持同步,社会将保持稳定,一旦发展不协调,将会引发社会革命。无论如何,物质发展是最基本的,这是马克思主义的首要原则。

作为一名马克思主义理论家,伊格尔顿深刻地意识到马克思这一思想对于文学批评的变革意义。马克思提供了一个历史本身的理论或者重大历史变迁之动态关系的理论。他认为马克思主义批评之所以不同于以往的任何文学批评,正是基于历史观的改

---

① [德]恩格斯:《卡尔·马克思》,载《马克思恩格斯选集》(第3卷),人民出版社1995年版,第334页。
② [德]恩格斯:《卡尔·马克思》,载《马克思恩格斯选集》(第3卷),人民出版社1995年版,第334—335页。
③ [德]马克思:《〈政治经济学批判〉序言》,载《马克思恩格斯选集》(第2卷),人民出版社1995年版,第32—33页。

变:"马克思主义批评的创造性不在于它对文学进行历史的探讨,而在于它对历史本身的革命的理解。"① 但是,从伊格尔顿的批评实践来看,我们发现,他所认同的马克思主义历史观不是来自《〈政治经济学批判〉序言》,而是来自《德意志意识形态》。《德意志意识形态》的成文略早于《〈政治经济学批判〉序言》,它的历史唯物主义思想已经初露端倪,即强调人的思想、观念及意识等是人的物质活动的直接产物。在意识形态问题上,马克思反对从口头上的、想象中的人出发去研究人的思维活动,而是主张从实际活动的人出发去分析意识形态。"我们的出发点是从事实际活动的人,而且从他们的现实生活过程中还可以描绘出这一生活过程在意识形态上的反射和反响的发展。"②

不同于《〈政治经济学批判〉序言》将物质生产方式视为社会生活、政治生活和精神生活的决定要素,《德意志意识形态》侧重于从实际活动的人出发,分析现实生活在意识形态方面的反映。对于伊格尔顿而言,人的现实活动除了物质活动,也包括政治活动,即人与人之间的关系。这些关系会反映在人的思想或意识形态之中,意识形态批评则需要还原这些关系。受《德意志意识形态》的影响,伊格尔顿常常不是从人的经济活动出发,而是从政治活动出发,去分析人的思想。即使在后现代主义流行的20世纪80年代,伊格尔顿仍然坚守自己的历史唯物主义立场。这一点,我们将在第四章再做说明。

除了从物质角度出发去分析一切社会问题,马克思历史唯物主义的另一个重要成就是阶级斗争理论。《共产党宣言》就阶级斗争问题进行了理论阐述,《路易·波拿巴的雾月十八日》则应

---

① [英]特里·伊格尔顿:《马克思主义与文学批评》,文宝译,人民文学出版社1980年版,第7页。
② [德]马克思:《德意志意识形态》,载《马克思恩格斯选集》(第1卷),人民出版社1995年版,第72—73页。

走向新的审美实践

用阶级斗争理论分析了19世纪中期法国阶级斗争状况。两者都坚持两点原则：第一，阶级斗争是理解其他一切斗争的中介；第二，所有的阶级问题及其斗争必须从经济角度进行说明。第二点原则也是马克思历史唯物主义的关键原则。例如，马克思这样分析正统王朝与七月王朝之间的对立："正统王朝不过是地主世袭权力的政治表现，而七月王朝则不过是资产阶级暴发户篡夺权力的政治表现。所以，这两个集团彼此分离决不是由于什么所谓的原则，而是由于各自的物质生存条件，由于两种不同的占有形式；它们彼此分离是由于城市和农村之间的旧有的对立，由于资本和地产之间的竞争。"① 马克思对小资产阶级革命局限性的分析同样是物质的，即小资产者代表人物在理论上得到的任务和解决办法与他们的物质利益和社会地位是分不开的。"一般说来，一个阶级的政治代表和著作代表同他们所代表的阶级之间的关系，都是这样。"②

伊格尔顿理论上支持上述两条论断，他将阶级斗争观念视为马克思主义理论的核心："马克思如何将历史当作不断发展的呢？有些人认为，马克思历史唯物观的关键在于社会阶级的理论。但是马克思没有揭露这个观念，这不是他最有力的概念。比较精确的说法是，阶级斗争的观念更接近其理论的核心：不同阶级由于他们相冲突的物质利益而处在一个互相对峙的状态。"③ 从物质利益出发去理解阶级斗争，伊格尔顿理论上与马克思的观点是一致的，但是他并没有将这一理论完全贯彻到批评实践中去。我们发现，伊格尔顿习惯于将阶级斗争本身视为其他观念之争的基础，

---

① [德]马克思：《路易·波拿巴的雾月十八日》，载《马克思恩格斯选集》（第1卷），人民出版社1995年版，第611页。
② [德]马克思：《路易·波拿巴的雾月十八日》，载《马克思恩格斯选集》（第1卷），人民出版社1995年版，第614页。
③ [英]泰瑞·伊格尔顿：《马克思》，李志成译，台北：麦田出版社2000年版，第93页。

第一章 政治批评理论内涵

亦即从阶级斗争的角度出发来讨论各种意识形态之间的斗争。虽然他指出某个理论家代表了哪个阶级的利益，或者为哪一个阶级服务，但是，对于这些阶级的物质状况，他讲得不多，甚至根本不会谈及。关于这一点，有必要特别谈一谈马克思的《路易·波拿巴的雾月十八日》对伊格尔顿的影响。

马克思的《路易·波拿巴的雾月十八日》是政论，也是文学，其中比喻、排比、反问、借代等修辞手法比比皆是。例如，他对秩序党的几段评论采用了许多反问句式与排比句式，"你把我看作蚂蚁，但是总有一天我会成为狮子的"，这是马克思的著名比喻。马克思非常善于运用修辞手法以形象地说明问题，其写作风格与伊格尔顿所追求的爱尔兰特性颇为契合，因此成为伊格尔顿模仿和学习的对象，伊格尔顿深受其文风的影响。读者在阅读伊格尔顿文章时，常常折服于伊格尔顿的语言魅力。"读过伊格尔顿，不仅能从他那些饱含知识和智慧的思想观点得到启发，而且对他那种永远直截了当而又机警精练的文辞留下难忘的印象；不仅会感到思想和理论的广阔天地逶迤延展，而且会看到精彩纷呈的连珠妙语扑面而来。……他不仅以'说什么'给人们以思想的震撼和启迪，而且以'怎么说'深深地感染和打动读者。"① 此外，伊格尔顿阐释当代西方文学理论流派，尤其是传统文学理论与后现代主义理论的论争时，也曾试图如马克思那般将各个阶级之间的论战描述出来，在马克思那里，每一个阶级的行为都可以从物质角度去加以解释。遗憾的是伊格尔顿没有完全贯彻马克思的观念，他给每一个文学理论家确定了阶级属性，却很少提及形成其阶级属性的物质状况。相比而言，马克思对伊格尔顿的影响更多体现在美学方面。

---

① 马海良：《文化政治美学——伊格尔顿批评理论研究》，中国社会科学出版社2004年版，第29—30页。

3. 批评动力：马克思的美学理想

从伊格尔顿对马克思主义著作的引用情况来看，马克思那些专论文学问题的书信和文章很少被论及，反而是《资本论》《德意志意识形态》《路易·波拿巴的雾月十八日》等经济学、哲学、政治学著作被经常引用。伊格尔顿认为马克思的经济学与政治学著作已经蕴含了丰富的美学思想，"马克思许多最富于活力的经济学范畴都蕴含着美学"。[1] 他从美学角度对马克思主义进行了重新阐释，并提炼出两条马克思主义的美学理想。

第一，内容与形式的融合。

"内容与形式"这一范畴在哲学和文学中常常被提及，它是马克思最常用的一对美学范畴。马克思关于形式与内容关系的论述所确立的基本原则在于：内容决定形式，形式反作用于内容。对此，伊格尔顿是认同的，他说："形式是历史地由它们必须体现的'内容'决定的；它们随着内容本身的变化而经历变化、改造、毁坏和革命。'内容'在这种意义上优先于'形式'，正象对马克思主义来说，是社会物质'内容'即社会生产方式的变化决定社会上层建筑的'形式'。"[2] 伊格尔顿将形式与内容的统一视为马克思最基本的美学原则："可以把内容与形式的融合看做是马克思的审美理想。……对于马克思来说，形式和内容的这种平衡的关键在于尺度的概念，包括测度、标准、比例、适度，乃至组成人工制品的内部结构。为了保持适当的均衡，'对每一种对象分别运用其适宜的内在标准'可以看做是马克思的目标，他由此而获得一个适当的立场去批判资本主义。"[3]

---

[1] [英]特里·伊格尔顿：《审美意识形态》，王杰、傅德根、麦永雄译，广西师范大学出版社2001年版，第203页。

[2] [英]特里·伊格尔顿：《马克思主义与文学批评》，文宝译，人民文学出版社1980年版，第26页。

[3] [英]特里·伊格尔顿：《审美意识形态》，王杰、傅德根、麦永雄译，广西师范大学出版社2001年版，第206页。

第一章　政治批评理论内涵

　　基于内容与形式相融合这一美学理想，伊格尔顿独辟蹊径地解读了马克思的各类经济学范畴。在伊格尔顿看来，马克思关于形式与内容相融合的审美理想普遍存在于他的政治学与经济学著作中，马克思衡量那些经济学范畴的标准就在于它们是否实现了内容与形式的融合，例如，商品一直是马克思的批判对象，就是因为它的内容与形式发生失调，而且精神和感性、普遍性和特殊性之间也出现失调。商品的矛盾性在于它要么是虚幻的内容与具体的形式，要么是具体的内容与虚幻的形式，即"既是一种虚幻的具体化，也是社会关系的一种虚幻的抽象"。① 因此，"商品是一种精神分裂的和自我矛盾的现象，仅仅是一种象征，一种意义和存在都完全不一致的统一体，以及仅仅作为外在形式的偶然负荷者的感性身体存在"。② 同样，资本主义社会之所以出现异化，也是因为形式与内容的失调所导致的。人类的身体活动孕育出一系列理性的形式，但它与身体的感性具体内容并不和谐，因而无法实现形式与内容之间的审美统一。

　　政治方面，伊格尔顿亦从内容与形式相融合的角度评价马克思关于资产阶级革命的论断。在《路易·波拿巴的雾月十八日》一文中，马克思谈及两类革命：一类是丹东、罗伯斯庇尔、拿破仑等人领导的法国革命，另一类是1848年至1851年的马拉斯特、路易·波拿巴等领导的法国革命。这两个革命都采用了复古的革命形式，但其政治效果有所不同，前者借用古人的名字、战斗口号和衣服，目的是要冲破封建主义的桎梏，建立现代的资本主义社会。一旦新的社会形态形成，那些借用的形式马上就被弃用了。但是，在1848—1851年发生的法国革命，虽然同样采取旧

---

　　① ［英］特里·伊格尔顿：《审美意识形态》，王杰、傅德根、麦永雄译，广西师范大学出版社2001年版，第204页。
　　② ［英］特里·伊格尔顿：《审美意识形态》，王杰、傅德根、麦永雄译，广西师范大学出版社2001年版，第204页。

的革命形式,其效果大打折扣,马克思极力讽刺法国资产阶级现代革命内容与复古的革命形式所造成的不一致,他说:"在罗马共和国的高度严格的传统中,资产阶级社会的斗士们找到了理想和艺术形式,找到了他们为了不让自己看见自己的斗争的资产阶级狭隘内容、为了要把自己的热情保持在伟大历史悲剧的高度上所必需的自我欺骗。"① 借用古代形式为现代革命摇旗呐喊,第一次可以对资产阶级革命产生一种正面推动作用,但是这种内容与形式的不一致如果重复出现,则注定失败。伊格尔顿评价《路易·波拿巴的雾月十八日》:"这个文本的开头数页的确可视为马克思主要的符号学著述,马克思把伟大的资产阶级革命描绘为内容与形式、能指和所指之间的断裂,在马克思看来,古典式的审美几乎是不能容忍的。作为一种历史的装饰品,每一次资产阶级革命都把自己打扮成前一个时代的闪光的勋章,以便在夸张的形式下掩盖它在真正的社会内容方面可耻的贫乏。"② 正是因为内容与形式无法真正融合,让绝大多数的资产阶级革命失去其正义性。

革命内容与革命形式的关系也是衡量社会主义革命的一个重要标准,依据马克思主义,伊格尔顿提出:"先前的革命已经形式化了,把'辞藻'或形式的因素附加到它们的内容之上;但是这个结果使能指较所指相形见绌。相反,社会主义革命的内容是过渡的形式,超越了它自己的修辞。"③ 社会主义革命有着丰富的内涵,需要有新的形式与之适应。我们不能照搬过去的形式,需要自己去寻找。马克思的共产主义理论,就是引导我们寻找恰当

---

① [德] 马克思:《路易·波拿巴的雾月十八日》,载《马克思恩格斯选集》(第1卷),人民出版社 1995 年版,第 586 页。
② [英] 特里·伊格尔顿:《审美意识形态》,王杰、傅德根、麦永雄译,广西师范大学出版社 2001 年版,第 208 页。
③ [英] 特里·伊格尔顿:《审美意识形态》,王杰、傅德根、麦永雄译,广西师范大学出版社 2001 年版,第 210 页。

的革命形式以及人类生存形式，并且最终实现一个内容与形式相融合的理想社会。这是一个持续变化的过程，因此，马克思主义的成就不在于他描绘了一个未来的蓝图，而在于他提供了创造未来的理论形式。在论及未来社会时，马克思采取一种未定式。

内容与形式的辩证关系同样适用于解读文学问题，这也是伊格尔顿对于马克思主义理论的创新性应用，这一点将在第二章详细论证。内容与形式作为马克思主义理论的一组重要范畴，其理论适用性相当广泛。从单一的商品概念到复杂的社会结构，从一般的文学问题到丰富的美学问题，这一范畴都有所成就。同样，我们也可以用内容与形式范畴去分析马克思主义理论本身。如果说内容与形式的辩证关系是马克思主义的形式，那么这一形式背后隐含的内容就是人的解放，它将涉及马克思的另一个美学理想——审美社会主义。

第二，审美社会主义。

坚持马克思主义信仰，不能放弃共产主义的梦想，要坚信未来社会更加美好。伊格尔顿否定他人将马克思主义视为一个乌托邦式的梦想，他认为马克思并没有提供一个可直接复制的未来蓝图，而是着力于解决阻碍美好未来实现的现实矛盾，马克思对未来的设想是一种总体性的、方法论意义上的。马克思让伊格尔顿明确了未来的两个重要目标：一是物质的高度繁荣；一是人类的自我实现。"马克思认为，人类的自我实现必须作为我们努力追寻的一个目标加以重视，而不能把它贬低为实现其他某种目的的工具。"[①] 无论是生产、劳动还是其他行为，它们不再是某种工具，而是目的本身。当人类可摆脱物质束缚，在没有物质需求的渴望下进行生产，人类即进入一种类似于艺术创作的自由状态，这就是人类未来社会的美好生活。伊格尔顿独辟

---

① [英]特里·伊格尔顿：《马克思为什么是对的》（珍藏版），李杨、任文科、郑义译，重庆出版社2017年版，第116页。

走向新的审美实践

蹊径地阐释了马克思主义理论,并将这种人类自我实现的方式提升到一个重要位置,彰显了马克思主义理论的创新之处。"他心目中美好生活的模型建立在艺术自由表达的理念之上。"①

自从康德提出审美无功利性的观点,这一美学原则逐渐深入人心。伊格尔顿基本认同这一观点:"传统上,审美这种形式的人类实践,不需要满足功利主义的效准,而专注于自己的目标、基础和内在理路。它仅是为自己而自我实现的能量展现。"② 即审美具有无利害性与自我生发性。正是在这一观念指导下,伊格尔顿将马克思视为美学家,他认为马克思是在用一种审美的眼光构建人类以及人的生活,非功利性的存在被视为人类的理想生存状态。

沿着非功利这一路径,伊格尔顿解读了马克思的政治经济学理论,他将商品与商品所代表的生活方式联系起来去评价马克思的商品理论。伊格尔顿说:"马克思要将人类的使用价值从交换价值的迷惑中解放出来。"③ 这句话可以用伊格尔顿自己的话来注解:"正如同马克思要废除在经济领域中的商品交换,让生产是为使用而生产,而非为获利而生产,所以他希望将人的个性'去商品化',将丰富的感官性个人发展从抽象、功利逻辑的禁锢中解放出来。在资本主义下,我们的所有感觉都化为商品,所以只有将私人财产废除,才能解放人类的身体、让人类的感觉回归自身。"④ 在商品生产中,物的使用价值常常被交换价值所遮掩,其多样性特征最终化约为单一的货币用于交换,货币成为衡量一切

---

① [英] 特里·伊格尔顿:《马克思为什么是对的》(珍藏版),李杨、任文科、郑义译,重庆出版社 2017 年版,第 240 页。
② [英] 泰瑞·伊格尔顿:《马克思》,李志成译,台北:麦田出版社 2000 年版,第 60 页。
③ [英] 泰瑞·伊格尔顿:《马克思》,李志成译,台北:麦田出版社 2000 年版,第 62 页。
④ [英] 泰瑞·伊格尔顿:《马克思》,李志成译,台北:麦田出版社 2000 年版,第 65 页。

价值的唯一标准。这一经济原则扩展到生活之中，必然导致人的感觉被单一化、商品化。因此，如果要改变人的感觉方式，就必须打破经济上的陈规，只有恢复人的身体感觉，才能真正实现审美的非功利性，这就是伊格尔顿所理解的马克思主义。

伊格尔顿对马克思美学思想的分析得益于席勒。"卡尔·马克思对工业资本主义的批判深深地根植于席勒对被阻碍的能力、被分解的力量、被损毁的人类总体性的看法中。"① 席勒将他那个时代的人称为"感觉迟钝的一代人"，"这里是粗野，那里是文弱，这是人类堕落的两个极端"。② 席勒所谓的粗野是指人数众多的下层阶级，文弱则是针对那些有文化的阶级，他们在席勒眼中都是有欠缺的人性，无法与完美的古希腊人相比。席勒将现代人的生活与精细的钟表结构进行类比，后者是由许多小部分拼凑而成的整体。"人永远被束缚在整体的一个孤零零的小碎片上，人自己也就把自己培养成了碎片；由于耳朵里听到的永远只是他发动起来的齿轮的单调乏味的嘈杂声，他就永远不能发展他本质的和谐；他不是把人性印压在他的自然本性上，而是仅仅把人性变成了他的职业和他的知识的一种印迹。"③ 现代人的能力被分开培养，表面看来造就出特殊人才，实际上却让生活其中的个体蒙受痛苦，席勒理想中的幸福而完美的人应该是"各种精神力量的协调一致"。④ 为了实现这一理想，席勒提出用"美的艺术"来培养人的感觉能力。他说："为了解决经验中的政治问题，人们必须通过解决美学问题的途径，因为正是通过美，人们才可以走向自由。"⑤ 这就是席勒的美育思想。

---

① ［英］特里·伊格尔顿：《审美意识形态》，王杰、傅德根、麦永雄译，广西师范大学出版社2001年版，第110页。
② ［德］席勒：《审美教育书简》，张玉能译，译林出版社2009年版，第10页。
③ ［德］席勒：《审美教育书简》，张玉能译，译林出版社2009年版，第15页。
④ ［德］席勒：《审美教育书简》，张玉能译，译林出版社2009年版，第18页。
⑤ ［德］席勒：《审美教育书简》，张玉能译，译林出版社2009年版，第4页。

走向新的审美实践

马克思所批判的资产阶级社会正是席勒所描写的现代人进一步恶化的结果,同样,他也接受了席勒的人道主义理想:人应该是全面、和谐、自由发展的。但是,席勒主张从抽象的路径中去寻找美,并且将美视为人性的必要条件。他说:"我们必须从人性的这些个体的和可变的现象方式中揭示出绝对的和永存的东西,并努力通过抛弃一切偶然的局限来把握人性存在的各种必要条件",① 这是一种唯心主义思想,他与马克思主义有着本质不同,后者的唯物主义美学即使也讲美育,那么这种美育也是始于物质而非精神,始于经济而非政治。正如马克思所说,废除私有制,美的感觉才能回到自身。

在席勒那里,审美是手段,自由是目的。到了马克思那里,审美不仅仅是手段,更成为目的本身,即每一个个体都能充分地实现自我,整个社会就是这样一个美的结合体。对马克思而言,人类自身充分而全面的发展即为最高目的,他可以在各个领域发展自我,而不必具有某种功利性的身份。伊格尔顿非常向往马克思在《德意志意识形态》中所描述的理想生活:每个人都可以随他自己的心愿自由地选择工作类别,他可以上午打猎、下午捕鱼、傍晚从事畜牧业、晚饭后从事批评,但是并不因此局限于猎人、渔夫、牧人或批评家的身份。马克思对未来社会的设想深深地打动了伊格尔顿。虽然他对马克思的政治乌托邦思想有所质疑,例如人类本质中那些病态的或阴暗的部分要不要发展?但是,他仍然将马克思的政治理想视为自己的政治理想,他期望未来社会以一种审美的方式存在。我们姑且将伊格尔顿的这一理想称为"审美社会主义",它将成为伊格尔顿批判当代社会的重要标尺。

从席勒到马尔库塞,从古典马克思到西方马克思,审美乌托

---

① [德]席勒:《审美教育书简》,张玉能译,译林出版社2009年版,第31页。

第一章 政治批评理论内涵

邦成为众多文人墨客的内心情结。尽管他们对审美性质的认识不尽相同,但是无一例外对审美抱以超出审美之外的期望。"审美理想不止一次地发展成了社会的理想:和谐感要求社会的和谐。"① 伊格尔顿也不例外。他将马克思拉到美学领域,是理论的需要,更是情感的需要;是为了寻找美学与政治的关联,更是为了寻求理想的人际关系及人的生存方式。马克思式的美学理想是伊格尔顿坚持政治批评的原动力,政治批评即是实现这一美学理想的重要手段之一。

马克思主义理论是伊格尔顿全部理论研究的出发点及方法论,也是解读伊格尔顿学术思想的关键。由于伊格尔顿所处的政治语境,马克思主义并非主流意识形态,因此其面临两大任务:一方面,他需要不断地展开与其他理论的论争,挖掘马克思主义理论中有发展价值的理论论述,并从理论上确立马克思主义的合法性及优越性;另一方面,他要寻找一切机会实践马克思主义,通过各种马克思主义批评实践回应时代问题,增强马克思主义的社会影响力,避免将马克思主义变成纯学术的东西。伊格尔顿政治批评理论正是马克思主义时代化的一个重要体现,从最初开展马克思主义文学批评到后来介入越来越多的理论论争,包括各种现实社会问题,伊格尔顿始终坚持马克思主义立场,自觉运用经典马克思主义概念、范畴、原理分析当代资本主义社会的各种理论及现实问题,展现马克思主义经典概念、范畴、原理在新的历史条件的阐释能力,彰显马克思主义的时代生命力,为马克思主义时代化提供了诸多理论范式及批评案例,对推动马克思主义理论时代化发挥了重要作用。

---

① [苏] 阿尔森·古留加:《康德传》,贾泽林、侯鸿勋、王炳文译,商务印书馆1981年版,第203页。

第二节　政治批评理论切入点：意识形态

纵观伊格尔顿全部著作，"意识形态"比"政治批评"出现的频率更高，意识形态在伊格尔顿的政治批评理论中具有重要地位，它是伊格尔顿实施政治批评的切入点，即通过对各种意识形态形式的分析与批判，实现其政治批评的目的。在伊格尔顿的理论构架中，意识形态批评与政治批评具有同一性与内在关联性，但是，相比于传统的意识形态批评，伊格尔顿的政治批评强调意识形态的实践性，其现实指向性更强。

一　意识形态的主要内涵：阶级利益合法化

从特拉西最初发明意识形态一词至今，意识形态经历了褒义、贬义、中性等多重变化，关于意识形态内涵的各类阐述形成了一个庞杂的体系，这些意识形态理论既相互印证又相互冲突，既被争相引用又被普遍质疑，可谓矛盾重重。在《意识形态导论》中，伊格尔顿列举出当前流行的16种意识形态定义：

（a）社会生活中意义、符号和价值观的产生过程；
（b）某一特定的社会集团或阶级特有观念的主干；
（c）有助于合法化某种支配性政治权力的观念；
（d）有助于合法化某种支配性政治权力的虚假观念；
（e）系统地进行扭曲的交往；
（f）可为某一主体提供某种立场的东西；
（g）由社会利益所激发的思想形式；
（h）同一性的思考；
（i）社会性的必要的幻觉；

第一章 政治批评理论内涵

（j）话语和权力的连接；

（k）有意识的社会行动者理解世界的那种媒介；

（l）导向行动的诸种信仰；

（m）语言现实和现象现实的混淆；

（n）符号的封闭；

（o）个体达成他们与某种社会结构之间的联系的不可缺少的媒介；

（p）社会生活转变为自然现实的过程。①

仔细分辨之后，我们发现这些定义并不完全相容，其立论角度也各有差异，或为贬义，或为中立，或立场不明。(e)(i)(m)是从认识论角度出发，重在辨别意识形态的认识功能，其理论根源主要来自马克思主义，它们用真假之分定论，视意识形态为幻觉、扭曲或欺骗；(c)(f)(k)(l)是从社会学角度出发，着重于意识形态的实践功能，关注社会生活内部各种思想的实际功能，而不是它们反映社会现实的真假程度；(d)则是从认识论与功能论两个角度下的定义。(a)(h)(n)(o)(p)指出了意识形态的符号性或客观性；(b)强调意识形态的利益链及主观性；(g)既强调意识形态的主观意愿也强调意识形态的客观形式。

意识形态的种种定义既有其合理的一面，也各有缺陷，如果我们简单否认或全盘接受，显然有些草率，孤立地分析它们，又会有失偏颇。伊格尔顿的思路有点后现代主义的味道，他反对归结出任何意识形态不变的特征或某个永恒的本质，主张建构具有交叠特点的网络模式，他说："我们与其说是在讨论意识

---

① Terry Eagleton, *Ideology: An Introduction*, London and New York: Verso, 2007, pp. 1-2. 译文借鉴了宋伟杰翻译的《意识形态导论：结语》,《文艺理论研究》1998 年第 1 期。

走向新的审美实践

形态的某种本质,不如说是在讨论不同意义类型之间'家族相似'的重叠网络。"① 主张以反本质主义的思维方式来评价意识形态问题,这是伊格尔顿应用维特根斯坦家族相似理论与本雅明星座理论的结果。因此,当意识形态面临解构主义的反本质主义观点质疑时,伊格尔顿进行了有效的辩护,他说:"用解构术语来说,意识形态在本质上与'形而上学'同义,而后者又可以用'逻各斯中心论'或'此在哲学'来定义。简而言之,意识形态的东西就是一种意义聚合,具有欺骗性的透明度和封闭性的推论。……肯定没有什么先验的理由能使我们相信,逻各斯中心论就是支撑着其他一切的中心轴,也没有理由使我们退回到某种意识形态的实在论,一次又一次地不停追索意识形态的隐藏的秘密,直至找到一句可以孤立存在的箴言。……是一种由意识形态构成的其他特征所决定的逻各斯中心论,它本身就出现于该构成之中。"② 伊格尔顿反对将意识形态与逻各斯中心论相提并论,而且,在伊格尔顿看来,逻各斯中心也并不必然普遍存在或处于重要位置,它们不是一个高高在上的、先验性的概念,而是产生于具体历史环境中各决定因素之间复杂作用下的某个特定交会点。也就是说,意识形态的本质主义特征也不是绝对的,解构主义对意识形态问题的反本质主义认识过于简单化,甚至是某种理论偏见。

为了避免本质主义的局限性以及反本质主义的任意性,伊格尔顿通过辩证分析与理论聚焦的方式,从六个方面来定义意识形态:

---

① [英]特利·伊格尔顿:《意识形态导论:结语》,宋伟杰译,《文艺理论研究》1998年第1期。
② [英]特里·伊格尔顿:《文本·意识形态·现实主义》,张冲译,载王逢振等编《最新西方文论选》,漓江出版社1991年版,第425—426页。

第一章　政治批评理论内涵

以六种不同的方式来粗略定义意识形态是可能的……所有意识形态意义中最普遍的意义是强调思想的社会决定性，因此提供了一种应对理想主义的有价值的对策。……

意识形态的第二个相对普遍的意思是认为观念与信仰（无论真假）象征着一个特定的、具有社会重要性的群体或阶级的生存条件和生活经验。……"意识形态"在这里接近于"世界观"的意思，不过，"世界观"通常被一些诸如死亡的意义或人类在宇宙中的位置之类的本体论问题所占据，而意识形态可能延续到给邮箱涂什么颜色之类的讨论。

将意识形态看作一种集体象征性的自我意识并不是以一种关联的或者冲突的方式来看待它；因此可能需要第三种界定方式，当面临对抗性利益时，这种方式致力于某个社会群体利益的促进与合法化。……此外，意识形态可以被视为一种话语领域，其中自我促进的各种社会力量在作为整体的社会权力再生产的核心问题上相互冲突与碰撞。……

意识形态的第四个定义将其重点放在部门利益的促进与合法化上，但是将它限制为一个占统治地位的社会权力的活动范围内。这可能包括如下设想，即这些占统治地位的意识形态有助于以各种方便它的规则制定者的方式来组织社会结构；它不是简单地从上面强加思想的问题，而是要保护从属阶级和群体的利益等等。……

但是意识形态的这个定义仍然是中立的，因此可能被进一步地限制为第五个定义，即意识形态象征着观念和信仰将有助于将统治集团或阶级的利益合法化，甚至是通过扭曲或掩饰的手段……

最后，存在意识形态的第六个意义的可能性，它保留了对虚假或欺骗性信仰的关注，但是它并不认为这些信仰出自

统治阶级的利益，而是出自整体社会的物质结构。……①

  这六条定义各有侧重，其内容呈递进趋势，第一条与第二条定义强调意识形态的社会性与物质性，即意识形态观念反映社会生活，且受制于人们的物质状况及生活关系，这是唯物论观点。第三条、第四条定义强调意识形态的实践性，即意识形态致力于社会群体或统治阶级利益的促进与合法化，它将某些社会关系合法化与永久化，以巩固特定社会阶级的权力，这是实践论观点。第五条定义指出了意识形态采用的手段，即意识形态具有隐蔽性与欺骗性，所以意识形态为虚假认识或想象关系，这是认识论观点。前五个定义都是从阶级的角度来界定意识形态，强调意识形态在各阶级权力分配中所起的作用。第六条则将前五种定义的范围扩大化，取消了意识形态与阶级的必然联系。综上所述，伊格尔顿意识形态理论的关键在于：意识形态是统治阶级/阶层及其从属阶级/阶层在社会权力再生产中将利益合法化的话语手段。

  伊格尔顿的这六条定义，也是对他从20世纪70年代以来涉足意识形态问题的理论总结。他在《马克思主义与文学批评》中说："意识形态又是人们在特定的时间和地点发生的具体的社会关系的产物；它是体验那些社会关系并使之合法化和永久化的方式。"② 在《文学原理引论》中说："我用'意识形态'大致指我们所说的和所信的东西与我们居于其中的那个社会的权力结构和权力关系相联系的种种方式。……我指的主要是那些感觉、评价、认识和信仰模式，它们与社会权力的维持

---

  ① Terry Eagleton, *Ideology: An Introduction*, London and New York: Verso, 2007, pp. 28-31.
  ② ［英］特里·伊格尔顿：《马克思主义与文学批评》，文宝译，人民文学出版社1980年版，第9页。

和再生产有某种关系。"① 《意识形态导论》中的观点进一步强化了意识形态与权力分配的关系，并最终将其确立为意识形态内涵的关键要素。

大卫·麦克里兰在《意识形态》一书中指出：如果要成功地表述意识形态，必须将两种方法结合起来，一种是曼海姆的解释学方法，在批判意识形态前先了解意识形态及其前提，另一种方法是马克思主义传统方法，将意识形态与对控制和统治的分析相联系，坚持意识形态的批判性。他在考察马克思主义传统与非马克思主义传统的意识形态理论后也得出了与伊格尔顿类似的结论："确切地说，意识形态是每一种符号象征体系的一个方面，这是就其被牵扯到权力和资源的不公平分配而言的。"② 也就是说，并不是某一种符号是意识形态，而是它的某一方面是意识形态的，即它涉及权力的不公平分配时的那部分符号才是意识形态的。由此可见，意识形态与权力分配有所关联是被普遍承认的事实。

总之，伊格尔顿从唯物论、实践论与认识论等方面对意识形态内涵进行界定，他倾向于从阶级利益及权力分配角度来理解意识形态，将意识形态视为相互冲突的利益双方的欲望和观念的表达，强调意识形态在将社会权力关系合法化时所承担的实际功能。其主要观点可以表述为：意识形态是各种社会力量在作为整体的社会权力再生产的核心问题上的话语冲突与碰撞，它象征着观念和信仰将有助于统治集团或阶级的利益合法化，甚至是通过扭曲或掩饰的手段。

---

① [英] 特雷·伊格尔顿：《二十世纪西方文学理论》，伍晓明译，北京大学出版社2007年版，第14页。
② [英] 大卫·麦克里兰：《意识形态》，孙兆政、蒋龙翔译，吉林人民出版社2005年版，第123页。

二 意识形态批评与政治批评的同一性与差异性

与意识形态概念相比,政治一词的历史更为悠久,其涵盖面相当广泛。古今中外的思想家与政治家从不同角度和立场出发,提出了关于政治的各种解释。燕继荣在《现代政治分析原理》中归纳出关于政治的四类解释:价值性解释、神学性解释、权力性解释以及管理性解释。① 亚里士多德的《政治学》是西方最早讨论政治问题的著作之一,他对政治的解释是价值性的。即人天生就是一种政治动物,他们自然而然地结合成城邦等政治共同体,所有政治共同体的最高追求一定是至善,因为人只有不断地趋于完善,才能最终成为优良的动物。《政治学》的讨论重点在于如何组织和安排人类的社会生活,家庭是最小的政治单位,政治内容既涉及家务管理及致富术,也包括城邦议事与审判事务等,好的公民应该学会统治与被统治,保持公正则是维持政治统治的基本要求,"公正是为政的准绳,因为实施公正可以确定是非曲直,而这就是一个政治共同体秩序的基础"。② 德国社会学家韦伯对政治采取一种权力性解释,他认为政治体现的是一种权力分配关系,"政治追求权力的分享、追求对权力的分配有所影响——不论是在国家之间或者是在同一个国家内的各团体之间"。③ 当代理论家高宣扬教授将政治视为公共管理活动,这是一种管理性解释:"所谓政治,就是在一个社会共同体内,以协调和管理公共事务,整顿和控制社会共同体各个成员之间的合法关系网络为宗旨,围绕公共权力而开展的活动以及公共权力机构(如政府)对

---

① 燕继荣:《现代政治分析原理》,高等教育出版社2004年版,第13页。
② [古希腊]亚里士多德:《政治学》,颜一、秦典华译,中国人民大学出版社2003年版,第5页。
③ [德]马克斯·韦伯:《学术与政治》(韦伯作品集I),钱永祥等译,广西师范大学出版社2004年版,第197页。

第一章 政治批评理论内涵

公共问题进行正当性决策和对公共资源进行权威性分配的过程。"① 相比于韦伯的权力分配,这个定义的核心观念在于"公共"二字,强调政治事务以及政治权力的公共性,它意味着政治所涉及的是大多数人共同利益。

伊格尔顿既非专业的政治哲学家也非激进的政治人物,他对"政治"的定义略显含糊:"我用政治的这个词所指的仅仅是我们把自己的社会生活组织在一起的方式,及其所涉及到的种种权力关系。"② 此定义夹杂着价值性解释、权力性解释以及管理性解释的因素,它将政治视为一种生活关系,这是对人类生存方式的关注,而对生活关系中权力关系的重视,与伊格尔顿的意识形态定义非常接近的:"给我们的事实陈述提供原则和基础的那个在很大程度上是隐藏着的价值观念结构是所谓'意识形态'的一部分。我用'意识形态'大致指我们所说的和所信的东西与我们居于其中的那个社会的权力结构和权力关系相联系的种种方式。"③ 因此,意识形态可以说是我们的言谈和信仰与我们的政治处境相联系的各种方式,意识形态与政治是同一问题的不同面向,两者意义相通,意识形态是观念对权力关系的反映与促进,政治则是现实的权力关系,意识形态隐在地暗示着那些决定人们观念的社会政治关系。进一步而言,意识形态批评着重于研究观念中的权力关系,政治批评更多地论及实际生活中的权力关系。前者是隐藏的,后者是显在的。在伊格尔顿的观念中,意识形态批评与政治批评的关注点都是为了揭示社会阶级关系的权力实现问题,两者具有交叉性,可以相互应用,这种交叉应用也正是伊格尔顿政治批评理论的价值所在,它是应对传统意识形态批评与政治批评

---

① [法] 高宣扬:《当代政治哲学》(下卷),人民出版社 2010 年版,第 877 页。
② [英] 特雷·伊格尔顿:《二十世纪西方文学理论》,伍晓明译,北京大学出版社 2007 年版,第 196 页。
③ [英] 特雷·伊格尔顿:《二十世纪西方文学理论》,伍晓明译,北京大学出版社 2007 年版,第 14 页。

走向新的审美实践

理论困境的一种策略性表达。

伊格尔顿政治批评理论的形成受到俄国马克思主义早期政治批评理论以及西方马克思主义意识形态批评的影响。俄国革命时期，以列宁、托洛茨基为代表的政治家在进行社会革命的同时，将文学批评视为一种论战和干预方式，他们希望通过文学批评造就国家的文化政策、打击政治反对派的文化倾向，最终促进革命的成功，政治批评因此盛行。伊格尔顿指出："文化问题部分成了更深层的政治问题的符码，你的艺术立场反映你对某一国的工人阶级、资产阶级民主以及社会主义的立场态度，或反映你对农民和城市无产阶级的重要性的立场态度。"① 革命时期的政治批评具有强烈的时效性与革命性，它与特定的政治活动相配合，成为政治行动的重要推动力，同时也为新型的社会关系培养了合适的主体性，规范了艺术家与读者的情感立场。然而，随着革命形势的改变，传统政治批评从主流走向边缘。托洛茨基（Leon Trotsky）学派曼德尔、伊萨克·多伊彻、罗曼·罗斯道尔斯兰等人虽然继续以政治介入的方式从事文学批评，但是他们没有大学职位，也不被主流认可，其局限性日渐凸显，佩里·安德森（Perry Anderson）指出："它对工人阶级事业的胜利信心是基于愿望而不是基于理智，对资本主义的分析则一味盼其崩溃。"② 传统的政治批评面临困境，意识形态批评随后而起。

传统的意识形态批评由西方马克思主义世系所开创，其代表理论家包括卢卡奇（Georg Lukács）、葛兰西（Antonio Gramsci）、阿多诺（Theodor Adorno）、布莱希特（Bertolt Brecht）、本雅明（Walter Benjamin）、马尔库塞（Herbert Marcuse）、萨特（J. P. Sartre）、

---

① ［英］特里·伊格尔顿：《历史中的政治、哲学、爱欲》，马海良译，中国社会科学出版社 1999 年版，第 112 页。
② ［英］佩里·安德森：《西方马克思主义探讨》，高铦等译，人民出版社 1981 年版，第 125 页。

第一章 政治批评理论内涵

哥德曼（Lucien Goldman）、阿尔都塞（Louis Althusser）、马歇雷（Pierre Macherey）等人。相比于传统马克思主义，西方马克思主义较少将现实的经济或政治结构作为其理论关注的中心，而是转向哲学文化领域。"自二十年代以来，西方马克思主义渐渐地不再从理论上正视重大的经验或政治问题了。……西方马克思主义典型的研究对象，并不是国家或法律。它关注的焦点是文化。"①佩里·安德森在《西方马克思主义探讨》中分析了这一转变产生的历史原因："整个西方马克思主义的隐蔽标志只是一个失败的产物而已。"② "失败"指的是社会主义革命在其他国家的失败，以及俄国内部的腐败，最终导致马克思主义的孤立和退化。伊格尔顿继承了佩里·安德森的观点，也将西方马克思主义视为左派政治失败的替代物："最优秀的马克思主义批评一直是某些政治僵滞导致的文化移置的产物。"③ 由于理论重心转移到了哲学与文化，批评成为另一种方式的政治，但是这种政治批评是以一种隐蔽的，甚至相对晦涩的方式进行的，伊格尔顿称其为"意识形态"批评：

> "意识形态"批评着力于文学作品与社会意识形式的关系。此外，还从认识论角度做了一些深入的思考：艺术是反映，移置，投射，折射，转换，复制，生产？它是社会意识形态的体现，还是对社会意识形态的批判？或者以阿尔图塞的思想看，它与社会意识形态既保留一段批评的距离，同时又符合社会意识形态的逻辑？革命的艺术品超乎整个意识形

---

① [英] 佩里·安德森：《西方马克思主义探讨》，高铦等译，人民出版社 1981 年版，第 93 页。
② [英] 佩里·安德森：《西方马克思主义探讨》，高铦等译，人民出版社 1981 年版，第 50 页。
③ [英] 特里·伊格尔顿：《历史中的政治、哲学、爱欲》，马海良译，中国社会科学出版社 1999 年版，第 115 页。

走向新的审美实践

态之上,还是转换读者与意识形态的关系?"意识形态"的二十种不同定义中哪一种最切中要害?诸如此类的问题成为最有理论创意的马克思主义批评著作施展身手的场所,但是总体上并没有很大的政治成效。①

西方马克思主义的意识形态批评应用于文学批评时,不是单纯地分析文本内容与意识形态的关系,而是分析文本形式与意识形态的关系,即所谓的"形式的意识形态",它着重于考察文学形式的产生与发展所隐含的历史与政治因素,为我们提供了一种新的文学批评视角(关于这一点,我们将在下一章详细论述)。但是,西方马克思主义的意识形态批评也有其局限性。第一,西方马克思主义借用了当代唯心主义理论(例如精神分析学的某些理论资源),他们主观上想从唯物主义角度研究意识形态,客观上却滑入以观念为最终决定力量的唯心主义。第二,由于是从哲学角度研究马克思,西方马克思主义创造了冗长的方法论,其语言艰深、晦涩,表达方式趋向学术性,不利于引导无产阶级运动。"由于缺乏一个革命的阶级运动的磁极,整个西方马克思主义传统的指针就不断摆向当代资产阶级文化。马克思主义理论同无产阶级实践之间原有的关系,却微妙而持续地被马克思主义理论同资产阶级理论之间的一种新的关系所取代。"② 西方马克思主义理论家逐渐脱离工人阶级队伍,甚至淡忘阶级斗争的任务。第三,西方马克思主义执着于文化问题而与现实的政治斗争相脱离,他们虽然成就了学院派理论,却致使马克思主义理论的政治成效越来越薄弱,批评与政治脱节,理论与实践相脱节,意识形

---

① [英]特里·伊格尔顿:《历史中的政治、哲学、爱欲》,马海良译,中国社会科学出版社1999年版,第115页。
② [英]佩里·安德森:《西方马克思主义探讨》,高铦等译,人民出版社1981年版,第67页。

第一章 政治批评理论内涵

态批评存在的不足导致马克思主义批评与实践相脱离,并发展为远离社会现实的学院派理论,这一事实不仅仅是马克思主义理论本身的损失,也是社会主义事业的损失。正因如此,伊格尔顿多次呼吁回归批评的实质性功能,而早期的政治批评将批评与革命实践紧紧联系在一起,其所具有的行动性与现实性正是西方马克思主义的意识形态批评所缺乏和亟待弥补的。但是伊格尔顿并不是简单地套用列宁式政治批评,而是发扬西方马克思主义意识形态批评与传统政治批评的优势,积极探索更具技术性的政治批评策略。伊格尔顿关于爱尔兰文化的研究,成为这一理论探索的试验田,其代表作《希思克利夫与大饥荒》是一个较成功的案例。

《希思克利夫与大饥荒》从爱尔兰裔作家艾米莉·勃朗特的《呼啸山庄》主人公希思克利夫的人物原型入手,讨论小说所涉人物情节与爱尔兰大饥荒事件的关联,既而讨论自然与文化的关系、爱尔兰意识形态与英国意识形态的冲突以及由此产生的英爱政治矛盾。伊格尔顿认为小说情节设置形象地说明了两种意识形态:小希思克利夫代表着未开化的自然,即原生状态的爱尔兰;画眉山庄则代表着文化,有如当时的英国。小希思克利夫第一次去画眉山庄就被赶走,凯瑟琳却选择嫁入画眉山庄。伊格尔顿从这些冲突性情节中推断出爱尔兰与英国的意识形态差异,并且列举了诸多爱尔兰作家与英国作家描写土地等大自然景物的文学作品加以形象地说明。比如,英国作家约翰·克莱尔作品中存在大量风景描写,爱尔兰诗人却没有充分发挥自然这一主题。相比于济慈和霍普斯金,爱尔兰诗人叶芝关于自然的描写明显缺少细微感觉与精雕细琢。汤姆·莫尔的抒情诗《河流的会合处》、奥布里·德·维尔的《伤心岁月》等诗歌虽有自然景物描写,但这些景物都不是直接的观照对象,诗人所关注的是夹杂其中的历史与现实的意义。在爱尔兰,自然(包括土地)是一个社会、物质的范畴,它通常是一种劳动环境(或劳动对象),而不是审美对象。

走向新的审美实践

伊格尔顿这一观点与马克思的观点基本一致，马克思说："在爱尔兰，土地问题一向是社会问题的唯一形式，因为这个问题对绝大多数爱尔兰人民来说是一个能否存在下去的问题，即生或死的问题。"① 与此不同，英国在整个 19 世纪关于自然和社会的话语逐渐理想化、审美化：

> 开发自然的反面是文化的自然化，用一个词概括，就是意识形态。从伯克、科勒律治到阿诺德到艾略特，在英国一个占主导地位的意识形态策略就是把历史本身变成一种封闭式的进化过程，而各种社会机构的存在，就象盘石的存在一样必然合理。由此看来，社会本身变成了一个奇特的审美有机体，自我生成，独立自足。但这种论调在爱尔兰十分少见。在爱尔兰，土地理所当然地属于经济和政治的范畴，也属于伦理范畴（"土壤的活力"）；而且比英格兰更常见的是，作为被英帝国渗透、分裂的牺牲品，它还是性的主题。总之，土地很少作为一个美学概念。……
>
> "土地"这个词在英格兰具有浪漫主义的内涵。自然，和一个基本上城市化的社会相适应，成为社会的对立面。与道德败坏、具有英国倾向的都市相对应，爱尔兰农村也经历了一个浪漫化过程。但这更多的是一个伦理过程，而非审美过程。很显然，在这个国家里，土地是个社会关系问题，而乡镇是周边环境的延续；英国式的自然与社会的对立很难在这里生根。……土地在爱尔兰既是一个政治集会的口号，也是一个文化归属的标志；既是一个租金问题，也是一个根基问题。这并不是说爱尔兰的作品中没有表现出自然的美感，而是说它根本缺乏那处具有英国特色的、

---

① ［德］马克思：《马克思致齐·迈耶尔和奥·福格特》，载《马克思恩格斯选集》（第 4 卷），人民出版社 1995 年版，第 590 页。

第一章 政治批评理论内涵

关于美的意识形态。①

伊格尔顿认为英国统治者将自然美化成避难所，以缓解城市带给人的物质与精神压力，消解社会暴力与不安分的社会力量，从而使社会统治更加巩固，这是一种审美意识形态策略。这一观点的形成，基于对英国浪漫主义思潮的考察。浪漫主义有一个重要的口号："回到自然"，它最早是由卢梭提出来的，英国感伤主义诗歌和小说继承了这一思想，他们对城市进行诅咒的同时必然对大自然进行歌颂，"自然景物的描绘成为浪漫主义文艺的一个特点"。② 在英国浪漫主义文学中，自然被塑造成城市文化与工业文化的对立面，具有一定意识形态实践功能。但是，这种意识形态策略对爱尔兰几乎是失效的。伊格尔顿说："很难把一个为社会冲突所困扰的社会秩序想象成一个神秘的、自我更新的有机实体，虽然某种浪漫主义的民族神话确实在这样努力。在爱尔兰，自然可以看作是理论—政治以及经济的范畴，它甚至可以看作是一个主体，但这一主体并非是那种超验的、活力论者的主体。"③ 在爱尔兰文学中，自然从来都是物质性的，它意味着食物的来源和生活的保障，所以爱尔兰文学中的风景描写常常是可以进行现实索引的文本，表现出更多的现实主义因素。爱尔兰与英国对待自然的不同态度实际上构成了爱尔兰与英国意识形态差异的根本分歧，由于英国占统治地位的审美意识形态策略很难将爱尔兰变成像英国那样的审美有机体，这也意味着它很难将其统治策略自然化，两种意识形态冲突由此发展为政治冲突。

伊格尔顿还创造性地应用弗洛伊德的无意识理论来解读爱尔

---

① ［英］特雷·伊格尔顿：《希思克利夫与大饥荒》，周小仪译，《国外文学》1997年第3期。
② 朱光潜：《西方美学史》，人民文学出版社1979年版，第711页。
③ ［英］特雷·伊格尔顿：《希思克利夫与大饥荒》，周小仪译，《国外文学》1997年第3期。

走向新的审美实践

兰与英国的关系,他将爱尔兰视为都市社会的无意识,这意味着以理想主义为特色的英格兰还有一部隐蔽历史。他说:"把爱尔兰看成是不列颠的无意识还有一层意思。正如我们的行为经常沉浸于自我不可容忍的'伊德'世界一样,19世纪的爱尔兰成了英国人不得不背弃自己原则的地方,以一种否定的方式转变他们意识中的信仰。"① 爱尔兰的存在暴露了新兴英国文明的物质根基,成为英国的政治威胁,它像一颗定时炸弹,随时可能爆发,对此,英国人不得不妥协,又不甘心妥协,于是时刻准备着去改变爱尔兰人。爱尔兰大饥荒为英国改造爱尔兰创造了机会,由于英国救治不给力,大饥荒之后,大规模移民、语言衰败、土地兼并等社会变革加剧,爱尔兰社会迅速进入现代,爱尔兰与英国的政治冲突与融合背后隐藏着意识形态之争。因此,《希思克利夫与大饥荒》一文中,意识形态批评与政治批评相辅相成,互相印证。

伊格尔顿将意识形态矛盾视为政治矛盾的起因,这多少有些本末倒置。归根结底,意识形态是由经济基础所决定的。英国人与爱尔兰人的政治冲突更多的是一种经济冲突。按照马克思主义基本原则,我们应该从经济角度去理解英爱意识形态冲突,而不仅仅将意识形态冲突视为政治冲突的唯一原因。大饥荒发生的年代正是英国工业高速发展的时代,后者迫切需要大量的自由劳动力,英国本身是一个人口与面积较小的国家,要实现其经济发展的目的,英国必须对外扩张,以获取人力与资源,于是邻近英国的爱尔兰成为被侵略对象。

马克思精辟地概括了爱尔兰与英国的关系:"爱尔兰是英国土地贵族的堡垒。对这个国家的剥削不仅是他们的物质财富的主要来源,而且也是他们最大的精神力量。……至于英国资产阶

---

① [英]特雷·伊格尔顿:《希思克利夫与大饥荒》,周小仪译,《国外文学》1997年第3期。

第一章 政治批评理论内涵

级,它首先是和英国贵族有着共同的利益,都想把爱尔兰变成一个纯粹的牧场,向英国市场提供尽可能便宜的肉类和羊毛。……由于租地日益集中,爱尔兰就不断为英国的劳动市场提供自己的过剩人口,因而就压低了英国工人阶级的工资,使他们的物质状况和精神状况恶化。"① 英国工人也憎恨爱尔兰工人,把他们看作降低自己生活水平的竞争者,爱尔兰人除了与英国贵族与资产阶级存在矛盾,也被英国无产阶级所排斥,"他们对爱尔兰工人怀着宗教、社会和民族的偏见。……而爱尔兰人则以同样的态度加倍地报复英国工人"。② 英爱工人阶级之间的矛盾不仅不利于工人阶级之间的团结,而且被英国资产阶级所利用,后者正是通过这一矛盾来维持自己的统治。

马克思认识到这一系列后果,提出要好好处理爱尔兰问题,他将爱尔兰的民族解放视为英国工人阶级革命成功的前提条件,而英国工人阶级革命的胜利又是具有国际意义的胜利,关系到政治大局,他说:"英国作为资本的大本营,作为至今统治着世界市场的强国,在目前对工人革命来说是最重要的国家,同时它还是这种革命所需要的物质条件在某种程度上业已成熟的唯一国家。因此,加速英国的社会革命就是国际工人协会的最重要的目标。而加速这一革命的唯一办法就是使爱尔兰独立。……爱尔兰的民族解放对他们来说并不是一个抽象的正义或博爱的问题,而是他们自己的社会解放的首要条件。"③ 马克思讨论爱尔兰问题时总是从最基本的物质问题入手的,伊格尔顿也是马克思的追随者。在《民族主义:反讽和关怀》中,伊格尔顿其实已经注意到

---

① [德]马克思:《马克思致齐·迈耶尔和奥·福格特》,载《马克思恩格斯选集》(第4卷),人民出版社1995年版,第590—591页。
② [德]马克思:《马克思致齐·迈耶尔和奥·福格特》,载《马克思恩格斯选集》(第4卷),人民出版社1995年版,第591页。
③ [德]马克思:《马克思致齐·迈耶尔和奥·福格特》,载《马克思恩格斯选集》(第4卷),人民出版社1995年版,第592页。

走向新的审美实践

英爱的经济关系,并且将英爱矛盾定义为资产阶级与无产阶级的矛盾。但是,伊格尔顿更善于分析英爱的意识形态差异,意识形态批判成为其政治批评的关键着眼点。

第三节 政治批评的核心:社会关系研究

伊格尔顿是在一种相对宽泛的意义上使用政治这一概念的,其着眼点是生活关系及权力关系,伊格尔顿政治批评理论的核心也在于研究这些社会关系及其涉及的权力关系,社会关系随着人类社会发展史的变化而表现为多种方式,或者是阶层/阶级斗争、团体/党派之争,或者是人与人的交往方式。

一 阶级关系及阶级斗争

在阶级社会中,各个阶级之间的关系构成了主要的社会关系,当阶级关系涉及利益分配时,会出现权力之争,即阶级斗争,因此,阶级关系的核心问题在于阶级斗争。伊格尔顿关于阶级关系及阶级斗争的认识主要来自马克思与阿尔都塞。

《共产党宣言》宣称:"至今一切社会的历史都是阶级斗争的历史。""它只是用新的阶级、新的压迫条件、新的斗争形式代替了旧的。"[①] 不同阶级社会的差别在于阶级斗争的方式与范围不同。马克思的《路易·波拿巴的雾月十八日》生动形象地描绘了19世纪中期法国的阶级斗争情况,确立了关于阶级斗争的唯物主义观念,对此,恩格斯称赞马克思发现了重大的历史运动规律:"一切历史上的斗争,无论是在政治、宗教、哲学的领域中进行的,还是在其他意识形态领域中进行的,实际只是或多或少明显地表现了各社会阶级的斗争,而这些阶级的存在以及它们之间的

---

① [德] 马克思、恩格斯:《共产党宣言》,载《马克思恩格斯选集》(第1卷),人民出版社1995年版,第272、273页。

第一章 政治批评理论内涵

冲突，又为它们的经济状况的发展程度、它们的生产的性质和方式以及由生产所决定的交换的性质和方式所制约。"① 这一论断包括两层意思：第一，阶级斗争是理解其他一切斗争的中介；第二，所有的阶级及其之间的斗争最终受制于一定的物质条件。伊格尔顿理论上支持上述两条论断，但是其批评实践主要是第一条论断的运用。

阿尔都塞在研究意识形态问题时，将阶级斗争视为影响意识形态的重要因素，他说："关于各种意识形态的理论最终要依赖于社会形态的历史，因此要依赖于在社会形态中结合起来的生产方式的历史，以及在社会形态中展开的阶级斗争的历史。"② 这一论断承继了恩格斯的上述论点，即用阶级斗争来解释意识形态问题。阿尔都塞本人就阶级斗争问题提出了两点原则："第一原则是马克思在《政治经济学批判》序言中所提出的……阶级斗争就是这样以意识形态的形式，因而也是以 AIE③ 中的意识形态的形式表现和进行的。但是，阶级斗争本身远远超出了这些形式，并且正因为它超出了这些形式，被剥削阶级的斗争也同样可以在各种 AIE 的形式中进行，并调转意识形态武器来反对掌握政权的阶级。这是由于第二个原则：阶级斗争超出了 AIE，因为它根植于意识形态之外的地方，根植于基础，根植于生产关系，因为正是生产关系作为剥削关系构成了阶级关系的基础。"④ 这两条原则说明了两个主要问题：一是阶级斗争与意识形态斗争的关系，即阶级斗争常常以意识形态斗争的方式呈现，两者具有同一性，但是

---

① 这是恩格斯 1885 年写的《路易·波拿巴的雾月十八日》第三版序言。见《马克思恩格斯选集》（第 1 卷），人民出版社 1995 年版，第 583 页。
② ［法］阿尔都塞：《意识形态和意识形态国家机器（研究笔记）》，载陈越编译《哲学与政治：阿尔都塞读本》，吉林人民出版社 2003 年版，第 349 页。
③ AIE 是阿尔都塞使用的"意识形态国家机器"的法文缩写。
④ ［法］阿尔都塞：《意识形态和意识形态国家机器（研究笔记）》，载陈越编译《哲学与政治：阿尔都塞读本》，吉林人民出版社 2003 年版，第 339 页。

走向新的审美实践

它又不完全局限于意识形态领域,也包括其他形式,总的来说,阶级斗争决定了意识形态斗争,但是意识形态斗争也对阶级斗争具有反作用;二是阶级斗争本身的物质基础在于生产关系,这一观点与马克思的观点是基本符合的。

阿尔都塞的意识形态研究是如何贯彻这两个原则的呢?一方面,他将意识形态服务的对象确定为阶级斗争的需要。受马克思关于生产资料再生产的观念启发,阿尔都塞提出了生产条件的再生产理论,也就是生产力的再生产和现存生产关系的再生产,意识形态国家机器的功能就是再生产生产关系,而生产关系包括生产方式与阶级关系,阶级关系包括阶级斗争,因此,意识形态国家机器的功能之一在于再生产出生产方式与阶级关系,它服务于阶级斗争,只有这样,才能更好地理解生产关系再生产。另一方面,阿尔都塞论述了阶级斗争对于确立统治地位意识形态的重要作用。他说:"只有通过装备 AIE,使统治阶级的意识形态从中得到实现和自我实现,才能成为占统治地位的意识形态。但是,这种装备不是靠它自己就能实现的;相反,它是一场非常艰苦而持久的阶级斗争的赌注,这场斗争首先要反对先前的统治阶级和它们在新旧 AIE 中占据的立场,其次要反对被剥削阶级。"① 也就是说,资产阶级的意识形态不是自发的实现的,它是在与封建贵族阶级与无产阶级的斗争中形成的,阶级斗争是形成主导意识形态的必经之路。"只有从阶级的观点,即阶级斗争的观点出发,才有可能解释特定社会形态中存在的各种意识形态。"② 由此看来,如果有人认为阿尔都塞的意识形态理论忽略阶级斗争,这多少有些误解,至少阿尔都塞曾经在理论上给予阶级斗争一定的地位,

---

① [法]阿尔都塞:《意识形态和意识形态国家机器(研究笔记)》,载陈越编译《哲学与政治:阿尔都塞读本》,吉林人民出版社2003年版,第374页。
② [法]阿尔都塞:《意识形态和意识形态国家机器(研究笔记)》,载陈越编译《哲学与政治:阿尔都塞读本》,吉林人民出版社2003年版,第375页。

甚至于有过分抬高阶级斗争的作用而忽略其他物质因素的嫌疑，以至于走向唯心主义。

如果说阿尔都塞在理论上论述了阶级斗争与意识形态的关系，那么是伊格尔顿将这一理论最终贯彻到美学研究与批评实践中去。"伊格尔顿与晚年的阿尔都塞在'阶级斗争'的重要性这一点上是大体一致的。在《二十世纪西方文学理论》、《审美意识形态》等重要的著作中，他也是把艺术与意识形态的关系问题放到具体的社会关系即阶级关系中来理解的。"① 通过对各种话语理论（包括文学、当代西方文学理论、美学理论以及其他理论）的考察，伊格尔顿力图还原出各种意识形态论争背后的阶级关系，他对现实资本主义社会阶级斗争的评论是通过揭露各阶级之间的意识形态论争表达出来的。例如，通过分析英国文学观念的演变，伊格尔顿揭露了英国各阶级的政治博弈：利维斯派是中小资产阶级代表，新批评派是一群处于守势的知识分子，劳伦斯、艾略特则是右翼分子，等等。此外，伊格尔顿还论述了主流意识形态的确立与阶级斗争的互动关系，他关于美学意识形态的分析即是一个经典的案例。因此，坚持一种阶级斗争或阶级冲突分析模式是伊格尔顿政治批评理论的主要模式。

在伊格尔顿的论著中，"阶级"一词频繁出现，无产阶级（或工人阶级）、资产阶级、小资产阶级、工业资产阶级、民族资产阶级、中产阶级之间的理论论争与政治较量是伊格尔顿反复论述的对象。在所有的阶级关系中，伊格尔顿最为重视的关系是资产阶级与无产阶级的对立关系，其政治批评理论因此具有强烈的马克思主义特色。以爱尔兰问题为例，在《希思克利夫与大饥荒》一文中，伊格尔顿将希思克利夫的个人经历解读为处于不同阶级身份的爱尔兰人民，采用历史还原法，声称大饥荒不是自然

---

① 罗良清、格明福：《意识形态：从阿尔都塞到伊格尔顿》，《南京社会科学》2006年第8期。

走向新的审美实践

灾难,而是一场政治灾难。他聚焦于政治和经济关系问题,将爱尔兰大饥荒视为英国人为征服爱尔兰人所采取的政治策略,或是一次有意而为之的种族杀戮行为。伊格尔顿批判了英国历史学家与爱尔兰历史学家在大饥荒问题上的种种论断,比如:英国历史学家常常将爱尔兰大饥荒的发生归因于天意或自然灾害,认为大饥荒是上帝对人类恶德的一种神圣的纠正;或者认为大饥荒是神对土豆这种原始营养形式不满的标志,因为只有改变这种饮食习惯,人们才能在政治上不那么好斗;或者认为大饥荒是由于土豆的歉收所造成的。爱尔兰历史学家则在思考大饥荒问题时对地主阶层的认识不够,他们习惯于默认爱尔兰现有的财产关系,而不去批判政治体制的缺陷。对于上述观点,伊格尔顿用一组历史事实进行了有力的反驳:从爱尔兰当时的进出口逆差来看,粮食并没有想象中那么短缺,美国曾向爱尔兰进口大量粮食,爱尔兰政府也曾采取了一系列有效的救助措施,但是,英国政府的介入却将爱尔兰大饥荒推向恶化,例如 1846 年的谷物出口,把救灾费用于法律制度,对粮食贮存计划的放弃,限制公众救济机构,等等,英国政府的这些不当措施最终导致大量的爱尔兰人被活活饿死。从更深层的政治原因来看,爱尔兰经济抵御突发事件的能力如此脆弱,也是因为英国人只考虑自己的经济利益,不愿意对爱尔兰进行资本投资,他们在爱尔兰培植了一个基本不合理的农业资本主义制度并由此带来必然后果。爱尔兰大饥荒过后,大规模移民、爱尔兰语的衰败、晚婚等社会行为进一步密集化,爱尔兰社会迅速进入现代化,英国由此实现自己的政治目的。

在评论大饥荒事件时,伊格尔顿完全抛弃了他所擅长的传统文学批评的方法,而是采用一种集文学、历史学、社会学、政治学于一体且具有浓烈的政治意味的意识形态分析方法,这在伊格尔顿的论文中极为少见,"其结果是不同于伊格尔顿先前所写的任何东西的一种批评阐释模式。《希思克利夫与大饥荒》既不是

第一章　政治批评理论内涵

文学批评，也不是社会历史，它是一篇文化论文，比那些传统范畴更丰富、更具有煽动性。这种方法更多地归功于沃尔特·本雅明那种从现有历史叙述中炸开一条裂缝的做法。这类惊人技巧是一种手段，它不经意地并且常常断裂地在文本《呼啸山庄》与爱尔兰饥荒的历史叙述之间摆动，并促使两种叙述产生出一个先前隐藏着的意义"。①

在《民族主义：反讽和关怀》中，伊格尔顿这样写道："爱尔兰人民是爱尔兰人还是爱斯基摩人，是白人还是黑人，他们崇拜树神抑或三位一体的上帝，这些问题对于英帝国主义并不重要。英国人着迷的并不是他们的种族特性，而是他们的疆土和劳动力。爱尔兰人民只是一个方便攫取的邻岛上的生物；只要他们不是英国人而是他者就行。"② 在这里，伊格尔顿反对将爱尔兰与英国的关系简单化为民族主义问题，而是将这种关系理解为资产阶级对无产阶级的压迫与掠夺关系。一直以来，英国都将爱尔兰视为其工业发展所需原料和劳动力的提供者，在爱尔兰的英国人多数是处于统治地位的资产阶级代表，他们行使着对爱尔兰人民的剥削与压迫，当爱尔兰发生马铃薯病害时仍然有大批的谷物被出口而不是用于救济难民，以至于造成惨绝人寰的爱尔兰大饥荒，许多爱尔兰人饿死，或者迁移到英国与美洲，为那里的工厂提供了大量的廉价劳动力，综合种种事实，伊格尔顿将爱尔兰大饥荒看作英国的政治策略："在某种意义上，这是巨大的政治灾难，没有任何自然性可言；但是在英国语境里，历史成了自然，而在爱尔兰，自然成了历史。"③

---

① Terry Eagleton, *The Eagleton Reader*, Edited by Stephen Regan, Oxford: Blackwell Publishers Ltd., 1998, p. 348.
② [英] 特里·伊格尔顿：《历史中的政治、哲学、爱欲》，马海良译，中国社会科学出版社1999年版，第314页。
③ [英] 特里·伊格尔顿：《历史中的政治、哲学、爱欲》，马海良译，中国社会科学出版社1999年版，第346页。

走向新的审美实践

传统的政治批评将阶级关系放在一个重要的位置,他们从资产阶级与无产阶级(或工人阶级)的对立角度来思考问题,对一个作家进行评价首先论其阶级立场,不同阶级立场之间的政治对立可能导致文学观点的重要差异,伊格尔顿正是通过恢复关于阶级关系的讨论来复苏政治批评,又通过对意识形态论争中的阶级关系的分析而使这种政治批评不流于庸俗。但是,21世纪以来,随着经济水平与教育水平的提高,西方社会的阶级结构正在发生变化:"马克思在19世纪所说的'无产阶级和资产阶级的对立',已经不再采取简单的存在形式了。原有的资本家与劳动阶层的矛盾的表现的程度以及劳资间的分界线,也已经有所改变。普遍的股份与福利制度的出现,各种社会福利制度的完善化,劳工参与企业管理制度的普遍化,企业管理民主化以及工会制度的民主化,等等,使得贫富之间的差别同过去有所不同。但是,新的社会仍然存在阶层的分化,存在着阶层之间的各种矛盾。"① 由此看来,如果单纯地从资产阶级与无产阶级对立这一个角度来讨论当代政治问题,将很难说明当前的社会状况,因此,需要思考的是如何采用更复杂的阶层分析法对社会政治结构进行评论。

2011年,伊格尔顿出版《马克思为什么是对的》,其中专章讨论阶级与阶级斗争这类看似过时的概念,提醒人们要重视基本的马克思主义理论问题。针对西方当前资本主义社会新的经济现实,在坚持阶级论的前提下,伊格尔顿对各阶级的构成进行重新解读。他说:"阶级的构成一直在改变,但是这并不意味着阶级已经消失得无影无踪。"② 资产阶级与无产阶级的对立仍然存在于这个世界,但是无产阶级未必只有工人阶级,工人阶级也不是唯

---

① [法]高宣扬:《当代政治哲学》(上卷),人民出版社2010年版,第26页。
② [英]特里·伊格尔顿:《马克思为什么是对的》(珍藏版),李杨、任文科、郑义译,重庆出版社2017年版,第163页。

指生产工人，还有低层白领工人阶级以及服务领域人员，如技术工人、文职人员、行政人员，另外还包括大量的退休人员、失业者和慢性病患者等。统治阶级的类别也不能简单地称为资产阶级，其成员类别除了资本家，还包括首席执行官等资本代理人。伊格尔顿一再强调，一些看似新潮的文化、身份认同、种族、性别的话题依然同社会阶级这个老问题紧密交织在一起。遗憾的是，伊格尔顿对这些问题还没有来得及展开深入研究，也没有提出更充分、系统的观点，从阶层分化角度讨论阶级斗争存在较大的研究空间。

二 人际关系及权力之争

在《共产党宣言》中，马克思和恩格斯这样评价资产阶级所带来的社会关系的变化："资产阶级在它已经取得了统治的地方把一切封建的、宗法的和田园诗般的关系都破坏了。……它用公开的、无耻的、直接的、露骨的剥削代替了由宗教幻想和政治幻想掩盖着的剥削。"① 资本主义改变了封建主义的人际关系，将一种道德化与宗教式的社会关系变成一种金钱化与交易式的利害关系，这种新的人际关系带来的是人情的冷漠，伊格尔顿认同马克思与恩格斯的上述观点，他对资本主义社会关系持批判态度："这个时代的秩序是侵略、支配、对抗、战争及帝国主义的剥削，而不是合作关系和同志友谊。"② 表面看来，资本主义社会实现了生产力的发展与财富的聚积，但是，这种发展是建立在少数人剥削多数人的劳动成果的基础之上的，它导致了各种社会不稳定，在这样的背景下发展起来的人际关系，

---

① ［德］马克思、恩格斯：《共产党宣言》，载《马克思恩格斯选集》（第1卷），人民出版社1995年版，第274—275页。
② ［英］泰瑞·伊格尔顿：《马克思》，李志成译，台北：麦田出版社2000年版，第112页。

走向新的审美实践

是赤裸裸的金钱关系与利用关系,而不是建立在博爱基础上的相互合作关系。

伊格尔顿利用马克思的经济学理论进一步阐述资本主义社会的人际关系,他将马克思用于阐释商品问题的"使用价值"与"交换价值"概念拿来形容当代人的生存状态:"任何相同价值的两个商品被化约为抽象地相互等同。它们原本特殊的感官面向便遭受破坏而被忽视,因为差异性被同一性所支配了。"① 交换价值是衡量商品使用价值的唯一标准,这一商品原则同样适用于人类社会,假如每一个个体的特点被视为"使用价值",那么,这些"使用价值"必然是多样化的,因为每一个人都不是完全一样的,但是,资本主义社会中大多数人被化约为单一的交换价值,出卖劳动力给出价最高的人,人们开始习惯于用交换价值去衡量每个人的价值,能力、兴趣、禀赋等个人资质只有当它具有交换价值时才有价值。"经济总是意味着比经济本身更多的含义。这并不仅仅是市场如何运行的问题,也涉及我们是怎样成为人类的,而不仅仅是怎样成为一个证券经纪人的。"② 人与人之间的关系被异化为物与物之间的关系,丰富的使用价值被平面化为单一的交换价值,这就是现代人的悲哀,伊格尔顿推崇马克思,因为他相信只有马克思才能改变这一切:"马克思要将人类的使用价值从交换价值的迷惑中解放出来。"③ 只有这样,男人和女人才不会被化约为仅仅是生产工具,而是可以自由地用各种各样的方式发展自己的个性。

个体与个体之间的关系是人际关系最基本的元素,如果将

---

① [英]泰瑞·伊格尔顿:《马克思》,李志成译,台北:麦田出版社 2000 年版,第 63 页。

② [英]特里·伊格尔顿:《马克思为什么是对的》(珍藏版),李杨、任文科、郑义译,重庆出版社 2017 年版,第 121 页。

③ [英]泰瑞·伊格尔顿:《马克思》,李志成译,台北:麦田出版社 2000 年版,第 62 页。

第一章　政治批评理论内涵

这种关系扩大化，就会形成一定的社会体制。可以说，社会体制是一种广义的人际关系的体现。资本主义社会的人际关系与这个社会的经济基础是分不开的，同样，这样的经济基础对社会体制也有所规定。以文学研究体制为例，伊格尔顿批判了社会体制与资本主义国家的同谋关系，打破了那种将文学机构视为纯净的圣土的政治幻想，进一步揭露了文学体制中存在的权力之争。

首先，伊格尔顿沿续了阿尔都塞的思路，将高等教育机构的各个文学系视为现代资本主义社会意识形态国家机器的组成部分。在阿尔都塞看来，学校是资本主义社会最重要的意识形态国家机器，正是通过学校教育，资本主义社会形态的生产关系才被大规模地再生产出来，"在占据前台的政治的意识形态国家机器的幕后，资产阶级建立起来的头号的、占统治地位的意识形态国家机器，就是教育的机器，它实际上已经在功能上取代了先前占统治地位的意识形态国家机器——教会。我们甚至可以补充说：学校—家庭这个对子已经取代了教会—家庭这个对子"。[①] 伊格尔顿将高等学校的文学系视作意识形态国家机器与阿尔都塞的观点是一脉相承的，但是他对文学系这个意识形态国家机器仍然抱有期望，他说："但它们并不是完全可以信赖的机器，因为，从一方面说，人文学科包含着很多价值、意义和传统，而它们是与那个国家所优先考虑的社会问题相对立的，而且它们所富于的那种种智慧和经验也超出了它的理解范围。"[②] 也正是因为文学以及文学理论具有这样的独立性，伊格尔顿的政治批评理论才有了用武之地。

[①] ［法］阿尔都塞：《意识形态和意识形态国家机器（研究笔记）》，载陈越编译《哲学与政治：阿尔都塞读本》，吉林人民出版社2003年版，第344页。
[②] ［英］特雷·伊格尔顿：《二十世纪西方文学理论》，伍晓明译，北京大学出版社2007年版，第202页。

走向新的审美实践

其次,伊格尔顿继承了西方马克思主义意识形态批评的思路,认为文学制度对文学研究的制约是形式主义的。因为它"所要求的一切仅仅是,你必须以可接受的方式来操纵一种特定的语言。成为国家认可的文学研究专家乃是一个能够以某些方式说话和写作的问题。正在被教授的、考核的和认可的乃是这些东西,而不是你个人所思考和相信的东西,不过可想的东西当然是会为语言本身所制约的。……文学研究是一个关于能指的问题,而不是一个关于所指的问题"。① 这种只注重形式的文学研究很可能导致文学批评变得言之无物,逐渐失却其对国家意识形态的批判能力,伊格尔顿对这种文学研究方式持批判态度,因此,他倡导发展一种新的政治批评,以实现文学批评对现实政治的有效介入。

最后,伊格尔顿视批评话语为权力话语,他论述了文学学术制度所反映的西方社会各权力机构之间及个人之间的利益关系:

> 批评话语的权力在几个层次上活动。它是"警卫"语言的权力,有权决定哪些陈述因其与公认为可说者不一致而必然被排斥。它又是警卫作品本身的权力,它把作品分成"文学的"与"非文学的"、经久伟大的与一时流行的。它还是以权威而支配他人的权力,即界定和保存这一话语的那些人与被有选择地接纳到这一话语中那些人之间的种种权力关系。它也是为那些已经被判断为能够或不能够很好说这种话语的人授予或不授予证书的权力。归根结底,这是文学—学术制度——上述一切都发生在其中——与整个社会的占统治地位的权力—利益之间的种种权力关系的问题,对这一话语的保存和有控制地扩展将服务于这一社会的种种意识形态需

---

① [英]特雷·伊格尔顿:《二十世纪西方文学理论》,伍晓明译,北京大学出版社2007年版,第202—203页。

第一章 政治批评理论内涵

要,并将使它的成员得到再生产。①

从伊格尔顿的这段论述中,我们可以归纳出受批评权力影响的三种人际关系。第一,文学理论家、批评家以及大学教师等人作为文学话语的监督人,因为拥有文学话语的解释权而具有将某部文学作品归为经典或者授予某个学生以证书的现实权力,如果写作者或初学者希望被文学机构所接受,就必须采用这些守门人所认可的话语方式。第二,文学机构中同行之间文学观念的冲突可能引发现实人际关系的对立,批评话语因此成为调节人际关系的重要手段,我们既可以通过同意某人的学术观点而支持他,也可以通过不同意某人的学术观点而反对他,尽管这其中更深层的原因是经济的或政治的,但是它是以学术争论的面貌呈现的。例如,有人因为经济或政治原因不愿意投另一个人晋升教授的选票,但是他拒绝投票的理由却是不同意对方的学术观点。第三,文化领域的领导权与国家行政的领导权将保持同步关系,后者往往通过行政手段实施其领导权,但是前者对后者的辅助作用也是必不可少的,相比上述两种关系,这种关系更易于也更明显地呈现了批评话语与权力的关系。应该说,除了文学领域,这样的权力之争也普遍存在于其他领域之中。

在资本主义社会语境下,无论是阶级关系还是个人关系,都处于一种非理想非合作的状态。伊格尔顿政治批评的理论核心在于通过社会关系研究寻找解放人类的可能途径,它一方面需要揭露传统社会关系所隐含的权力控制关系,帮助人们认清现有的社会政治;另一方面则要重新建立批评工作与现实生活的联系,为重建新的社会关系发挥积极的作用。只有这样,才能实现真正的政治批评。因此,伊格尔顿政治批评通常采取两种方式:一种是

---

① [英]特雷·伊格尔顿:《二十世纪西方文学理论》,伍晓明译,北京大学出版社2007年版,第205页。

走向新的审美实践

分析现有话语形式所涉及的社会关系等政治因素,或者特定阶级的话语所产生的政治效果;另一种是先确立我们的政治目标,再通过考察各种话语手段,为这些目标的实现提供种种可能性策略。第一种方式主要用于考察当代资本主义社会的各类理论,第二种方式用于探讨实现人类解放之战略目标的可行方法和理论。无论采用哪一种方式,始终牵涉其中的一个重要因素就是人与人之间、群体与群体之间的利益关系与权力关系,"所有理论和知识,如我前面所说的那样,都是'受利益影响的',意即你始终可能问为什么人们竟然会费心去发展它"。① 因此,政治批评的目标不是要区分各种理论是政治的还是非政治的,而是要看其服务于哪一种政治,又体现了怎样的政治关系。

第二次世界大战后资本主义经济快速发展,科学技术发挥着越来越大的作用,人民的生活得到改善,资产阶级为了巩固其统治而不断地修正其政治模式,法国、德国、英国、美国等主要西方资本主义国家的政治形势也发生了重大转变,新的政治哲学层出不穷。如法德重视创造性,有福柯、德里达等人的政治哲学,英美则更多围绕自由主义传统进行改良式创新,有罗尔斯的新自由主义。这些新的理论发展与社会现状都让传统的政治批评越来越难以实施。对于西方马克思主义知识分子而言,理想的社会并没有实现,政治批评的理论武器还不能放弃,因此,只有对政治批评理论进行扬弃,才能让其更适应于当前的政治语境,伊格尔顿的政治批评理论正是这样一种有效的尝试。

伊格尔顿政治批评理论秉承了传统马克思主义政治批评的政治热情与革命理想,并充分吸收了西方马克思主义意识形态批评的理论精华。伊格尔顿始终关注现实政治中的种种制度、

---

① [英] 特雷·伊格尔顿:《二十世纪西方文学理论》,伍晓明译,北京大学出版社 2007 年版,第 208 页。

种种事件以及种种斗争，但是，他关于这些政治问题的论述与评价却不介入党派之争或倾轧，也很少提供具体的政治举措，他更多的是通过对各种观念之争的分析来揭穿其背后的权力之争以及不平等的社会关系，从而间接地表达关于现实政治的个人看法及政治立场，其政治批评理论的最终目标在于：打破生活关系中的权力制约，实现一种平等自由的人际关系。与他的西方马克思主义前辈相比，伊格尔顿更关注现实政治，与传统的政治批评相比，他更讲究话语策略。可以说，伊格尔顿继承了意识形态形式批评关注文学形式的批评策略，肯定了列宁时代政治批评对阶级政治的介入功能，同时也接受了辩证唯物主义批评所强调的文化物质性，最终形成一种综合应用了列宁时代的政治批评、西方马克思主义意识形态批评、马克思辩证唯物主义批评的新的政治批评理论。

第四节　政治批评的主旨：实质性社会功能

继《沃尔特·本雅明或走向革命批评》和《文学原理引论》提出政治批评的观点，1984年，伊格尔顿出版《批评的功能》，进一步明确表达自己的理论主张。他说："本书所讨论的就是今天的批评缺乏所有实质性的社会功能。它要么是文学产业公共关系分支的一部分，要么是完全属于研究院内部的事情。通过有选择地研究自18世纪早期以来英国文学批评制度的历史，我尝试证明事实并非总是如此，甚至于今天它并不需要如此。"[①] 在伊格尔顿看来，批评具有实质性社会功能或者说政治功能，才是批评的真正要义。

---

① Terry Eagleton, *The Function of Criticism: From the Spectator to Post-structuralism*, London: Verso, 1984, preface.

走向新的审美实践

一 意识形态的实践功能及启示

马克思在《关于费尔巴哈的提纲》中专门论述了他的实践论哲学观,其中第一、二、七、十一条提纲直接论及实践问题。[①] 我们可以从两个角度来归纳马克思的实践哲学。其一,一切理论只有将其放在现实的实践中才能被正确地理解或解释,也就是说,实践是检验理论正确与否的唯一标准。此为第一、二、七条提纲所表达的观点。其二,理论必须应用于实践并具有实际作用,此为第十一条提纲表达的观点。一方面是解释理论;另一方面是应用理论,两者都表明了实践的重要性,马克思主义正是这样一种关于认识人类社会以及改造人类社会的重视实践的科学理论。伊格尔顿深受马克思实践论思想的影响,认为理论可以应用于实践而且必须应用于实践。马克思说:"哲学家们只是用不同的方式解释世界,问题在于改变世界。"[②] 这句话被伊格尔顿奉为信条。

另一个对伊格尔顿产生直接影响的是阿尔都塞,作为西方马克思主义的前辈,阿尔都塞有关意识形态实践性的论述成为伊格尔顿论证意识形态实践功能的理论来源之一。

1. 路易·阿尔都塞的实践论

为了提高法国共产党的理论水平,阿尔都塞研究马克思,他发现:马克思的思想存在"认识论断裂",即前后思想发生转变,这个转变的前奏就是《关于费尔巴哈的提纲》,而实际发生转变的标志则是《德意志意识形态》,它是马克思思想两大阶段的分界点,即1845年前是"意识形态阶段",1845年后

---

① [德]马克思:《关于费尔巴哈的提纲》,载《马克思恩格斯选集》(第1卷),人民出版社1995年版,第54—57页。
② [德]马克思:《关于费尔巴哈的提纲》,载《马克思恩格斯选集》(第1卷),人民出版社1995年版,第57页。

第一章 政治批评理论内涵

是"科学阶段"。阿尔都塞认为马克思在创立历史理论（历史唯物主义）的同时，同自己以往的意识形态哲学信仰相决裂，并创立了一种新的哲学（辩证唯物主义）。① 虽然阿尔都塞没有就此提出实践论的马克思主义观点，但是至少他已经发现《关于费尔巴哈的提纲》与马克思早期著作存在方法论上的差异，正是有了这样的认识，阿尔都塞将马克思的这一方法论应用于他的意识形态研究。

受马克思启发，阿尔都塞发现了意识形态的实践功能，他将意识形态与现实的关系表述为个人与其真实生存条件的想象关系："在意识形态中表述出来的东西就不是主宰着个人生存的实在关系的体系，而是这些个人同自己身处其中的实在关系所建立的想象的关系。"② 一方面，想象的东西可能与事实不相符合，意识形态因此被看作虚假的，阿尔都塞对意识形态的不信任与马克思的观点相似，后者依据照相的原理来说明意识形态的特点，即意识形态是以一种照相机的成像模式将人与其社会关系倒立呈现出来，也就是说意识形态并不是完全真实的。另一方面，想象的过程同时也可以被理解为是一种体验过程，因此意识形态与现实的关系也是一种体验的关系，"阿尔都塞将意识形态理解为人类对真实生存条件的想象关系，实际上把意识形态与体验以及想象活动紧密结合起来。深入思考这种关系，就会发现客体存在和对客体的体验在此是分开的。"③ 意识形态并不是一套形而上学的理论，而是每个人对其所处的生存条件的体验结果，因此，阿尔都塞所看重的不是意识形态的真理性，而是其实践性，他说："作

---

① ［法］路易·阿尔都塞：《保卫马克思》，顾良译，商务印书馆1984年版，第13—14页。
② ［法］阿尔都塞：《意识形态和意识形态国家机器（研究笔记）》，载陈越编译《哲学与政治：阿尔都塞读本》，吉林人民出版社2003年版，第355页。
③ 罗良清、格明福：《意识形态：从阿尔都塞到伊格尔顿》，《南京社会科学》2006年第8期。

走向新的审美实践

为表象体系的意识形态之所以不同于科学,是因为在意识形态中,实践的和社会的职能压倒理论的职能(即认识的职能)。"①但是,由于受到形式主义观念的影响,阿尔都塞的意识形态实践论也存在方法论的缺陷,他虽然承认意识形态的内容具有历史性与社会性,但是他所关注的意识形态并不是这些具体的历史的东西,而是一种具有先验性的意识形态形式,这种形式可以在任何历史条件下发生作用:"意识形态的特殊性在于,它被赋予了一种结构和功能,以至于变成了一种非历史的现实,即在历史上无所不在的现实,也就是说,这种结构和功能是永远不变的,它们以同样的形式出现在我们所谓历史的整个过程中,出现在《共产党宣言》所定义的阶级斗争的历史(即阶级社会的历史)中。"②很明显,阿尔都塞是以一种结构主义的思维方式来分析意识形态,他试图寻找一种最一般化的抽象化的意识形态结构,他对意识形态实践功能的认识也是结构主义的,这导致阿尔都塞不可避免地走向唯心主义。

2. 意识形态实践与阶级关系

伊格尔顿对阿尔都塞的意识形态理论提出了反对意见,他承认意识形态的普遍存在性,却不赞同意识形态的非历史性或先验性,他说:"即使确有一缕叫做'逻各斯中心论'的游丝贯穿于西方哲学这块织物之中,我们还是得研究那些特定的意识形态的交汇点——去检验在任一具体历史环境中各决定因素之间复杂的相互作用,并确定逻各斯中心论在这样一个构成内部,到底处于何等重要的支配地位。……肯定没有什么先验的理由能使我们相信,逻各斯中心论就是支撑着其他一切的中心轴,也没有理由使

---

① [法] 路易·阿尔都塞:《保卫马克思》,顾良译,商务印书馆1984年版,第201页。

② [法] 阿尔都塞:《意识形态和意识形态国家机器(研究笔记)》,载陈越编译《哲学与政治:阿尔都塞读本》,吉林人民出版社2003年版,第351页。

第一章　政治批评理论内涵

我们退回到某种意识形态的实在论，一次又一次地不停追索意识形态的隐藏的秘密，直到找到一句可以孤立存在的箴言。这种做法与阿尔都塞的'意识形态无历史可言'的宏论一样，给人以类似的感觉。"① 显然，伊格尔顿否认了意识形态具有阿尔都塞所追求的单一结构或意识形态逻各斯，他认为意识形态并不是一种先在的观念，而是在具体的实践中逐步形成的。我们可以将伊格尔顿所谓的"特定的意识形态的交汇点"理解为各种社会关系相互作用的结果，人与人、阶级与阶级之间的关系不是一成不变的，这决定了意识形态不可能只是一种固定的教义或先验的文本，而是在各种具体实践中社会关系达到平衡时的那个点，正因如此，伊格尔顿极力否认存在所谓的"阶级的意识形态"："把一种意识形态看作是某一特定阶级的'表述'，社会就因此可以被看作是由各不相同的、各有与生俱来的意识形态的阶级所组成，而这样是不能'解释'意识形态的。……一个阶级的意识形态，并不是对其生活状况的一番连贯的'表述'，而是对它与其他各阶级实际关系的明确的表达。"② 不同于阿尔都塞采用一种描述性观点去定义意识形态，伊格尔顿更讲究辩证性，即决定意识形态的不是某个单一的阶级可以独立完成的，而是众多阶级相互作用下形成的。由此可见，伊格尔顿的意识形态实践所针对的不是单一阶级而是阶级关系。

意识形态的形成与各阶级实践的相互关系密不可分，同时，意识形态也具有一定的实践功能。意识形态虽然只是一套观念的东西，但是这一套观念并不是在纸上谈兵，而是有它的现实作用，意识形态观念的形成过程与这一观念的现实实践是同步进行

---

① ［英］特里·伊格尔顿：《文本·意识形态·现实主义》，张冲译，载王逢振等编《最新西方文论选》，漓江出版社1991年版，第426页。
② ［英］特里·伊格尔顿：《文本·意识形态·现实主义》，张冲译，载王逢振等编《最新西方文论选》，漓江出版社1991年版，第427页。

的，这就是意识形态的实践功能。在伊格尔顿看来，意识形态的主要作用在于巩固特定阶级的权力，它有助于阶级关系的合法化和永久化，"任何占支配地位的意识形态，都将各从属阶级借以'实践'自己与作为整体的社会构成之间的关系的代码和形式吸收进来（当然也不乏无止境的斗争）"。①在阶级社会中，人们受到所处的物质条件或生产方式等历史因素的制约，不能真正理解社会的本质，他们需要借助观念的东西来实现对社会的认识，如同马克思所论述的神话。因此，如果统治阶级要确保持久的统治地位，其意识形态就需要在一定程度上反映或让人相信已经反映了被统治阶级的利益，一般而言，占统治地位的意识形态往往是统治阶级推崇的观念，但是它并不一定与阶级关系的真实状况完全相符。意识形态不是因为真实而有用，而是因为其有用而让人感觉其真实。"如果不把握住意识形态在社会整体中所起的作用，即它怎样由特定的、与历史相关的、巩固特定社会阶级权力的知觉结构所组成，我们也不能理解意识形态。"②

伊格尔顿肯定了意识形态的实践功能，并且从中获得一种理论启示。他辩证地分析这一功能："意识形态话语和社会利益之间的关系是错综复杂、多种多样的，其中有时适于说，意识形态能指是冲突的社会力量之间的争端的基本骨架，在另些时候却适于说，意识形态能指是意义的模式与社会权力的形式之间某种更加内在的关联。意识形态促进社会利益的构成，而不是被动反映先定的立场；但它并不通过自己的话语全能而使这些立场合法化为存在。"③意识形态的实践功能不是固有的或一成不变的，它的

---

① [英]特里·伊格尔顿：《文本·意识形态·现实主义》，张冲译，载王逢振等编《最新西方文论选》，漓江出版社1991年版，第427页。
② [英]特里·伊格尔顿：《马克思主义与文学批评》，文宝译，人民文学出版社1980年版，第10页。
③ [英]特利·伊格尔顿：《意识形态导论：结语》，宋伟杰译，《文艺理论研究》1998年第1期。

实现也不是那么一帆风顺，而是始终处于一种变动的过程中。我们不可能预先构想一套意识形态规则以实施其合法化方案，而是通过抵抗各种政治阻力，调节各种社会利益，然后在此过程中逐渐形成意识形态。正因如此，伊格尔顿主张："意识形态是'话语'的问题，而不是'语言'的问题——它是某些具体的话语效果，而不是意义本身。它反映了某些时刻，在这些时刻，权力冲击某些话语，并将自己默默铭刻入这些话语之中。但是，它并不因此而等同于任何形式的话语参与关系、'不公平的'言语或者修辞偏见；更确切地说，意识形态概念目的在于揭露言谈与它可能的物质条件这二者之间的关系，特别是当我们在与重建社会生活的整体形式相关的某些权力斗争的基础上考察这些可能性条件的时候。"①

佩里·安德森说：理论必须与实践相结合，才能获得正确和最后的形式。言下之意，只有被实践检验过的理论才是可靠而稳定的理论，安德森这一观点是针对西方马克思主义意识形态批评的书斋化倾向而言的，他深深地启发了伊格尔顿，后者将恢复理论的实践功能以及批评的现实效果作为其政治批评理论的主旨。研究意识形态就是要探索意识形态的实践功能，因为这种功能在积极的政治斗争场所中将发挥重要作用。伊格尔顿将意识形态扩展到符号与话语领域，包括文艺作品、文学理论以及美学理论，绝大多数的思想观念是意识形态的，意识形态批评就是要分析各类话语背后的利益驱动及权力关系。伊格尔顿对意识形态实践功能的认知为其政治批评找到一个有力的理论工具。

二 修辞学与政治批评同源共流

20世纪80年代初，伊格尔顿进行本雅明研究时，有意通过

---

① ［英］特利·伊格尔顿：《意识形态导论：结语》，宋伟杰译，《文艺理论研究》1998年第1期。

走向新的审美实践

政治批评来表达其政治要求。他在《沃尔特·本雅明或走向革命批评》的序言中声明:"促使笔者写作此书的动机也是政治性的,而非单纯为了学术研究,通过写作此书,我想我可以发现本雅明是如何在其著作中阐释'革命批评'目前正面临的某些关键问题的。"① 所谓"革命批评"正是政治批评中现实政治效应最突出的一种,它要求批评对政治有所指导,有所促进。政治批评不仅仅是为了实现某种学术创新,更是为了发挥现实的政治功能,后者才是伊格尔顿政治批评理论的主要目的。在该著中,伊格尔顿通过考察古典修辞学的历史,为政治批评正名立身。

伊格尔顿肯定了政治批评与修辞学的同源关系,他认为修辞学是政治性文学批评的古老模式,两者都是为现实政治服务的。"政治性的文学批评并不是马克思主义者的发明,相反,这是我们所知道的最古老、最值得尊重的文学批评样式之一。……这种批评形式的名称叫做修辞。"②伊格尔顿从古代修辞学溯源,探寻政治批评的理论依据。

亚里士多德在《修辞术》中说:"修辞术是辩证法的对应部分,因为两者关心的对象都是人人皆能有所认识的事情,并且都不属于任何一种科学。故所有人都以某种方式运用这两者,因为所有人都会试图批评或坚持某一论证,为自己辩护或控告他人。"③ 日常生活中,每个人都会用到辩证法或修辞术,所以从这个意义上讲,修辞术具有一定的普适性,如果将修辞视为政治批评,那么只能对"政治"一词的内涵进行无限的泛化,因此,必须从狭义修辞学的角度来理解伊格尔顿的这一论断。修辞作为一

---

① [英]特里·伊格尔顿:《沃尔特·本雅明或走向革命批评》,郭国良、陆汉臻译,译林出版社2005年版,序言。
② [英]特里·伊格尔顿:《沃尔特·本雅明或走向革命批评》,郭国良、陆汉臻译,译林出版社2005年版,第133页。
③ [古希腊]亚里士多德:《修辞术·亚历山大修辞学·论诗》,颜一、崔延强译,中国人民大学出版社2003年版,第3页。

第一章　政治批评理论内涵

种辩论的技术，视逻辑推理为这个技术中最核心的因素，"它的功能不在于说服，而在于发现存在于每一事例中的说服方式。……姑且把修辞术定义为在每一事例上发现可行的说服方式的能力"。① 可见，修辞学研究为了达到各种预期效果所运用的说话方式，它是一种关于如何在特定语境下使用特定语言的话语理论，在亚里士多德时代，修辞学的主体即是对各种政治演讲技巧的理论总结。伊格尔顿将政治批评与修辞学相提并论，他所关注的是两者的批评效果或话语效应，这样一来，形式主义、结构主义与接受美学的批评观念都被综合应用起来，即既关注文学语言的形式手段，也重视文学形式产生的实际效果。

亚里士多德将修辞演说分为三类：议事演说、法庭演说和展示性演说。议事演说指私人或公众场合中平民领袖对他人的劝说或劝阻方式；法庭演说指法律诉讼中的控告与辩护；展示性演说指大小型集会中的赞颂或者谴责。议事演说与法庭演说都带有政治的性质，尤其是议事演说，涉及赋税的征收、战争与和平等，几乎所有国家大事的决定都需要议事演说，而且参与议事演说的人在社会的地位也是举足轻重的，所以，它们是修辞演说的重点所在，此类演说在古希腊社会具有重要的政治功能，亚里士多德称为"政治演说"。② 伊格尔顿所说的修辞即是针对议事演说与法庭演说而言的，这两类演说的内容与政治紧密联系，其演说目的也是政治性的，关于它们的理论同样具有政治意义，因此，伊格尔顿将修辞学称为政治批评：

在整个远古时期和中世纪，"批评"实际上就是修辞。

---

① [古希腊]亚里士多德：《修辞术·亚历山大修辞学·论诗》，颜一、崔延强译，中国人民大学出版社2003年版，第7—8页。
② [古希腊]亚里士多德：《修辞术·亚历山大修辞学·论诗》，颜一、崔延强译，中国人民大学出版社2003年版，第224页。

走向新的审美实践

在随后的历史时期，修辞依然是统治阶级获得政治霸权技巧的文本训练手段。文本分析被视为文本写作的预备：研究文学的精妙和风格技巧的意义就是训练自己，以便在自己的意识形态实践中有效地运用它们。修辞教科书就是这种政治话语教育的高度编码化的手册，是统治阶级的权力手册。①

伊格尔顿的上述观点主要是对亚里士多德时代的总结。在《亚历山大修辞学》一书中，亚里士多德对亚历山大说："尽管过去您曾屡屡得到告诫，现在我还要敦促您，应当投以极大的热情去学习使人智慧的语言艺术。因为正像健康保护肉体，教育也保护灵魂。在它的引导下，您永远不会在所从事的活动中失足，相反，会使所有既得利益得以妥善保护。"② 可见，即使贵为君王，学习修辞仍然是必要的教育项目，它是统治阶级为了获得政治霸权技巧进行文本训练的手段，也是保护统治阶级既得利益的重要手段，《亚历山大修辞学》是一部为统治阶级而作的修辞书。"修辞学是一种话语理论，它与古代城邦的政治、法律和宗教体制密不可分。它诞生于话语和权力的交叉处。"③ 修辞、文学批评与政治具有天然的联系，如果说政治是修辞学的灵魂，那么文本分析则是修辞学的操作方式，它们都为统治阶级服务。早期修辞学与统治阶级意识形态观念一致，其产生及发展亦受制于官方意识形态，一旦政治语境发生改变，修辞学将受到挑战，为此，伊格尔顿考察了西方修辞学与文学批评的发展历程。

---

① [英]特里·伊格尔顿：《沃尔特·本雅明或走向革命批评》，郭国良、陆汉臻译，译林出版社2005年版，第134页。
② [古希腊]亚里士多德：《修辞术·亚历山大修辞学·论诗》，颜一、崔延强译，中国人民大学出版社2003年版，第223页。
③ [英]特里·伊格尔顿：《如何读诗》，陈太胜译，北京大学出版社2016年版，第13页。

第一章　政治批评理论内涵

从中世纪至17世纪，受政治影响，修辞学对语言技巧的研究失去其在远古时期的活力与影响，逐渐从实际社会生活中剥离出来，变得越来越形式化、理论化与经院化，伊格尔顿归纳出以下几个政治原因：政治生活中"公共领域"的萎缩、"在实行阶级统治的过程中，文字的相关权力"、"与动荡的政治实践相对隔绝的政治科学"① 等。政治语境改变了修辞学的研究方向，它逐渐失却对政治效果的关注，只关注修辞形式，修辞因与政治联盟而获得社会地位，也因脱离政治实践而失去其公共和政治功能。修辞成为私人化的精英独白，而在此背景下逐渐形成的"高雅文学"观念与修辞学又共同演化为某种僵化的社会制度。

到了18世纪，研究修辞学的学术热情尚存，但是启蒙时代科学理性主义思维认为一切修饰的词语让人越来越不可信。英国浪漫主义开始反对过于形式化的修辞学，华兹华斯的《抒情歌谣集》用充满激情的、生动自然的诗歌去对抗已经失却示范性与可信度的修辞格，文学批评话语因此呈现为反修辞，伊格尔顿说："与现已明确定位为意识形态的公共修辞相对，诗歌提供的是关于感受、创造力和想象的（总之，是在于'审美的'）非权威性价值。"② 诗歌语言的反修辞并不意味着无修辞，而是要还原修辞的本真，即传统修辞的现实力量，以适应新的历史语境，对抗权威性话语。但是，在伊格尔顿看来，浪漫主义虽然具有传统修辞的气派，却没有传统修辞的政治权威与受众，其所推崇的想象才能或创作者的天赋同样远离现实语境，是反公共领域的，最终只能走向私人化甚至唯心主义。从18世纪晚期开始，"感受"成为一个更高级的、沉思式的认知

---

① ［英］特里·伊格尔顿：《沃尔特·本雅明或走向革命批评》，郭国良、陆汉臻译，译林出版社2005年版，第139页。
② ［英］特里·伊格尔顿：《沃尔特·本雅明或走向革命批评》，郭国良、陆汉臻译，译林出版社2005年版，第140页。

走向新的审美实践

模式的关键问题,远古时期具有政治目标的经典修辞语言逐渐转化为秘不可宣的诗歌语言,后者试图为真实的社会矛盾提供一种想象性的解决办法,曾经将文学语言包容在内的修辞学如今反而成为文学语言的附属物。

19世纪,尼采的修辞学研究让修辞再一次变身,它是以亚里士多德修辞学理论为基础发展起来的。尼采注重修辞的效用性,同时将修辞泛化为语言的基本特征,既而否认语言的自然性。尼采修辞学有两个重要元素:语言与效果。如果说语言是修辞学的身,那么效果就是修辞学的魂。在尼采看来,语言的目的不在于传授系统知识,而是要将主体的意见或其他信息传达给他人,也就是说,语言的目的是达到某种效果,因此一切语言都是修辞的产物。"语言并不想望着传道授业,却一意要将主体之冲动及其可接受处输送给他人。构造语言的人,并不感知事物或事件,而是体察飘忽而至的欲愿:他不沟通感觉,却仅仅是端呈感觉的摹本,与人共享。"①

从亚里士多德到尼采,修辞都被看作获得特定话语效果的手段,但是,如何实现这些话语效果?两人各有侧重,亚里士多德将逻辑推理视为修辞术的核心,尼采将语言(或者各种比喻)视为修辞术的关键。在亚里士多德的修辞学著作中,我们不仅仅可以看到关于修辞技术的讨论(如逻辑推理等),还可以看到亚里士多德对生活、对政治的一般见解,如他在《修辞术》中对幸福的论述,这些都表明了亚里士多德修辞学理论与生活实践的亲密关系。相比而言,尼采对修辞技术较多论述,却较少涉及现实生活,他对修辞与语言的亲缘关系的强调,虽然提升了修辞的适应面,却同时让修辞失去现实力量,最终变成学院的符号学研究。伊格尔顿辩证地分析了尼采修辞理论所

---

① [德]弗里德里希·尼采:《古修辞学描述》,屠友祥译,上海人民出版社2001年版,第20页。

造成的后果:"尼采抓住修辞的'技术'层面,并将信将疑地把它们与修辞传统上的社会、认知和交际功能对立起来。修辞本身的地基已被破坏了——假如一切语言都是靠比喻和喻说运作,那么,一切语言因此就成了一个虚构的形式,其认知或表征功能便一下子成了问题。"① 尼采将所有的语言都视为隐喻,最后只能让语言无人可信,他将理性主义推向悬崖,结果导致整个意识形态信仰的崩溃,正是从尼采这里,传统的知识结构开始被质疑。

历史证明,修辞学作为文学批评的古老形式,政治性是其本质所在,也是保持其发展活力的关键因素。修辞学的历史演变构成了从政治角度开展文学批评的历史基础。伊格尔顿的政治批评理论尝试从修辞学中汲取理论营养,让批评回归传统修辞学的政治功能,回到与政治历史的连接中来。文学批评应该像修辞学一样,将其视野放在整个社会话语实践领域,研究种种话语产生的效果以及它们如何产生这些效果。进一步而言,文学批评不能脱离整个活的文化语境,不能仅仅满足于单纯的美学沉思或文本解读,它应该要求并且能够获得某种政治的效应,批评的主旨在于批评所具有的社会功能(包括政治功能),政治批评是批评的真正使命。

三 现代批评的政治功能

通过考察修辞学与文学批评的历史,伊格尔顿为政治批评寻求历史依据,他将政治批评视为文学批评的本色,即文学批评始于某种实质性社会功能或政治功能。在《批评的功能》中,伊格尔顿着重论证了批评的政治功能。他以尤尔根·哈贝马斯(Jürgen Habermas)在《公共领域的结构转型》中提出的"公共

---

① [英]特里·伊格尔顿:《沃尔特·本雅明或走向革命批评》,郭国良、陆汉臻译,译林出版社2005年版,第142页。

走向新的审美实践

领域"概念作为指导,将英国文学批评发展史与资产阶级的反封建历程联系起来考察,充分论证了下述观点:现代批评诞生于反对绝对主义政权的斗争。欧洲的中产阶级借此建立了理性、自由与平等的理念,从而对抗专制政权的蒙昧、残酷法令、等级制度等,批评的历史功能是一种政治功能。现代批评应该重新回归这一功能,投入反对资产阶级专制政权的斗争,否则没有前途。在《批评的功能》的开篇,伊格尔顿写道:

> 欧洲现代批评起源于同绝对主义政权所作的一场斗争。17、18世纪,欧洲资产阶级在专制政权内部开始为自己开拓独立的话语空间,倡导理性判断启蒙批判,抵制威权政治的残酷法令。介于国家政权和公民社会之间的资产阶级"公共领域",尤尔根·哈贝马斯是这样定义的:它包含了俱乐部、杂志、咖啡屋、期刊等社会机构,个体的人聚集在这些社会机构,进行自由平等的交流,以实现理性对话,将自己融入一个有凝聚力的团体,该团体的评议也许会形成一股强大的政治力量。通情达理的公众舆论总会对抗专制政权的独断独行;一般认为,在"公共领域"这个半透明的空间内,赋予个人一定头衔去发声和作判断的,不再是社会权力、特权和传统,它取决于个体的人通过分享普遍理性的共识构成话语主体的程度。①

在这段话中,伊格尔顿明确表示欧洲现代批评的起源与政治相关,并且将主要政治因素归功于资产阶级"公共领域"。因此,要搞清伊格尔顿批评理论的核心观点,我们需要探究资产阶级"公共领域"所存载的价值内涵。

---

① [英]特里·伊格尔顿:《批评的功能》,程佳译,西南师范大学出版社2018年版,第7页。

第一章　政治批评理论内涵

1. 资产阶级"公共领域"的主要内涵

伊格尔顿所言的资产阶级"公共领域"主要是指公共场所及媒体中的话语交流，即哈贝马斯所称的"公众舆论"。在哈贝马斯看来，古希腊、封建社会、资本主义社会都存在公共领域，但是不同时代公共领域的内在含义有所差别。资产阶级公共领域一方面是指公共权力领域，具体表现为"常设的管理机构和常备的军队；商品交换和信息交流中的永恒关系（交易所和出版物）是一种具有连续性的国家行为"。① 另一方面指公众舆论，这是资产阶级公共领域对其功能的自我定位。② 伊格尔顿对"公共领域"这一概念的使用和论述有些含糊，他没有严格分析公共领域概念的具体内涵，也没有历史性地考察公共领域产生的物质条件（哈贝马斯将商品交换与信息交换视为公共领域产生的重要条件），而是关注公共领域中"公众舆论"或"公众精神"的形成，分析公众如何通过公开评论介入当前政治。"'公共领域'是一个有着特定价值指认的概念，即它是一种政治共同体的象征。"③ 资产阶级"公共领域"的形成主要依靠理性对话，其成员主要是18世纪的资产阶级，所谓公众并不包括无产阶级等普通民众。

伊格尔顿认为资产阶级公共领域的最大成果在于提供自由与平等的对话平台。在这里，人与人对话的标准不再是等级、特权、传统等物质性力量，而是理性所能达到的高度。"在这个理想的推论领域中唯一存在的是没有支配可能的交谈；是劝说而不是支配，支持某人的观点更多的是一种合作行为而不是竞争行

---

① ［德］哈贝马斯：《哈贝马斯精粹》，曹卫东选译，南京大学出版社2004年版，第53页。
② 来自哈贝马斯的观点，参见［德］哈贝马斯《哈贝马斯精粹》，曹卫东选译，南京大学出版社2004年版，第68页。
③ 乔国强：《"公共领域"与"革命批评"话语——论伊格尔顿〈批评的功能〉中的政治性》，《复旦学报》（社会科学版）2017年第5期。

走向新的审美实践

为。因为在这个公共领域没有次一等的社会阶级,没有任何宣传的迹象,信息的传播也可以实现。正如我们所看到的,根本上没有社会阶级。根据它自己意识形态的自我想象,在这个公共领域中处于危机的不是权力而是真理。真理而非权威是它的理由与理性,在它的日常交流中没有支配。"① 在伊格尔顿看来,资产阶级公共领域的理想状态是政论分离,即讨论主体之间是平等的合作关系,而不是支配性的竞争关系,讨论的对象是真理,而不是利益。从康德开始,公共性被视为获得真理的重要条件,"康德认为批判的公共性是真理的试金石,它所当真的一切可以说也符合每个人的理性;黑格尔希望公众舆论同样也是如此"。② 哈贝马斯由此推论公开讨论是形成公众舆论的重要环节,伊格尔顿通过考察英国批评史也得出了类似的结论:市民阶层通过公开讨论,形成公共性的理性观点,从而对抗专横的独裁命令。在公共领域中,因为没有等级与特权等限制,一些新兴阶层得以表达自己的政治观点,从而获得政治管理权,因此,"公共领域"是一股不容小觑的政治力量。

尽管伊格尔顿对 18 世纪的英国资产阶级公共领域充满赞赏,但是他也意识到公共领域所推崇自由平等的理性对话也是一种意识形态策略。伊格尔顿说:"在十八世纪早期,抽象自由与平等交流的中产阶级原则从市场领域提升到讨论领域,目的在于将真正的中产阶级社会关系神秘化与理想化。一个商品的琐碎的业主因为它有组织地互换观点而得名,以一种更纯净的、非主导性的形式,模仿中产阶级经济的交换形式,为那个维持它的政治部门做出贡献。公共领域的建构是普遍的且具有阶级

---

① Terry Eagleton, *The Function of Criticism: From the Spectator to Post-structuralism*, London: Verso, 1984, p. 17.
② [德] 哈贝马斯:《哈贝马斯精粹》,曹卫东选译,南京大学出版社 2004 年版,第 96 页。

特性的：原则上所有人都可以加入，但是阶级决定的标准一直都是不适于寄宿的。"① 资产阶级公共领域所倡导的自由平等的对话，其潜在目的是要将资产阶级的经济原则合法化，它是以一种极其隐蔽的方式实现这一社会目的的。"公共领域的存在并不是为了讨论直接的利益；相反，这些利益将它们自己隐藏极深，并以不关心他事的恰当的结构存在。"② 也就是说，公共领域将资产阶级的利益诉求转换为理论模式，然后进行论证，表面看来是在讨论真理，实际上隐含了物质目的。伊格尔顿说："作为英国特色，中产阶级公共领域联合成体与其说是从内部对专制政治的抵制，不如说是它的醒悟。通过道德规训以及讽刺嘲弄放纵退化的贵族阶级，十八世纪早期的英国中产阶级公共领域（其中斯蒂尔的《闲话报》与艾迪生的《旁观者》是中心机构）的确充满活力，但是它的主要推动力是一种阶级联合，是实践的调整与标准的整编，在那里，英国中产阶级和他的社会长辈进行协商并达成历史的联盟。"③ "在这个领域通用的货币是理性而不是头衔或财产，实际上这种理性被那些财产生产出来的社会利益的人所流利的表达。但是理性不是拥有支配权的社会组织中某一个阶级的独有之物，而是那些统治阶级之间集中交流的产物。"④ 阶级之间的对抗除了武力，也包括观念的论争，正是通过公共领域中的对话，资产阶级逐步获得政治领导权。因此，公共领域是资产阶级与贵族阶级之间权力的分配与重组，其实质是统治阶级内部的意识形态协商。

---

① Terry Eagleton, *The Function of Criticism: From the Spectator to Post-structuralism*, London: Verso, 1984, p. 26.

② Terry Eagleton, *The Function of Criticism: From the Spectator to Post-structuralism*, London: Verso, 1984, p. 16.

③ Terry Eagleton, *The Function of Criticism: From the Spectator to Post-structuralism*, London: Verso, 1984, p. 10.

④ Terry Eagleton, *The Function of Criticism: From the Spectator to Post-structuralism*, London: Verso, 1984, p. 26.

2. "公共领域"中的文学批评

伊格尔顿认为文学批评是资产阶级公共领域的重要组成部分，资产阶级通过文学批评建立"公众舆论"，实现其政治意图。他赞同彼得·霍恩达尔（Peter Hohendahl）的观点："文学批评的现代观念与十八世纪早期自由主义的、资产阶级公共领域的崛起紧密联系。"① 即现代文学批评观念的产生与资产阶级公共领域的形成同步进行。

第一，18世纪早期的期刊杂志既是资产阶级公共领域的主要组成部分，也是文学批评的立身之处，通过在期刊上发表评论、传播思想，资产阶级制造出有利于自身的"公众舆论"。哈贝马斯在论述资产阶级公共领域的发生时将媒体的出现视为重要因素，他在充分肯定报纸的作用后指出："从17世纪末开始，杂志作为报纸的补充已经开始出现。杂志上所刊载的主要不是信息，而是教诲文章，乃至批评和评论文章。"② 伊格尔顿重点考察了斯蒂尔（Steele）的《闲话报》（Tatler）与艾迪生（Addison）的《旁观者》（Spectator），认为两者是18世纪早期英国资产阶级公共领域的中心结构，具有共识性。"共识性是英国公共领域的一个显著特点：《闲话报》和《旁观者》是英国社会形成新的统治集团的催化剂，既培养商业阶层也抬举肆意挥霍的贵族。"③ 艾迪生本人是一个身份复杂的代表性人物，他既有城市投资，又有乡村宅邸，兼顾地产与金融利益，他敞开心扉，让不同阶级的价值观密切交流，最终形成一种文化共识与公共领域。

第二，这一时期文学批评的主要任务在于制定并管理资产阶

---

① Terry Eagleton, *The Function of Criticism: From the Spectator to Post-structuralism*, London: Verso, 1984, p.10.

② [德]哈贝马斯：《哈贝马斯精粹》，曹卫东选译，南京大学出版社2004年版，第59页。

③ [英]特里·伊格尔顿：《批评的功能》，程佳译，西南师范大学出版社2018年版，第10页。

级公共领域的对话规则。"批评的任务是要管理那些规则，反对专制主义与等级制度。它的合法性的获得既不是来自于它作为信息本身，也不是来自于话语的社会标题，而是来自它作为辩论方与某个特定的示例的理性相一致，这个理性被描述为言说的正确方式。发言者的论题源自某人谈话的正式表述，而不是某人社会头衔的话语权威。"① 也就是说，在公共领域对话中，怎么言说或者以何种方式言说并不是任意的或者主观性的，而是规范的、理性的，这种言说方式的确立，得益于文学批评。

为了确立某种对话规则，文学批评提供的不是一套刻板的行政命令或"奥林匹亚式权威的官方评判"，② 而是生活化的、带有强烈经验主义色彩的循循善诱，以期通过其示范作用达到春风化雨的效果。通过对《闲话报》与《旁观者》杂志风格的研究，伊格尔顿发现："《闲话报》与《旁观者》的鲜明语气是这种解决方案的标志，它轻松、温文尔雅、恰恰在讽刺嘲笑的那个恰当的点上。""《闲话报》与《旁观者》杂志正在有意识地教导一个社会化的多样混杂的公众进入理性、口味与道德的统一形式，但是他们的判断不是权威主义的，也不是一种技术专家的苛刻协定。……鲜活的批评判断不是精神脱离社会的结果，而是日常生活中积极合作的结果。"③ 这一时期的文学批评与资产阶级公共领域在精神上是一致的，两者都反对独断专横的命令，更多地注重形式上的策略以及理性的方式。

伊格尔顿以塞缪尔·理查德森为例，分析了一个完整的话语共同体的形成过程，由此说明 18 世纪早期的资产阶级公共领域

---

① Terry Eagleton, *The Function of Criticism: From the Spectator to Post-structuralism*, London: Verso, 1984, p. 15.

② Terry Eagleton, *The Function of Criticism: From the Spectator to Post-structuralism*, London: Verso, 1984, p. 20.

③ Terry Eagleton, *The Function of Criticism: From the Spectator to Post-structuralism*, London: Verso, 1984, pp. 21–23.

走向新的审美实践

不是单一同质的形态,而是一个交错的话语中心。理查德森的文本在传阅过程中,遭遇争吵、申诉、修订、诠释、对释义的释义等,最终形成一个牢牢凝聚的道德思想主体,形成一种集体感受力。文学批评文本的产生与资产阶级公共领域的形成都是话语交锋的结果。有学者批评伊格尔顿:"这就把文学批评与政治斗争完全混为一谈,属于典型的偷梁换柱,其结果是彻底迷失了欧洲现代批评的真正肇始源头。"① 的确,伊格尔顿有意忽略了一些学术层面的分析,但是,他打破了现代欧洲批评无利害关系的意识形态幻象,这种理论探索体现了他在西方世界对于马克思主义批评家身份的坚定选择。

第三,文学批评的研究对象不只是文学作品,更多的是文化现象。伊格尔顿说:"在这一点上,文学批评作为一个整体还不完全是一种自觉的专业讨论,尽管已经存在许多技术形式;它更多是一种伦理人文主义的一个分支,与道德、文化、宗教反应不可分离。……批评在这里不完全是文学而是文化:文学文本的检查是一个更广阔事业中相对边缘的时刻,这个广阔的事业包括考察对仆人的态度、殷勤行为的原则、妇女的地位、家庭情感、英国语言的纯正性、夫妻之爱的特征、情感心理学以及厕所法律。"② 文学批评的内容涵盖道德、宗教、哲学、艺术和日常生活,批评较少着重于文学文本的审查,而是以一种宽容、温和、同质的语言方式讨论家庭感情、妇女现状、勇武规则、恩爱之道等文化现象,文学体裁的界限较为随意、虚构与非虚构材料并存,写作过程中积极与读者交流,有意识地通过文本教育,将一个异质的社会公众培养成具有理性、品位和道德的普遍形态。

---

① 乔国强:《"公共领域"与"革命批评"话语——论伊格尔顿〈批评的功能〉中的政治性》,《复旦学报》(社会科学版) 2017 年第 5 期。

② Terry Eagleton, *The Function of Criticism: From the Spectator to Post-structuralism*, London: Verso, 1984, p. 18.

"对文化、政治和经济念念不忘，这种亲密在英国比在其他任何国家都表现得更为明显。"①《闲话报》与《旁观者》的政治策略并不在于发布具体的政治措施或政治口号，而是与政治权力、社会经济保持紧密联系，以发展文化经营其政治理念，这就是所谓的文化政治工程。"《闲话报》与《旁观者》是资产阶级文化政治工程的两个项目。"②批评家的身份是多重的：他们既是读者也是作者，既是批评家也是普通市民，既是媒介也是领导。文化有助于联合英国统治集团，而批评是这一历史任务的主要承担者，它们肩负着树立资产阶级形象的政治使命。这就是18世纪的批评家与当代学院派批评家完全不同的文化品格。在《批评的功能》中，伊格尔顿肯定了英国早期现代批评的文化价值，这也为他日后转向文化研究埋下伏笔。20世纪90年代，伊格尔顿出版《美学意识形态》《后现代主义的幻象》《甜蜜的暴力：悲剧的观念》《理论之后》等著作，逐步将他的政治批评理论推演到文化领域。

3. 传统公共领域的衰落

资产阶级公共领域的意识形态性将会限制对话的自由程度，正如哈贝马斯所言："如果权力关系在社会再生产过程中不能真正保持中立，市民社会本身还要依靠权力，那么，在这样一个基础上也就无法建立用理性权威取代政治权威的法律秩序。因此，具有批判意识的公众对封建社会统治关系的消解并不是对政治统治的消解，相反，是对政治统治的变相继承——资产阶级法治国家以及作为其核心组织原则的公共性都不过是一种意识形态。在这样一个水平的资本主义中，正是私人领域与公共领域的分离阻

---

① ［英］特里·伊格尔顿：《批评的功能》，程佳译，西南师范大学出版社2018年版，第10页。
② ［英］特里·伊格尔顿：《批评的功能》，程佳译，西南师范大学出版社2018年版，第22页。

走向新的审美实践

碍了资产阶级公共领域观念允诺的实现。"① 伊格尔顿一方面认同资产阶级公共领域在政治与知识完全分离意义上建立纯粹的对话,另一方面又赋予公共领域积极的政治功能,两者实难同步,公共领域意识形态的最终结果只能是公共领域自身的瓦解,事实上,这也是资产阶级公共领域的现实状况。

18世纪英国资产阶级公共领域在巩固资产阶级社会地位方面曾经发挥重要作用,但是随着资本主义社会的发展,传统资产阶级公共领域的影响力日渐衰落。在导致传统公共领域解体的诸多因素中,伊格尔顿着重讨论了现代批评的遭遇。其一,由于市场力量对文学的影响越来越大,文学评论越来越受制于市民社会生产法则,而非传统"公共领域"文明对话和合理争辩的成果。其二,由于社会利益和政治利益日益复杂化,传统"公共领域"受到冲击,尤其是19世纪初英国发生了激烈的阶级斗争,甚至出现"反公共领域"。伊格尔顿列举了出现在各种期刊、党派、学院、小册子、辩论中的批评话语对于传统公共领域共识性观念的威胁。以19世纪著名期刊《爱丁堡评论》和《评论季刊》为例,其风格与《闲话报》和《旁观者》完全不同,前者的"谩骂与宗派毒性"与后者的"普适主义"② 形成鲜明对照。此外,《伦敦杂志》《布莱克伍德杂志》《审查者》《弗雷泽杂志》等众多杂志也卷入激烈的政治争论中,批评成为政治争执的场所,而不是形成文化共识的纽带,传统公共领域出现裂隙,被扭曲、被破坏,"公共舆论"越发难以统一。"理想中,批评家是一面镜子,但事实上,他是一盏灯:他正在成为一个最终站不住脚的角色,'表达着'他遮人耳目或明目

---

① [德]哈贝马斯:《哈贝马斯精粹》,曹卫东选译,南京大学出版社2004年版,第103页。

② [英]特里·伊格尔顿:《批评的功能》,程佳译,西南师范大学出版社2018年版,第49页。

第一章　政治批评理论内涵

张胆操纵的舆论。"①

研究者史密斯认为伊格尔顿四十年的批评生涯显示出一个相对持久的立场，那就是一次次地质问资本主义社会中知识分子的作用，执着于反复阐明批评家的任务，致力于探索"什么样的批评可以被新的社会和思想信仰所接纳，以及批评家在发挥社会政治功能时的责任"。②《批评的功能》充分体现了伊格尔顿的批评理念，在考察导致传统"公共领域"衰落的诸多因素时，他细致考察了批评家身份的转变过程及其对资本主义批判所做的贡献，由此重构批评家的典范作用。18世纪中期开始，专业写作成为可能，雇佣文人群体应时而生，其中包括职业批评家。这些人为钱写作，商业化生产和操作流程限制了他们的话语自主权，其批评观念与一般意识形态共进退。另一类批评家类型，即"圣人"（sage），如卡莱尔，作为《弗雷泽杂志》的撰稿人，始终保持清醒的认知，不为金钱而作，梦想有一天可以自由"独立地"写作，这类批评以一种先验的立场，发表教条主义言论，但是步伐艰难。到了19世纪，产生了一个把圣人与雇佣批评家拴在一起的类别：文人。文人是雇佣写手，同时又是一个像圣人一样的权威人物。在维多利亚时代，文人仍然力图将一个拥有开明的资产阶级话语的公共领域焊接起来，像他们的前辈艾迪生和斯蒂尔一样，他们肩负评论员、线人、媒介、宣传员等多重身份。由于这一时期参与阅读的公众文化程度参差不齐——大多数国民能读书识字，但其文化素养却不一定跟得上，因此文人写作并不能确定自己究竟代表广大民众还是少数人，文人与读者的关系不再是完全平等的或者始终清晰的。对此，伊格尔顿指出，文人是夹在圣

---

① ［英］特里·伊格尔顿：《批评的功能》，程佳译，西南师范大学出版社2018年版，第54页。
② James Smith, *Terry Eagleton: A Critical Introduction*, Cambridge: Polity, 2008, p. 2.

走向新的审美实践

人的威权主义和 18 世纪期刊撰稿人的共识主义之间的矛盾体,既像圣人一样拥有权威主义,又是一个精明的宣传员,既在公共舞台之内又在其外,以便有效地从某个优越的外部制高点来管理和塑造舆论。

随着资本主义社会的发展,脑力劳动分工不断细化,文人身上普遍的业余人文主义精神捉襟见肘,越来越不能为社会冲突性话语的形成提供一个貌似合理的凝聚中心。批评家作为媒介的传统角色也受到挑战,批评家话语对于作家和读者的影响甚微,因为文学自身的影响力更大,不需要其他中介,读者通过阅读文本直接感受文学世界的力量,作家本人则成为最善于搜寻、最为活络的社会批评家。从 19 世纪开始,文人开始将自己转化为一门技术专长,批评走向学术化并逐步形成相对稳定的制度基础和职业架构,英语成为一门大学学科,文学研究走向专业化,批评家成为专业知识分子。圣人式批评家的"业余"观变得格格不入,传统文人的权威性被拥有研究中心的大学削弱,同时也被读者忽视,成为一个空谈的学究。伊格尔顿由此感慨:"它也标志着批评最终脱离公共领域被封存起来了。批评通过政治自杀保证了自己的安全;其学术制度化的那一刻,也是其作为一个社会活动力有效消亡的那一刻。"[①] 大学的文学学术著述成为一门专业技术,专业知识分子的评论不再面对广大的中产阶级读者以及对大多数统治阶级有影响力的期刊,而是变成学术界内部的事情,批评的实质性功能逐渐减弱。

18 世纪英国批评的形成过程表明现代批评的产生有其现实的政治目的——反对专制统治,推崇自由与理性,他们曾为资产阶级领导权的确立发挥了重要作用,同时也是沟通整个文化领域的重要中介。但是,随着资产阶级公共领域的分裂,现代批评走向

[①] [英]特里·伊格尔顿:《批评的功能》,程佳译,西南师范大学出版社 2018 年版,第 92 页。

第一章　政治批评理论内涵

书斋，其政治功能也不断弱化。通过考察现代批评的历史，伊格尔顿揭露了批评背后的政治权力被展开、加强、限制或者颠覆的过程，证实批评可能具有的实质性社会功能，而且这一功能也是使批评保持活力的重要原因。批评的早期成就是在反对专制政权的斗争中获得的，只有继续保持这一传统，批评才有未来。21世纪以来，有感于文学批评越来越背离其传统功能，伊格尔顿表明他的担忧："一方面，大多数的文学批评实践者都变得对文学形式不怎么敏感；另一方面，他们中的好些人也对批评的社会和政治责任持怀疑态度。"① 为此，步入晚年的伊格尔顿不再执着于纯理论的批判，而是回归文学批评本身，他发表了《文学事件》《文学阅读指南》《如何读诗》等批评论著，通过细致入微的文本细读向读者展示文学批评的形式主义批评方法，重申文学的政治价值，呼吁重建批评的政治功能。他坚信当今社会的权力斗争，唯有重新激发批评的实质性社会功能，社会主义才能最终获得胜利。

---

① ［英］特里·伊格尔顿：《如何读诗》，陈太胜译，北京大学出版社2016年版，第20页。

第二章　文学文本的政治批评

作为一名文学理论家，伊格尔顿将文学文本作为其批评立足的根本。尽管伊格尔顿的政治批评口号是针对文学理论问题而提出的，但是他对文学文本的评价同样蕴含着政治批评理念。与传统的马克思主义批评相比，除了对文本内容政治因素的挖掘，伊格尔顿更注重探寻文学形式所蕴含的政治因素以及文学的政治功能。

第一节　文学形式的政治批评

庸俗马克思主义对一部文学作品进行政治批评时，通常是从文本中寻找直接的政治内容，然后根据这些内容去分析作家的政治观念，文学批评成为单纯的历史考证，它们认为形式由内容决定并受到内容的限制，于是一味探索文学作品的政治内容，而将文学的形式问题搁置一边。与庸俗马克思主义相对的是纯形式主义，后者认为形式是封闭的、独立自足的、自我发展的，它不受内容影响，纯形式主义强调形式的客观性，它几乎不涉及任何现实问题，更不用说政治问题。

为了弥补庸俗马克思主义与形式主义在政治批评上的缺陷，伊格尔顿对形式与内容的关系进行创新性解读，提出一种新的理论模式——"形式的政治"，即从作品的语气、音调、速度、文采、句法、称呼、节奏、音域、结构等形式因素入手，通过细致的文本分析，探究作者的政治态度及其作品隐含的政治意味。"对于那些喜欢单纯地从文学作品中抽取政治态度的人来说，我要说的是：应该寻求形式的政治。这才是一切事情发生的根源，而不是作者和作品所说的东西。不要只盯着能指和所指，不要一味地谈论性和伦理偏见而完全不顾语气、音调、速度、文采、句法、称呼、节奏、音域和叙事结构。"① "形式的政治"从文学形式角度分析文学的政治性，它既重视文学的形式问题又避免重蹈纯形式主义的覆辙；既重视文学的历史性又避免实证主义。这一批评思路为传统马克思主义政治批评开辟了新方向。

一　理论来源：古典修辞学与西方马克思主义

当伊格尔顿为政治批评理论追根溯源时，他从修辞学传统找到有力的证据。同样，古典修辞学也为他的政治批评提供了有力的理论武器。伊格尔顿说："修辞学在其全盛时期既非一种以某种直觉的方式关心着人们的语言经验的'人文主义'，也不是一种仅仅全神贯注于分析种种语言手段的'形式主义'。它从具体的行事的角度来看待这些手段——它们是进行申辩、说服、劝诱及其他等等的方法——并且从话语在其中发挥作用的种种语言结构和物质环境的角度来看待人们对于话语的种种反应。"② 一般而言，修辞学通常研究话语形式，即研究话语的结构与组织方式，它侧重于话语形式与历史的关系，尤其是历史中各种社会关系或政治关系之间的关系；修辞学也研究话语的社会效果，尤其是各种话语形式的社会作用。修辞学研究是对人文主义、形式主义、

---

① ［英］特里·伊格尔顿：《马克思主义与文学批评》，文宝译，人民文学出版社1980年版，第24页。
② ［英］特雷·伊格尔顿：《二十世纪西方文学理论》，伍晓明译，北京大学出版社2007年版，第207页。

走向新的审美实践

接受美学的一种综合应用,服务于现实,因此具有一定的社会价值。伊格尔顿说:"修辞学要发现种种最有效的申辩、说服和论争的方式,而修辞学家们研究他人语言中的这些手段则是为了在自己的语言中更为有效地运用它们。我们如今会说,它既是一项'批评'活动也是一项'创造'活动:'修辞学'一词同时涵盖着有效的话语实践与研究它的科学。"[1] 作为一种批评方法,修辞学主张研究语言形式的社会性,这为伊格尔顿的文学形式研究提供了理论依据。

如果说古典修辞学为伊格尔顿的形式批评提供了理论的支持,那么西方马克思主义关于文学形式的研究则为伊格尔顿提供了最直接的方法论。伊格尔顿以卢卡奇、葛兰西、阿多诺、本雅明、马尔库塞、阿尔都塞、戈德曼、马歇雷等为研究对象,将其理论统称为意识形态批评:"它的理论着力点是探索什么可以称为形式的意识形态,这样既避开了关于文学作品的单纯的形式主义,又避开了庸俗社会学。这中间的关键是,生产艺术作品的物质历史几乎就刻写在作品的肌质和结构、句子的样式或叙事角度的作用、韵律的选择或修辞手法里。"[2] 不同于庸俗马克思主义仅仅将艺术形式视为历史内容的附加品既而对形式问题避而不谈,西方马克思主义将文学形式视为文学生产的物质历史在文本中的展现。相比而言,后者对文学形式的认识更加辩证,也更让人信服。

卢卡奇是西方马克思主义的创始人,伊格尔顿说:"在卢卡契的著作中,文学形式问题得到了最透彻的研究。"[3] 卢卡奇的文

---

[1] [英]特雷·伊格尔顿:《二十世纪西方文学理论》,伍晓明译,北京大学出版社2007年版,第208页。

[2] [英]特里·伊格尔顿:《历史中的政治、哲学、爱欲》,马海良译,中国社会科学出版社1999年版,第114页。

[3] [英]特里·伊格尔顿:《马克思主义与文学批评》,文宝译,人民文学出版社1980年版,第31页。

学形式研究最早可以追溯到他的《小说理论》。卢卡奇声称："每一种艺术形式都是由生活中之形而上的不和谐所规定的，它将这种不和谐接受下来并塑造成为自身内部完成了的总体基础；发端于此的世界的情绪特征、人和环境的氛围是由一种源于尚未绝对化解的不和谐、因而威胁着形式的危险所决定的。小说形式的不和谐，即意义的内在性在进入经验生活时所遭受的拒绝，提出了一个形式问题，与其他艺术形式相比，小说的这个问题的表面性表现得十分不明显，而且因为它看上去更像是一个内容问题，所以，比起那些明显的纯形式问题，它就更需要用伦理学和美学之更有力、更深入的合作来解决。"① 在卢卡奇看来，古希腊时代的人生活在一个圆满完整的社会中，现代社会的人则被异化了。小说的产生正是源于人与世界的不和谐，其目的在于把那些被资本主义所异化的人事结合成一个辩证的复杂的整体，与资本主义社会的异化和分裂作斗争，展示丰富多彩的人类整体形象。因此，小说是资产阶级的史诗，它以赋形的方式揭示并建构隐藏着的生活总体性，其形式虽有波动性却维持平衡。小说的外部形式本质上是传记式的，因为"生活在不再需要的概念体系和永不能达到内在的、乌托邦式的完全宁静的生活总体之间的波动，只能在传记所追求的有机性之中得以客体化"。② 小说的内部形式则是被异化的个人寻找自我的过程，"他对意义的惊鸿一瞥就是生活所能提供的最高体验，就是惟一值得整个生活全力以赴的东西，就是惟一值得为之奋斗的东西。这个探寻的过程将终人一生，它的方向和范围随同其规范的内容和那条通向其自我认识的路一并被赋予。过程的内容形式及其最充足的赋形手段——传记形式——最

---

① ［匈］卢卡奇：《卢卡奇早期文选》，张亮、吴勇立译，南京大学出版社2004年版，第46页。
② ［匈］卢卡奇：《卢卡奇早期文选》，张亮、吴勇立译，南京大学出版社2004年版，第51页。

走向新的审美实践

清楚地展示了小说素材之离散的无限性和史诗素材之类似的连续无限性之间的巨大差别"。①

卢卡奇将小说的内部形式和外部形式的形成归因于人在社会中的生存状况,这避免了形式主义研究的封闭性。但是他所追求的总体性其实是某种精神理念,过度强调精神的力量,类似于黑格尔式唯心主义,这一点卢卡奇本人后来也有所认识。1962年《小说理论》再版时,他在序言中声称:"《小说理论》是'精神科学'中第一部将黑格尔哲学的发现成果具体地运用到美学问题中的著作。……他正在寻找文学类型的一种普遍辩证法,这是历史地建筑在美学范畴和文学形式的真实本质基础上的普遍辩证法,他力求在范畴和历史之间,找到较之于他在黑格尔那里发现的更为紧密的联系;他力图理智地理解变化中的永恒,理解本质在持久合法性范围中的内在变化。"②《小说理论》的基本思路是将文学形式理解为某种观念的演绎。它从宏观性与抽象性角度来研究文学形式,着眼于文学类型与历史哲学的关系,小说形式的类型包括抽象的理想主义、幻灭的浪漫主义等,这一研究思路一直延续到卢卡奇后来的其他小说论著中。伊格尔顿一语指出卢卡奇的理论要点:"他的许多论述小说的后期著作依然保持《小说理论》中的黑格尔式的观点。在《欧洲现实主义研究》和《历史小说》的作者——马克思主义者卢卡契看来,最伟大的艺术家是那些能恢复和再创造和谐的人类生活整体的艺术家。"③ 卢卡奇视文学为外在于物质社会的精神力量通过作用于人的意识所产生的间接效果,本质上属于唯心主义,他所用的许多批评概念(包括

---

① [匈] 卢卡奇:《卢卡奇早期文选》,张亮、吴勇立译,南京大学出版社2004年版,第54页。
② [匈] 卢卡奇:《卢卡奇早期文选》,张亮、吴勇立译,南京大学出版社2004年版,第Ⅶ、Ⅷ页。
③ [英] 特里·伊格尔顿:《马克思主义与文学批评》,文宝译,人民文学出版社1980年版,第32页。

第二章 文学文本的政治批评

"总体性""典型性""世界历史的"等）主要是黑格尔式的，而不是纯马克思主义的。正因如此，伊格尔顿推断：卢卡奇代表了资产阶级人道主义文学思想，其理论目的是使斯大林主义与资产阶级人道主义握手言和。

尽管《小说理论》的文学形式研究是唯心主义的，而且卢卡奇本人的文学思想也是资本主义的而不是真正的社会主义，他对伊格尔顿的启发仍然是深刻的。通过卢卡奇，伊格尔顿不再把文学形式的类型视为单纯的形式问题，而是与历史观念相联系，进而与意识形态相联系。他说："艺术中意识形态的真正承担者是作品本身的形式，而不是可以抽象出来的内容，我们发现文学作品中的历史印记明确地是文学的，而不是某种高级形式的社会文件。"① 因此，文学批评应该从形式出发去了解意识形态。

卢卡奇的重要批评概念本质上是黑格尔的而非马克思主义的，马歇雷将其当作资产阶级批评的若干谬见之一而加以舍弃。与卢卡奇相反，马歇雷不看重文学作品的整体性，反而强调作品的沉默或空白。他将文学创作看作某种意识形态生产方式，作者创作时会因为意识形态限制而留下空白或间隙，作品与意识形态有关，不是看他说了什么，而是看他没有说什么，也就是说，意识形态的秘密正是隐含在作品的沉默之处。因此，就文学形式而言，它不一定有一个中心结构，而是存在一种离心结构，即沉默与缺失形成的结构。我们知道，包括卢卡奇，大多数文学理论家都倾向于对文本进行修正，即试图将文本处理为一个和谐、连贯一致、具有深层结构及意义的东西。相比之下，马歇雷的文学生产理论不是要将文本填补成一个整体，而是要求批评家去寻找出作品冲突的原则，并且说明这些冲突是怎么样由作品与意识形态的关系所产生的。正如伊格尔顿所说："批评不是文本的治疗专

---

① [英]特里·伊格尔顿：《马克思主义与文学批评》，文宝译，人民文学出版社1980年版，第28页。

家：他的任务不是治愈或者完成文本，而是要解释为什么文本以这种方式存在。"① 为了更好地解释文本，伊格尔顿从弗洛伊德那里获得灵感：

> 精神分析用它的一位解释者的话来说却是一种"对疑义的诠释"：它关注的不仅是去"阅读"无意识的"文本"，而且也是去揭示这一文本由之而被生产出来的种种过程，即梦的工作。为了完成这个任务，它尤其注意梦文本中那些所谓的暴露"征候"之处——种种歪曲、种种暧昧、种种不在和种种省略，它们可以为接近"潜伏内容"或种种无意识驱力——那些进入了梦的制造之中的无意识驱力——提供某种特别可贵的通道。文学批评，正如我们在对劳伦斯的小说的分析中看到的那样，可以做类似的事情：通过注意叙事中那些看起来似乎是种种回避、种种情感矛盾和种种紧张之点的地方——那些没有得以说出口的话，那些被说得异常频繁的话，语言的种种重复和种种滑动——文学批评就能够开始探穿层层二次修正，从而揭露有关"潜文本"的某些情况，而这一"潜文本"就像一个无意识愿望一样，乃是作品既加以隐藏而又加以暴露的。换言之，文学批评不仅可以去注意文本所说的，而且可以去注意它怎样工作。②

如果说精神分析对梦的生产过程的分析在于发现无意识的秘密，那么文学批评对文学生产过程的分析在于发现意识形态的秘密。为了实现这一目的，精神分析与文学批评都将目光放在那些

---

① Terry Eagleton, *Criticism and Ideology: A Study in Marxist Literary Theory*, London: Verso, 2006, p.92.

② ［英］特雷·伊格尔顿：《二十世纪西方文学理论》，伍晓明译，北京大学出版社2007年版，第182页。

第二章 文学文本的政治批评

反常与漏洞上,因此,两者在方法论上有相通之处。伊格尔顿说:"马歇雷没有讲多少弗洛伊德,不是吗?但当然,弗洛伊德是整本书的潜台词。"① 他所指的正是马歇雷的文学生产理论是精神分析学的梦理论在文学批评中的创造性应用,后者从马克思主义的角度将弗洛伊德的梦理论运用于文学作品分析。从马歇雷那里,伊格尔顿认识到:第一,创作个体对意识形态的反映不是单纯地还原,而是一种生产,文学作品采用某种技术将语言及其他文本等原材料改造成产品,这些技术也就是文学形式,它具有能动性;第二,意识形态并不完全是一堆杂乱无章、飘忽不定的形象和观念,而是具有某种结构性,因此可以作为科学分析的对象,文学作品属于意识形态,也可以作为科学分析的对象;第三,文本建构具有非统一性,因此批评家的任务不是填补作品,而是寻找作品含义冲突的原则,说明这种冲突是怎样由作品与意识形态的关系产生的。"科学的批评应该力求依据意识形态的结构阐明文学作品;文学作品既是这种结构的一部分,又以它的艺术改变了这种结构。科学的批评应该寻找出使文学作品受制于意识形态而又与它保持距离的原则。"② 但是,马歇雷所论述的主要是文学作品的含义冲突,对于形式的冲突讨论不多。相比而言,布莱希特与本雅明关于形式冲突的研究,具有相当浓的政治意味,他们代表了马克思主义文学形式理论的进一步发展。

卢卡奇推崇那些能够恢复和再创造和谐的人类生活整体的艺术家,布莱希特对此却是批判的。他批评传统资产阶级戏剧有意调和生活矛盾,刻意制造出一种虚假的和谐。"建立了一种技术设备和表演风格,它们给予观众的幻觉比经验要多,让观众迷醉

---

① [英] 特里·伊格尔顿、马修·博蒙特:《批评家的任务——特里·伊格尔顿对话录·第四章 政治/美学》,贾洁译,《马克思主义美学研究》2011年第1期。
② [英] 特里·伊格尔顿:《马克思主义与文学批评》,文宝译,人民文学出版社1980年版,第23页。

走向新的审美实践

而不是提高他们,欺骗他们而不是启迪他们。"① 传统资产阶级戏剧旨在让观众按照统治阶级所需要的方式来看待世界,布莱希特力求打破传统戏剧所刻意营造的和谐,主张通过改革戏剧形式来改变戏剧现状,实现一种革命的目的。与马歇雷类似,布莱希特从反面入手进行艺术改革,他将目光集中在戏剧的形式冲突上。间离效果(或陌生化)作为新的戏剧形式的基本原则,取代了传统戏剧的感情共鸣(或感情交融)的表演原则。通过陌生化、事件或人物印记,那些不言自明的、为人熟知的和一目了然的东西被剥去,演员与剧本或者扮演的角色保持距离,避免观众进入剧本的虚拟情节。布莱希特要求表演者与观赏者对戏剧的剧情及表现形式保持一种批判的态度,他希望戏剧能够引导人们像对待自然界那样对待人类社会,即以一种批判、改变、驾驭的态度,而不是以一种盲目认同、习惯性、逆来顺受的态度来对待人类社会。"观众在剧院里被作为伟大的改造者受到接待,他能够插手干预自然界发展过程和社会发展过程,他不再仅仅忍受世界的一切,而是要主宰这个世界。剧院不再企图使观众如醉如痴,让他陷入幻觉中,忘掉现实世界,屈服于命运。剧院现在把世界展现在观众眼前,目的是为了让观众干预它。"② 通过戏剧形式的改革,布莱希特将戏剧的娱乐功能与教育功能统一起来,让戏剧从此发挥政治作用。他要求艺术家以实验的态度对待艺术,开创新的技巧,引发新的革命,适应新的社会。艺术不单单是供学院式解剖的对象,它更是一种政治实践,如何更好地利用文学形式来实现政治目的,也因此成为伊格尔顿理论探索的重要目标之一。

本雅明赞同布莱希特的实验戏剧并从理论上进一步论证了艺

---

① [德]贝·布莱希特:《布莱希特论戏剧》,丁扬忠等译,中国戏剧出版社1990年版,第56页。
② [德]贝·布莱希特:《布莱希特论戏剧》,丁扬忠等译,中国戏剧出版社1990年版,第63页。

第二章 文学文本的政治批评

术生产与生产技术的关系。在本雅明看来,作家是一个生产者,他依据一定的原材料和生产技术进行创作。机械复制是一种作家创作技术,它破坏了艺术品的光晕,改变了现代人的感知方式,将艺术品从传统礼仪的依附中解放出来。从此,艺术品不再是巫术或宗教礼仪中供膜拜的对象,也不是仅供少数贵族欣赏的独一无二的东西,而是普通大众也可以在各自的环境中加以欣赏的东西。可见,机械复制技术的出现具有一定的政治意义。"当艺术创作的原真性标准失灵之时,艺术的整个社会功能就发生了变化。它不再建立在礼仪的根基上,而是建立在另一种实践上,即建立在政治的根基上。"① 我们知道,在生产问题上,马克思提出了生产力与生产关系的辩证关系:生产力决定生产关系,两者发生矛盾时,将会引发革命。按照本雅明的观点,艺术生产技术即艺术生产力,艺术生产技术的革新意味着艺术生产力的发展,艺术生产力的发展又将带来艺术生产关系(包括作者与作者的关系、作者与读者的关系、读者之间的关系等)的发展。因此,艺术家不应该毫无批判地接受艺术生产现成的力量,而应该主动发展新的艺术生产力,创造新的生产技术,形成新的艺术关系,只有这样,艺术才能成为一种革命手段。可以说,本雅明的艺术理论和布莱希特的史诗剧相互印证,提出了对革命艺术的共同期望:革命艺术改造的不仅是艺术内容,还包括艺术形式以及生产工具。

伊格尔顿对本雅明从艺术生产方式角度来谈艺术形式的做法基本是认同的,他说:"本雅明论文的创造性表现在于:他把这个理论运用于艺术。本雅明认为:革命的艺术家不应当毫无批判地接受艺术生产现成的力量,而应该加以发展,使其革命化。这样,他就在艺术家与群众之间创建了新的社会关系;艺术的力量

---

① [德]瓦尔特·本雅明:《摄影小史、机械复制时代的艺术作品》,王才勇译,江苏人民出版社2006年版,第59页。

走向新的审美实践

包括电影、无线电、照相、音乐唱片等,这些东西本应人人都能享用,现在却成了少数人的家私,这个矛盾由革命的艺术家来解决;他们的任务在于发展这些新的宣传工具,也在于改造旧的艺术生产方式。这不止是利用现存的工具传播革命的启示;这是一个使这些工具本身革命化的问题。"① 这段话中所言"这个理论"即指马克思主义关于生产力与生产关系的理论,伊格尔顿肯定了本雅明对这一理论的创造性应用,但是他认为本雅明过分强调艺术的技术因素,也面临一定的危险,即可能将技术力量本身看作历史的决定因素。伊格尔顿批评布莱希特和本雅明有时犯有这样的错误:"他们的著作没有解决这样一个问题:把作品当作一种生产方式来分析与把它当作一种经验方式来分析这两者如何有机地结合起来。也就是说,在艺术本身范围内,'基础'与'上层建筑'是什么关系?本雅明的朋友与同事特奥多尔·阿多诺正确地批评他常常过于简单地把这种关系归结成一个模式——在孤立的经济事实与孤立的文学事实之间寻求相似之点或雷同之处,这种方法实质上把基础与上层建筑之间的关系降为隐喻性的关系。"② 虽然本雅明和布莱希特对文学生产的物质因素考虑得很充分,但是他们对文学生产的精神因素或意识形态性的认识仍有不足。对此,伊格尔顿常常需要借助于阿尔都塞与马歇雷的意识形态理论。不过,布莱希特等人的政治理念已经深入人心。

不难看出,在文学形式问题上,伊格尔顿的直接理论来源不是传统马克思主义,而是西方马克思主义。他试图通过综合西方马克思主义关于文学形式的研究成果,去解决马克思主义批评所面临的难题:如何说明艺术中基础与上层建筑的关系,即作为生

---

① [英]特里·伊格尔顿:《马克思主义与文学批评》,文宝译,人民文学出版社1980年版,第67页。
② [英]特里·伊格尔顿:《马克思主义与文学批评》,文宝译,人民文学出版社1980年版,第80页。

产的艺术与作为意识形态的艺术之间的关系？文学形式是艺术的重要组成部分，也是一种艺术生产技巧，还是意识形态的重要载体，研究文学形式与意识形态的关系将成为解答上述难题的重要入口。

二 切入方式：文学形式与意识形态的关系

伊格尔顿关于意识形态内涵的探讨与他对文学的意识形态批评是同时进行的。在论述文学与意识形态的关系时，伊格尔顿批评了两种较为极端的认识："一种认为文学仅仅是具有一定艺术形式的意识形态，即文学作品只是那个时代意识形态的表现形式。它们是'虚假意识'的囚徒，不可能超越它而获得真理。……与此对立的观点抓住许多文学作品对其所面临的意识形态提出挑战这一事实，并以此作为文学艺术本身的定义。"[①] 上述两种观点要么过于悲观，要么过于乐观，它们对文学与意识形态关系的认识都有失偏颇。尽管文学本质上具有意识形态性，却不能被简化为意识形态，文学与意识形态的关系需要用一种更加辩证与科学的方式来描述。对此，伊格尔顿提出文学批评的六大要素：一般生产方式、文学生产方式、一般意识形态、作者意识形态、审美意识形态、文本，六大要素也是相互联系的。例如，一般生产方式包含文学生产方式，一般意识形态包含审美意识形态，文本是前五个范畴的产物，等等。伊格尔顿所应用的是马克思的"经济基础—上层建筑"的理论模式，他要在历史唯物主义的基本范畴内为文学生产活动开辟一席之地。

面对文学与意识形态的复杂关系，伊格尔顿提出了文学生产理论："文学文本不是意识形态的'表达'，正如意识形态也不是社会阶级的'表达'。文本从某种程度而言是一种意识形态的生

---

① [英] 特里·伊格尔顿：《马克思主义与文学批评》，文宝译，人民文学出版社1980年版，第21页。

走向新的审美实践

产,它与戏剧生产有所类似。戏剧生产不是'表达'、'反映'或者'再生产'它所依据的戏剧文本,而是生产文本,并将其转换成唯一的、不可化约的整体。"① 在伊格尔顿看来,人们不可能超越意识形态实现对历史的纯粹把握,我们面对的历史其实已经被意识形态所浸润,所以文学生产的对象不是一般的历史事实,而是作为意识形态进入文学文本的历史事实。文学生产的对象是各种意识形态,文学生产的过程也是加工意识形态的过程。在这一过程中,文学生产的逻辑与意识形态自身的逻辑并不完全一致,它们在相互斗争或相互促进的过程中达到平衡,新的文学文本产生的同时也产生了新的意识形态。这样一来,伊格尔顿将作为生产的艺术与作为意识形态的艺术联系起来。正如伍晓明所说,伊格尔顿的文学生产理论是两条线索的交会点:"一条是马克思主义批评传统的反映论模式,一条是西方非马克思主义批评的内在的形式主义倾向。为了纠正反映论,伊格尔顿提出文学生产模式,但是为了避免堕入纯形式主义,他又必须时刻注意意识形态问题和历史问题。"②

文学进行意识形态生产时,它最终将会以某种文本形式呈现出来,因此,文学与意识形态的关系主要是文本形式与意识形态的关系。伊格尔顿说:"意识形态将它自己表现为面向文本的一套意义,这些意义已经以某种形式或者系列的形式被组织起来,展示为某种最一般的结构关系。意识形态也代表了审美作品的一系列决定性的特殊体裁以及技巧——审美化地生产出意识形态意味的那一套受意识形态决定的某类体裁。"③ 一方面,意识形态需

---

① Terry Eagleton, *Criticism and Ideology: A Study in Marxist Literary Theory*, London: Verso, 2006, p. 64.

② 伍晓明:《文学批评与意识形态——伊格尔顿的马克思主义文学批评观》,《文学评论》1988年第2期。

③ Terry Eagleton, *Criticism and Ideology: A Study in Marxist Literary Theory*, London: Verso, 2006, p. 100.

第二章　文学文本的政治批评

要通过一定的文本形式获得表达；另一方面，文本的形式因素受到意识形态的影响，对文本形式的研究不可能脱离历史与意识形态而采用封闭研究的方式。因此，继续西方马克思主义前辈的研究思路，伊格尔顿从文学形式角度切入文学与意识形态关系的研究。他将文学形式的转变看作意识形态变化的风向标，强调意识形态对作家创作的影响是通过文学形式表现出来的。根据伊格尔顿的多处论述，我们将他的观点归纳为以下四个方面。

第一，作家创作时选择何种艺术形式，将受到意识形态的限制，它意味着意识形态对文学形式的消极影响。伊格尔顿对丁尼生的诗歌《公主》的评论表明了这一观点。他将《公主》的写作看作为了解决意识形态困难，这一困难指19世纪中期的资产阶级国家所面对的俄狄浦斯情结。《公主》所提供的解决方案主要体现在诗歌的叙事形式上："该诗的叙事骨架实际上是关于一个'阴性'男子，他为了吸引一个'阳性'女子而男扮女装并对她扮演儿子和情人的角色。因此，这首诗的意识形态目标就是要重建社会和性的再生产所必须的性角色的'他性'，从而解决颠覆社会的雌雄同体问题，同时实现有控制的性征转移和互补（权力和温情，知识和智慧等），这对于资产阶级国家的'人道化'和霸权的巩固都是十分必要的。换种方式说，必须抓住、限制并稳定异质且多价的欲望之流，使分离和物化的'性征'可以有规律地进行象征交换。"① 《公主》的创作目标是要通过重塑拉康所称的"象征"秩序，想象性地解决意识形态矛盾，它所采用的艺术形式与意识形态目标相一致。尽管伊格尔顿也谈及精神分析学说和女性主义批评，但是他对该诗叙事结构与意识形态倾向的分析却是最关键的。

---

① ［英］特里·伊格尔顿：《丁尼生：〈公主〉和〈悼念〉中的政治和性征》，载特里·伊格尔顿《历史中的政治、哲学、爱欲》，马海良译，中国社会科学出版社1999年版，第146页。

走向新的审美实践

我们以古希腊艺术形式为例进一步说明伊格尔顿的上述观点。古希腊是民主制社会,公民经常聚集一处,或者会饮辩论,或者商讨国家大事,大多数国家和社会问题是通过这种方式获得解决。因此,只有具有一定的表演能力和语言修辞能力的人才能在这种场合中脱颖而出,并获得决断权,社会主流意识形态也支持和推崇那些能够推进这种政体模式的艺术形式。戏剧和史诗都是一种大规模的集体性艺术行为,需要一定的人群来支持,表演性和修辞性是它们的主要形式特征,它与当时政体所推崇的意识形态思想是相辅相成的,所以戏剧和史诗能够成为古希腊社会最重要的文学形式,古希腊戏剧和史诗的兴盛与它的政体模式密切相关。由此推断,统治阶级意识形态所推崇的艺术形式必然被大多数作家所接受并应用于实践,几乎每个时代所盛行的艺术形式,都与这个时代的官方意识形态相关。

第二,作家可以融合或者改变传统的文学形式,其行为具有意识形态意义,它意味着意识形态对文学形式的积极影响。"一个作家发现手边的语言和技巧已经渗透一定的意识形态感知方式,即一些既定的解释现实的方式;他能修改和翻新那些语言到什么程度,远非他的个人才能所能决定,这取决于在那个历史关头,'意识形态'是否使得那些语言必须改变而又能够改变。"[①] 伊格尔顿对王尔德的研究充分体现了这一观念。他将王尔德的艺术心理定义为一种反殖民主义心理,后者采用一种具有流动性、暂存性、反讽性的艺术形式,目的在于改造古典文学稳定的现实主义,以对抗殖民者的主流意识形态。王尔德对唯美主义艺术形式的推崇同样隐含着某种政治企图,他用审美的无用性去对抗艺术的功利主义。尽管王尔德与罗兰·巴尔特具有类似的创作理念,他已经预示了当代西方文学理论的一些重要思想,但是,在当时的语境中,王尔德的艺术信

[①] [英] 特里·伊格尔顿:《马克思主义与文学批评》,文宝译,人民文学出版社 1980 年版,第 30 页。

第二章 文学文本的政治批评

仰并不被所有人接受并获得发展。直到20世纪中叶,一种强调差异性的创作形式才逐步成为艺术潮流。总之,文学形式的改变被意识形态推动,两者共同受制于历史。

第三,文学形式的变化和意识形态的变化之间不是一种简单的对称关系。伊格尔顿说:"形式通常至少是三种因素的复杂统一体:它部分地由一种'相对独立的'文学形式的历史所形成;它是某种占统治地位的意识形态结构的结晶,如我们已经看到的小说方面的情形;还有,我们后面将谈到,它体现了一系列作家和读者之间的特殊关系。马克思主义批评所要分析的正是这些因素之间的辩证统一关系。"① 他以《荒原》为例进行了具体说明。庸俗马克思主义简单地将《荒原》理解为资产阶级精神空虚和意识形态危机的产物,伊格尔顿则具体地说明了介于作品与资本主义经济中间的一系列层次,它包括:艾略特本人的社会地位及其与英国社会的关系(身兼繁荣城市职员与贵族式美国流亡者的双重身份,艾略特更倾向于英国意识形态中的保守传统而不是资产阶级的商业主义);《荒原》的形式与语言特征(艾略特政治上保守,创作上却是先锋派并热衷于实验性技巧);《荒原》的精神性(即一种半基督、半佛教精神);艾略特的艺术地位(他属于自觉的博学者、进行创作实验的高雅人士,能自由支配特殊的出版方式);《荒原》的特殊读者及其对作品风格和手法的影响。总之,《荒原》"可以解释成是一首产生于资产阶级意识形态危机的诗,但它对于那种危机,对于产生那种危机的政治、经济条件都不是简单的相应关系。……因而,《荒原》与它所处时代的现实历史之间的联系是非常间接的;在这一点上,它与一切艺术作品相同"。②

---

① [英]特里·伊格尔顿:《马克思主义与文学批评》,文宝译,人民文学出版社1980年版,第30页。
② [英]特里·伊格尔顿:《马克思主义与文学批评》,文宝译,人民文学出版社1980年版,第20页。

走向新的审美实践

正如伊格尔顿所论述的,影响文学作品的各种因素都与"经济基础—上层建筑"模式相关,它们以独特的方式结合起来,并且每个因素都保持着相对独立性,文学形式就是这样一个受到多种因素影响而形成的复杂统一体。除了占统治地位的意识形态结构的影响以及作家和读者之间特殊关系的影响,文学形式还受到其相对独立的发展历史的影响,形式的变化不能完全脱离其历史发展轨道。纵观西方文学史,戏剧在很长时间里是主流艺术形式,虽然艺术家们不断地对戏剧形式进行改革,其中悲剧的类型就经历了命运悲剧、性格悲剧、市民悲剧、荒诞剧等多种演变,它们体现了不同时代的意识形态差异,但是戏剧形式的主导特征并没有发生根本性变异。伊格尔顿强调:"社会上层建筑的各种因素——艺术、法律、政治、宗教——都有它们自己的发展速度,自己的内在演化,并不能归纳为仅仅是阶级斗争或经济状况的表现。"① 同样,文学形式的变化与意识形态的变化不是直接相关的,也不完全同步,两者存在不平衡发展的情况,文学批评需要具体分析这些因素之间的辩证统一关系。

第四,"文学形式的重大发展产生于意识形态发生重大变化的时候,它们体现感知社会现实的新方式以及艺术家与读者之间的新关系"。② 这个观点也是伊格尔顿对托洛茨基下述观点的生发:"形式和内容(后者不应简单地理解为'主题',而应当理解为寻求艺术表达的情绪和思想的综合体)的关系是由以下情况决定的:即一种新的形式的发现、宣告存在和发展,正是在内在的需要和集体的心理需求的压力下进行的;这种心理需求与人类的

---

① [英]特里·伊格尔顿:《马克思主义与文学批评》,文宝译,人民文学出版社1980年版,第17页。
② [英]特里·伊格尔顿:《马克思主义与文学批评》,文宝译,人民文学出版社1980年版,第28—29页。

第二章 文学文本的政治批评

整个心理一样,有其社会根源。"[①] 伊格尔顿以18世纪英国小说的兴起为例进一步说明了这一观点。他赞同伊恩·瓦特(Ian Watt)在《小说起源》中关于小说形式与资产阶级关系的论述。18世纪小说形式出现以下变化:艺术趣味从浪漫主义和超自然主义转向个人心理和日常生活经验;刻画一种活生生的、真实的性格;通过不期而然的单线发展表现主人公,并关怀他的物质命运,这一变化正是日益自信的资产阶级的产物,它体现了新兴资产阶级的意识形态,强调个人的命运和物质能力。就像巴尔扎克小说所描写的那样,当资产阶级逐步打败贵族成为时代的新主人时,他们必然要求打破贵族文学旧传统的限制,采取属于他们自己的新的艺术形式。

艺术形式的改变将带来艺术创造者与艺术接受者之间关系的改变,即艺术家与读者或观众之间关系的改变,这是伊格尔顿从布莱希特那里获得的启示。我们已经谈到,布莱希特批判传统戏剧把观众当作一件完整艺术品的观赏者,观众的状态是消极的、被动的,而史诗剧剧本具有实验的形式,它要求观众发挥主观能动性,他们可以与演员合作来实现有多种可能性的剧本结果,继而反思生活的真实并做出新的判断,最终改变现实生活。通过布莱希特的实验剧,伊格尔顿发现一种新型的艺术家与读者的关系,它是控制与反控制并存的,因此有可能颠覆传统的意识形态局势,形成一种更新更具有革命性的社会关系,艺术形式的政治作用也是基于此而实现。

在第一章中,我们已经论述过意识形态与政治批评的内在关联,意识形态是我们的言谈与信仰和我们的政治处境相联系的各种方式,它与政治是同一问题的不同面向,意识形态是观念对权力关系的反映与促进,政治则是现实的权力关系。因此,文学形

[①] [俄]托洛茨基:《文学与革命》,刘文飞、王景生、季耶译,张捷校,外国文学出版社1992年版,第218页。

走向新的审美实践

式与政治的关系和文学形式与意识形态的关系可以用同一种模式进行阐释,对此我们不再从理论上重复阐述,而将目光转向伊格尔顿的文学批评实践,通过批评个案了解伊格尔顿对文学形式的意识形态解析。

三 批评实践：诗歌与小说的形式政治

伊格尔顿不仅从理论上论证了"形式的政治"的必要性,而且将这一批评观念应用于文学批评实践,诗歌和小说是伊格尔顿较多关注的文学体裁,此处以叶芝的诗《1916年复活节》、塞缪尔·理查逊的小说《克拉莉莎》为例,说明伊格尔顿如何从作品的态度、语气、体裁、修辞、话语、结构、情节、节奏等形式因素入手,挖掘政治在文本中的表现以及写作者的政治态度。《叶芝〈1916年复活节〉里的历史和神话》是伊格尔顿早期"形式的政治"批评的代表作。叶芝创作《1916年复活节》的时间大概在复活节起义失败三个月之后,那个时候的叶芝还没有看清起义的真相和本质,存有许多疑问,心情亦很复杂,但是他的诗作却是采用一种坚定的修辞,"就像叶芝的许多成熟诗作一样,《1916年复活节》把自信的肯定陈述与对苦苦不得其解的歧义的坦率承认结合起来。在民谣式的副歌所形成的框架里,修辞的坚定性使互相冲突、甚至互相矛盾的态度和语气受到约束"。① 对此,伊格尔顿从叶芝的政治倾向角度做出解释：虽然叶芝对爱尔兰局势并不看好,对起义也未必支持,甚至对革命感情的可靠性也持怀疑态度,但是,他在文本中表现出的疑虑更多的是对历史本身的疑虑,对那些被处死的起义者仍有着肯定的情感。由于叶芝将造反者的处死与对历史的疑虑分开来,这决定了诗歌修辞的肯定性。叶芝既不过分强调也不限制可能性答案的意

---

① [英] 特里·伊格尔顿：《叶芝〈1916年复活节〉里的历史和神话》,载特里·伊格尔顿《历史中的政治、哲学、爱欲》,马海良译,中国社会科学出版社1999年版,第297页。

第二章 文学文本的政治批评

义,他将诗从变动不居的历史的不确定性一步跨到某种永久的安宁,这在伊格尔顿看来是以一种神话的方式处理历史事件:"创造神话的这首诗也能够创造出它自己的现实,把死者集合起来并在一定的距离上把他们纳入神话系统。但是在创造神话的同时,仍然有一只分析的眼睛不安地盯着外在的客观历史进程:起义本身没有明确一致的目标,起义的影响难以估量,这些为时不远的事情很难在诗自身的艺术范围之内予以把握和最终定论。从某个角度看,《1916年复活节》的深刻之处在于它大胆地决定在那次行动的客观有效性显豁之前,对死者予以神话处理。客观有效性是历史的肯定,不是主观的自以为是。"① 通过分析《1916年复活节》的态度、语气、修辞及体裁等形式特征,伊格尔顿推断出叶芝的创作心态及其政治意图,这正是文学形式所承载的历史和意识形态印记。

相比于《叶芝〈1916年复活节〉里的历史和神话》,伊格尔顿对小说《克拉莉莎》的文学形式的政治分析并不那么明确,但是仍然有迹可循。《克拉莉莎》是一个备受争议的文本,也是"现代批评散布流言蜚语的文本"。② 围绕它的政治论争甚至超过了文学论争,伊格尔顿的研究兴趣也在于此,他对该文本的评论涉及他对社会和历史的理解。我们来看伊格尔顿对"克拉莉莎之死"的论述:"她的赴死过程是细腻复杂的,乃是深思熟虑而后有的脱离父权和阶级社会的一种仪式,是对付那个世界的一个精心谋划的'心不在焉',里比多能量不再进行毫无结果的社会投入,转而关注她的自我。"③ 克拉莉莎之死是小说的重要情节,伊

---

① [英]特里·伊格尔顿:《叶芝〈1916年复活节〉里的历史和神话》,载特里·伊格尔顿《历史中的政治、哲学、爱欲》,马海良译,中国社会科学出版社1999年版,第299页。
② [英]特里·伊格尔顿:《克拉莉莎被强暴》,载特里·伊格尔顿《历史中的政治、哲学、爱欲》,马海良译,中国社会科学出版社1999年版,第163页。
③ [英]特里·伊格尔顿:《克拉莉莎被强暴》,载特里·伊格尔顿《历史中的政治、哲学、爱欲》,马海良译,中国社会科学出版社1999年版,第165页。

走向新的审美实践

格尔顿所关注的是这一情节的表现形式——公开化与细节化。他发现理查逊在描写克拉莉莎之死时,采取了一种非常慢的写作节奏,即用细节描写来放慢拉长克拉莉莎赴死的过程,而且他将这一个人行为从私人领域提升到公众视野。尽管克拉莉莎死亡过程的描写是完全写实的,但是过分写实所达到的综合效果却是超现实的,甚至是不可理喻的,正因如此,伊格尔顿将克拉莉莎之死看作某种政治姿态,其死亡过程被视为一种政治仪式,克拉莉莎成为一个圣人和殉道者,死亡是她对政治社会的拒绝,也是对那个逼她至死的社会的最后一次控诉。

《克拉莉莎》是一部书信体小说,女主角克拉莉莎写给安娜、拉夫莱斯写给贝尔福德的信件构成小说的主要情节。通过写信,小说人物自由表达自己的观念,作者理查逊也未做出褒贬之分,然而,正是从克拉莉莎与拉夫莱斯的写信方式中,伊格尔顿看到了存在于两者之间的意识形态差异。克拉莉莎的信件采用的是再现式写法,她希望一字不漏地记下另一方说过的话,这种写作方式反映的意识形态是:用文字的统一性追寻能指和所指之间的清澈关系。克拉莉莎最终选择死亡,也是对这种写作意识形态的一次完美实现。可以说,克拉莉莎采用的正是资产阶级的官方意识形态——现实主义,为了实现这种现实主义的官方写作意识形态,她不得不让文本如此冗长与繁杂。我们知道,卢卡奇是这种意识形态的支持者,但是伊格尔顿未必如此,他批评这种写作方式力求真实全面,但是仍然有所虚构或遗漏。比如克拉莉莎怎么可能一字不漏地追忆她父亲的话语?她只能是在虚构,即使谈到强暴事件,克拉莉莎的信件也不可能描述或者真实地描述自己的身体感受,小说必然有一些无意识层面需要我们从反面去推测。受马歇雷影响,伊格尔顿将"缺失"视为写作的灵魂:"一方面,正如我们将看到的,写作不断地支持一种它可能无法实现的真实;另一方面,不那么悲观地,仅仅通过取消那些平凡的琐碎的物质性内容，真实的灵魂才被肉体化为完全的在场。"① 至于拉夫莱斯，其写信方式与克拉莉莎截然不同，他的语言具有无规则性，就像他的自由放任的性态度，他热衷于虚构，其拆解符号的功夫非常精湛，他企图用一种伪意识来征服克拉莉莎。伊格尔顿推断：拉夫莱斯是解构主义与怀疑主义代表，他与克拉莉莎的文风差异反映了贵族阶级与资产阶级之间的意识形态论争。"《克拉莉莎》是一场大型的话语混战，其中陈述句是雷区，段落是政治战术，牵涉一些基本的问题。作为一场争夺意义的斗争，话语的细微差别与隐含意义正实施着阶级之间和性别之间的战斗。书中几乎没有一句话不折射出权力利益的作用，策略考虑深入骨髓，战术调度有条不紊。写作是为了在权力斗争中获得一个立足点，它是一场持续的游击战与迂回战。"② 伊格尔顿借助分析《克拉莉莎》揭示理查逊作为知识分子和文学生产者的阶级性与政治性，也揭露了其他理论家在这个问题上所表现出的政治论争。

多年来，伊格尔顿始终关注诗歌和小说形式的政治批评，晚年仍有著作产出。2007年，伊格尔顿出版著作《如何读诗》，主张回归诗歌形式研究，重申文学形式的重要性，并强调形式与历史的关系。他说："存在着形式的政治，也存在着内容的政治。形式并不是对历史的偏离，只是达成它的方式。艺术形式的重大危机几乎总与历史激变相伴生。"③ 伊格尔顿呼吁优秀的文学批评需要同时关注文学形式与文化语境，即对形式与历史的双重关注，这必然也涉及政治批评。书的开头评论奥登的《美术馆》，

---

① Terry Eagleton, *The Rape of Clarissa: Writing, Sexuality and Class Struggle in Samuel Richardson*, Minneapolis: University of Minnesota Press, 1982, p. 44.
② Terry Eagleton, *The Rape of Clarissa: Writing, Sexuality and Class Struggle in Samuel Richardson*, Minneapolis: University of Minnesota Press, 1982, p. 79.
③ [英]特里·伊格尔顿：《如何读诗》，陈太胜译，北京大学出版社2016年版，第11页。

走向新的审美实践

通过分析其语调、句法,指出这首诗对宏大叙事的质疑,具有"反英雄主义"的时代姿态。书的第四章"寻找形式",伊格尔顿打破了早年关于形式与内容相融合的观念,进一步强调形式的独立性及其对文学意义生成的决定性作用,如"形式对抗内容""形式对内容的超越",以此说明形式与内容的不一致所带来的美学效果。第五章"如何读诗",系统阐释了如何从诗歌形式角度读诗,针对音高、语调、情调、强度、速度、纹理、句法、语法、标点、含混、押韵、节奏、意象等形式问题作了大量的文本个案分析,一方面证明了文学理论在诗歌阐释上的重要作用,另一方面也为形式的政治批评确立了理论依据。伊格尔顿煞费苦心地研究文学形式,并不单单是为了细读文本,而是为了发挥文学批评的实质性功能,即通过形式分析揭示文本中的历史和政治。《如何读诗》的中译者陈太胜将这种批评称为"新的形式诗学",即"一种不同于旧的俄国形式主义和英美新批评的新的形式诗学。它并不局限于封闭的形式分析,而是力图在整个人类的文化历史上把握文学这种艺术形式的独特性和丰富性"。[1]陈太胜分析了这一批评形式的学科背景及理论内容,并用中国文学个案来说明这一批评形式是如何应用并具有怎样可能的意义,充分说明了伊格尔顿所倡导的政治批评对于当代文学研究的参考价值。

2013年,伊格尔顿出版《文学阅读指南》(*How to Read Literature*),他写作该书的原因在于:一是纠正长期以来过度发展理论的批评现状,恢复英文研究的细读传统,实现文学批评的审美教育作用;二是出于政治目的,通过解读文学形式,提高学生的语言理解及应用能力,充分发挥文学的政治功能。伊格尔顿开篇即言:"如果人对作品的语言没有一定的敏感度,那么既提不出

---

[1] 陈太胜:《新形式主义:后理论时代文学研究的一种可能》,《文艺研究》2013年第5期。

第二章 文学文本的政治批评

政治问题,也提不出理论问题。"① 言下之意,文学理论及政治批评的发展与文学语言等形式问题密切相关。自俄国形式主义开始,到英美新批评、法国结构主义,西方当代文论不乏形式主义批评的资源,但是,伊格尔顿在21世纪重提形式主义批评,不是复古主义的冲动,也不是为了标榜理论而将文学作为注脚,而是在一种反本质主义观念的影响下,重新优化形式主义理论并将其回归批评实践,既而使文学理论及文学批评恢复实质性功能。《文学阅读指南》全书分五章,标题简洁明了,分别以"开头""人物""叙事""解读""价值"为题,列举诗歌、小说、戏剧文本加以说明,全书没有构建系统的理论框架,也较少直接阐释理论,但总体侧重于文学形式分析。"采用一种以广义的形式主义批评为主同时杂糅其他批评方法的开放式评价方式,我们姑且把这种理论称为反本质主义的文学形式批评。"② 伊格尔顿感受文字的声音肌理,辨析文字中的含混、矛盾、悖论,揣摩文字所蕴含的情感,其文学批评策略充分体现其对语言的高度敏感性。在评价福斯特的《印度之行》时,伊格尔顿从小说开头的句式、词汇、口吻、节奏等形式因素,分析写作者的阶级身份及意识形态倾向,他称福斯特是"有教养、一向以含蓄节制为贵的英国中产阶级男士",其文字"节制、迂回","小说对帝国主义统治所持的是一种暧昧态度,但是其中的很多内容绝对会令帝国的狂热拥趸不快"。③ 在后理论时代,伊格尔顿分析作品不再依据单一的批评标准或者理论原则,而是根据各体裁特点,综合应用英美新批评、叙事学、语言学、接受美学、后殖民主义、社会学等多种批

---

① [英]特里·伊格尔顿:《文学阅读指南》,范浩译,河南大学出版社2015年版,第2页。
② 程露:《"反理论"语境下重建文学理论新形式——兼谈伊格尔顿新作〈文学阅读指南〉》,《广东第二师范学院学报》2017年第2期。
③ [英]特里·伊格尔顿:《文学阅读指南》,范浩译,河南大学出版社2015年版,第10、15、14页。

走向新的审美实践

评方法，尽可能充分解读作品，同时挖掘文字背后的政治意味。

艺术家在文学形式上的创新有利于实现文学的政治功能，反之，如果作家或批评家忽略艺术形式，文学的政治功能将无法实现。这一认知几乎伴随了伊格尔顿的整个学术生涯，促使他不断探索形式批评。在《如何读诗》《文学阅读指南》等书中，伊格尔顿常常感叹当代师生文学细读能力普遍欠缺，传统的文学形式批评方法日渐式微，为此，他身体力行，用大量的批评实践来说明"形式的政治"的可行性。虽然在实际操作中分别讨论形式与内容比从理论上区分形式与内容要困难许多，伊格尔顿的文本分析难免笼统而不够明确，但是他对文学形式所体现的政治意味的分析仍然是行之有效的。伊格尔顿通过细读将文学形式与政治批评结合起来，这一批评思路不仅弥补了庸俗马克思主义在文学形式研究方面的不足，也避免了纯形式主义研究在现实及历史问题上的盲点，推进文学批评介入历史和政治，为后理论时代的文学研究提供了新的可能。

第二节 文学的政治功能

关于艺术的社会地位，伊格尔顿做过这样的描述：在很久以前，认识、伦理—政治、利比多—审美三大重要领域之间没有绝对的界限，它们相互缠结，互相影响，艺术是伦理—政治的一种基本手段，也是一种社会认识的形式，它是非自律的。然而，随着中产阶级的兴起，这一切发生了变化，上述三大重要领域走向分离，各自发展为一个自律的空间。文学传统逐渐从经济和政治系统中分离出来，以它自己为目标，自我发展。从康德的艺术无功利论，到现代主义的为艺术而艺术，再到先锋派的反艺术，表面看来艺术越来越激进，然而其政治效用却逐渐衰弱。"艺术显得纯粹是附加性的，是感情、直觉、非工具性的边缘领域，而这

第二章　文学文本的政治批评

些领域很难与具体理性结合在一起。因为艺术已经成为一块隔离开来的飞地，可以起一种安全阀的作用，或者成为自我得以实现的一种升华。"① 面对这一现状，伊格尔顿力图通过理论的辨析促使文学回归本位。

一　文学的价值在于交换价值

1976年，伊格尔顿在《批评与意识形态》中以"马克思主义与美学价值"为题专门讨论了文学价值问题。他列举了关于文学价值问题的各种解释：现代唯心主义美学用主观主义的价值标准将价值属性抽象为纯形式的东西；庸俗马克思主义则强调反映论，价值被视为资产阶级意识形态本能的反映；实证主义者反对价值判断，坚持一种平均主义或人道主义。伊格尔顿批评上述研究者对资产阶级意识形态再生产的盲从，他提出要从唯物主义角度来解释文学价值，既拒绝历史循环论的价值论，也拒绝形式主义的价值论。伊格尔顿对于文学价值的认识与他对于文学形式的认识是一脉相承的，即采用辩证的方法，既反对庸俗马克思主义的历史主义，又反对形式主义的封闭性。

据伊格尔顿回忆，价值问题让他孤立无援，当时对于价值问题有股清教徒式的、迂腐的否定之风。在《批评与意识形态》中，伊格尔顿一直肯定价值问题。"在《批评与意识形态》中，我在使价值成为可转移的价值的同时，没有充分抓住这两方面以防范一个日益流行的观点，那就是在研究价值问题的时候，可以完全不顾生产的问题。"②

如何确立文学的价值？伊格尔顿决定综合应用马克思的价值

---

① ［英］特里·伊格尔顿：《审美意识形态》，王杰、傅德根、麦永雄译，广西师范大学出版社2001年版，第373页。
② ［英］特里·伊格尔顿、马修·博蒙特：《批评家的任务：与特里·伊格尔顿的对话》，王杰、贾洁译，北京大学出版社2014年版，第122页。

走向新的审美实践

理论、本雅明的艺术生产理论以及德国接受美学理论。马克思的《资本论》提出商品的两个因素：使用价值和价值，使用价值是指物的有用性，价值则指生产使用价值所使用的社会必要劳动时间，但是，如果生产的物品不是用于交换，而是自己使用，那么只能说它具有使用价值而非价值，要成为商品，产品必须通过交换，转到把它当作使用价值的人的手里。因此，对一件商品而言，交换价值是价值实现的必要环节，使用价值则是交换价值的物质承担者。本雅明将马克思的商品生产理论应用到文学领域，他将作家的创作活动视为一种艺术生产活动，即艺术创作是与物质生产有着共同规律的一种特殊的生产活动和过程，它包括生产、流通、消费等环节。艺术创作者与艺术欣赏者的关系即艺术的生产关系，它们决定于艺术生产力，即艺术的形式与技巧。本雅明非常看重艺术创作的技巧以及决定艺术方式的技术，并将其视为分析与评价文艺作品的唯物主义原则。

伊格尔顿显然已经接受了本雅明的文学生产理论，但是他没有成为本雅明的传声筒，而是站在本雅明的肩膀上重新应用马克思主义理论，提出他的"交换价值"理论："文学价值，是用对本文的思想见解，用作品的'消费性生产'，亦即解读行为，所制造出来的一种现象。它所表示的，永远是由相互间的关系所确定的价值：'交换价值'。"① 这种文学的解读行为是从两个层面进行的：一是对文本物质材料的消费，另一是对文本思想的消费，解读的前提在于文本具有语言结构的特殊形式以及思想（或意识形态）等可解读的东西。进一步而言，交换价值的产生不是一种简单的消费所得，而是一种具有再生产可能的消费结果，即解读行为可能产生正确解释文本的读者，也可能产生错误解释文本的读者，或者独辟蹊径的读者。因此，文学的价值是由创作与阅读

---

① ［英］特里·伊格尔顿：《马克思主义与美学价值》，载陆梅林选编《西方马克思主义美学文选》，漓江出版社1988年版，第705页。

第二章 文学文本的政治批评

之间的主客体关系所确定的,价值问题既不是纯反映论的也不是纯主观性的,它是世界、作家、作品、读者相互联系的结果,价值就在它们相互交融的那一个点上。由此看来,伊格尔顿所强调的交换价值其实也一种社会价值,它与伊格尔顿政治批评的主旨是一致的。

伊格尔顿将文学价值视为一种"交换价值",对他这一观点的正确理解,必须抓住两个要点。第一,伊格尔顿对读者的作用非常重视,他将读者的解读看作一种再创造,以及价值的直接决定者之一。换句话说,一部作品如果对读者没有作用或者没有经过读者的解读,他也就无所谓价值了。从读者角度来讨论文学问题,注重文学接受的历史性,这是伊格尔顿对接受美学思想的应用,也是其政治批评重视批评的社会功能的必然结果。第二,他从关系角度来定位文学的价值,即文学的价值并不单独存在于作家、作品或读者身上,而是在他们的相互关系中。正如商品必然通过交换才能确认其价值,文学也必然通过阅读来确认其价值,但是价值不是固定地存在于作品或读者中,而在作品、读者、世界等多种因素的相互关系中辩证存在。

可以说,伊格尔顿的文学价值理论再一次证明了他的政治批评理论的核心观点——社会关系研究,这一点也是他对马克思主义理论的发展,毛崇杰认为:"伊格尔顿在美学上所提供的超出马克思经济学上的东西在于,他强调了,本文生产和阅读消费之间的动态平衡,本文与它所生产的思想意识之间的关系既不是机械同一的,也不是由主体或客体单方面决定的。"[①] 相比于历史主义或形式主义仅仅将价值视为固定不变的东西,伊格尔顿的文学价值论具有很强的辩证色彩,他强调文学价值论的唯物主义基础及其所体现的社会关系。伊格尔顿的文学价值论意在重申文学的

---

① 毛崇杰:《20世纪中下叶的马克思主义美学思想》,中央编译出版社1999年版,第220页。

走向新的审美实践

社会价值,这一观念在他的大多数著作中有所体现。

二 文学政治功能的实现方式

伊格尔顿曾经多次强调,文学批评应该是一种修辞学研究,换句话说,一切艺术都是修辞性的,它采取某种特定的修辞形式,以实现特定的话语效果,其中也包括政治效果。修辞学所强调的方法与性能,事实上也是一种"交换价值",它是文学价值论的延伸。因此,文学政治功能的实现需要充分利用修辞学的方法,并最终依靠文学形式的力量来实现,对此,伊格尔顿设想了几种具体的实现方式:第一,大量制造文学作品和文学事件,通过创造虚构的现实来赢取有利于社会主义的文学效果;第二,文学批评家要指正那些非社会主义作品中不利于社会主义政治的修辞结构;第三,文学批评家要寻找新的角度去分析作品,攫取对社会主义有价值的东西。"简而言之,社会主义文化工作者的实践是投射式的、争论式的和攫取式的。"[①]

本雅明及其理论曾带给伊格尔顿诸多理论启发,但是当他比较本雅明的《历史哲学论纲》与巴赫金的《拉伯雷和他的世界》时,发现两者具有完全不同的精神状态:巴赫金的狂欢理论显然比本雅明的痛苦沉思更加积极。安德森在《西方马克思主义探讨》一书中分析西方马克思主义的形成过程,认为他们的重要著作几乎都产生于政治上孤立和失望的语境,是工人阶级斗争和社会主义政治失败的产物,这一历史事实也决定了西方马克思主义的悲观色彩:"不管在其他方面是多么的互不一致,这些体系都有一个基本标记:一种共同的、潜在的悲观主义。"[②] 伊格尔顿与

[①] [英]特里·伊格尔顿:《沃尔特·本雅明或走向革命批评》,郭国良、陆汉臻译,译林出版社2005年版,第149页。

[②] [英]佩里·安德森:《西方马克思主义探讨》,高铦、文贯中、魏章玲译,人民出版社1981年版,第112页。

第二章　文学文本的政治批评

佩里·安德森的观点基本一致,"主要由无产阶级的失败史而孕育的西方马克思主义的忧郁性代表了历史唯物主义一个重要方面的重大损失"。① 伊格尔顿看到:以本雅明为代表的西方马克思主义理论的格调整体上过于悲观,难以发挥正面的政治作用。

尽管本雅明的理论曾经给予伊格尔顿非常多的启示,但是本雅明的忧郁却让伊格尔顿难以承受,伊格尔顿的蓬勃斗志促使他去寻找与自己的精神需要更加契合的理论家。直到接触布莱希特的戏剧创作,伊格尔顿才找到实现文学政治功能的有效途径,即必须依靠积极的艺术态度以及多样的艺术形式来实现艺术的政治功能。与其他西方马克思主义学者不同的是,布莱希特的艺术理论属于喜剧范畴,他在意识形态上与西方马克思主义的那种忧郁相去甚远。这在西方马克思主义美学史上是相当少见的,也在某种程度上弥补了西方马克思主义的上述损失。首先,布莱希特非常重视戏剧的娱乐作用,这是他在《戏剧小工具篇》中提出的一个重要观点:"'戏剧'就是要生动地反映人与人之间流传的或者想象的事件,其目的是为了娱乐。""使人获得娱乐,从来就是戏剧的使命,象一切其他的艺术一样。"② 在布莱希特看来,戏剧的首要功能在于娱乐,这是一切戏剧不能舍弃的基本原则。从亚里士多德式的卡塔西斯到席勒式的道德说教,戏剧的娱乐功能始终存在,不同时代的生活方式将会产生不同的娱乐方式,我们要去寻找属于我们自己时代的娱乐方式,布莱希特称之为"科学时代的戏剧"。③ 其次,布莱希特将戏剧的教育功能与戏剧的娱乐功能融为一体,他让人们在笑的同时思考自己的处境与人生,进而能

---

① [英]特里·伊格尔顿:《沃尔特·本雅明或走向革命批评》,郭国良、陆汉臻译,译林出版社2005年版,第191页。
② [德]贝·布莱希特:《布莱希特论戏剧》,丁扬忠等译,中国戏剧出版社1990年版,第5、6页。
③ [德]贝·布莱希特:《布莱希特论戏剧》,丁扬忠等译,中国戏剧出版社1990年版,第19页。

走向新的审美实践

够在理智和感情上去主宰它,最后转向寻找摆脱人生困境的途径。"饥饿,寒冷,压迫,人们绝不仅仅是从道德上考虑而感到不能忍受。我们探讨这个问题的目的,也不是只为着引起道德考虑来反抗一定的环境,我们的探讨的目的是为了找到一种能够消除这种难以忍受的环境的方法。"① 与许多其他戏剧家一样,布莱希特也追求戏剧的教育作用,但是他并不是通过戏剧去道德说教,而是通过戏剧促使人思考,让人在一种轻松自在的氛围中接受思想的洗礼,然后自发地产生行动力,这一点正是伊格尔顿所看中的布莱希特戏剧的政治价值。

喜剧作为布莱希特戏剧的主要模式,成为伊格尔顿的重点关注对象,他着力于探讨布莱希特式喜剧效果的实现方式。通过布莱希特的戏剧理论,伊格尔顿找到了核心要点,这就是布莱希特的创作原则——陌生化(或间离):"布莱希特的喜剧性疏远主要是一种间离效果,它抑制'亚里士多德式的'感情投入,于是使观众的精神能量能够自由地释放于欢笑之中。"② 此处,伊格尔顿称布莱希特使观众的精神能量释放于欢笑之中,是指布莱希特戏剧能引发人的思考。我们知道,一般的闹剧通常以滑稽的造型或动作来引人发笑,即使是几岁的儿童也会很容易受到感染,但是,布莱希特喜剧通过间离效果所引发的笑,需要观众调动其思考能力才能获得,也就是说,有思考才会发笑,只不过这种思考本身也是令人愉快的,它与喜剧效果并不背离。借助于弗洛伊德关于喜剧与幽默的论述,伊格尔顿进一步说明了布莱希特喜剧理论的基本原则。他说:"布莱希特戏剧追求的是弗洛伊德所提出的'喜剧'和'幽默'这两种模式的种种因素的结合。喜剧疏远

---

① [德]贝·布莱希特:《布莱希特论戏剧》,丁扬忠等译,中国戏剧出版社1990年版,第76页。

② [英]特里·伊格尔顿:《沃尔特·本雅明或走向革命批评》,郭国良、陆汉臻译,译林出版社2005年版,第208页。

第二章　文学文本的政治批评

行动，阻滞任何紧张的精神消耗，因而我们得以用欢笑这种快乐节约的方式释放；戏剧与任何强烈的感情格格不入。与此相对照的是，幽默则是一个替代性的策略：这是一种不顾令人痛苦的感情干扰而得到快感的手段；它是这些感情生发的替代场，它把自己放在它们的位置中。"① 弗洛伊德将喜剧效果归因于别人的过度消耗与我们自己的节省之间的一种可以感知的比例失调，布莱希特戏剧的内在结构与此类似，它表现为表演所达到的境界与创作过程所付出的可见劳动之间的不对称，这也是一种反讽的结构形式，这种结构既展现同时也搅乱了间离效果，既表明一种立场同时也是一种自我批判，喜剧的效果则在这种双重性中产生了。"对布莱希特来说，喜剧就是先漠后悟；因此这首先是个形式问题，而不是'内容'问题。但是，在喜剧形式的问题上，一切都处在风雨飘摇中：正在这里，我们找到了布莱希特的异化效果与他政治之间最深奥的联系。"② 应该说，伊格尔顿对布莱希特喜剧的分析与其他学者的认识并无太大出入，他们都看出了布莱希特间离理论的独特作用，但是相比于其他人，伊格尔顿更看重的是这种间离效果对于文学政治功能的实现所具有的作用。喜剧效果是可以通过一定的艺术手段来实现的，同时，这种喜剧性也可以成为一种政治反抗的手段。布莱希特的戏剧及理论为如何发挥艺术的政治作用提供了典范，正是从布莱希特戏剧中，伊格尔顿看到了艺术发挥政治效用的可能性及其手段。

雷蒙·威廉斯在《作为政治论坛的戏剧》一文中论述先锋派戏剧与革命政治之间的复杂关系时，充分肯定了布莱希特戏剧的政治色彩，他说："一方面，存在着经过失败和毁灭而留下来的

---

① ［英］特里·伊格尔顿：《沃尔特·本雅明或走向革命批评》，郭国良、陆汉臻译，译林出版社2005年版，第207—208页。
② ［英］特里·伊格尔顿：《沃尔特·本雅明或走向革命批评》，郭国良、陆汉臻译，译林出版社2005年版，第212页。

走向新的审美实践

各种模棱两可,其中的积极意识只有通过对于行动的批判性回应才可能获得。这已经由布莱希特的创作显示了出来。它——违背了他的意图——突出了生存的自私的功效。另一方面,无论是在快乐和挑衅的歌曲中,还是在乌托邦式地实现一种罕见的、幸福的正义之中,集体的推动力都幸存了下来,并传达了出来。"[1] 从具有不那么清晰的政治信念到成为政治先锋派戏剧和剧院的主要实践者,从资产阶级戏剧家到工人阶级戏剧家,布莱希特对戏剧形式的探索与他对资产阶级的反抗是同步的。面临法西斯主义的压制甚至被迫流放,面对混乱和失败的各种体验,布莱希特最终发展出疏远的、间离的各种戏剧新技巧,即使脱离反资产阶级斗争,仍然透露出明晰的政治信念。但是,威廉斯对布莱希特戏剧形式的未来发展并不乐观,他说:"要抽取出特定的各种方法或者附属于它们的各种理论用语作为各种决定性的形式,而不涉及它们特定的和限制性的社会情景,就要确定先锋派在文化上和政治上朝着一种新的唯美主义的实际发展。通过这种手段,悬而未决的社会问题在似乎是一种自主的、依靠自我的和自我更新的艺术事业中被绕过了。"[2] 换句话说,布莱希特的戏剧形式有其特定的历史背景,一旦脱离这些历史背景而单纯地发展其戏剧形式或戏剧理论,最终将会导致一种新的唯美主义,一旦如此,布莱希特将被非政治化,其艺术形式的政治介入功能也将不复存在。不幸的是,这不是一种假设,而是真的事实,它在 20 世纪 50 年代之后的西方广泛出现。

三 文学政治功能的衰退

从布莱希特那里,伊格尔顿看到现代主义艺术的政治成效,

---

[1] [英]雷蒙德·威廉斯:《现代主义的政治:反对新国教派》,阎嘉译,商务印书馆2002年版,第130页。
[2] [英]雷蒙德·威廉斯:《现代主义的政治:反对新国教派》,阎嘉译,商务印书馆2002年版,第130页。

第二章 文学文本的政治批评

但是，就整个现代主义艺术而言，却是一部文学政治功能的衰退史。伊格尔顿说："从席勒和马克思到莫里斯和马尔库塞的左翼美学传统对此谈论得很多：艺术作为异化的判断，作为实现创造力的一种例证，作为主体和客体、普遍和特殊、自由和必然、理论和实践、个体和社会之间的理想的和谐。所有这些概念都由政治权力所调度，在资产阶级的上升时期，这种思想方式贯穿着一种强健有力的积极的乌托邦精神。从19世纪后期开始，这一传统思想开始变质，这就是现代主义阶段。"① 在浪漫主义时期，艺术曾经发挥着重要的政治功能。正如我们之前提到的，作为一种意识形态，它将资产阶级推上政治的舞台。到了现代主义，艺术从教堂、法庭、国家等传统的社会功能中解放出来，进入市场并获得一定的自由。表面看来，艺术获得自律的，并且通过标榜自律来反对资本主义社会的功利主义，这就是审美现代性。然而，生存于资本主义生产体系中的艺术并没有他们所标榜的那样自由，作为一种商品，艺术受制于商品生产，它的审美自由是有限度的。事实上，虽然现代主义对资本主义的现代化持批判态度，但是，这些批判都以失败告终。伊格尔顿描述了现代主义艺术反抗现有资本主义秩序的三部曲：

> 首先，在某种幼稚的时刻，你想象自己可以通过某种审美内容颠覆既定的秩序，但因为这些内容的确是可以理解的、明晰的、符合语法规则的，因而便成为所反对的社会逻辑的牺牲品。……你可以抛弃内容而仅仅留下形式，在它的积极方面，提供关于幸福以及生动和谐的承诺；在它的消极方面，用一种无以表达的方式反对既定秩序。任何这样的形式都将立刻落入到马尔库塞曾称之为"肯定的文化"的范畴

---

① [英] 特里·伊格尔顿：《审美意识形态》，王杰、傅德根、麦永雄译，广西师范大学出版社2001年版，第374页。

走向新的审美实践

中去，艺术的艺术性，即使现在是一个纯形式的问题，也导致一种虚假的崇高，它将吸纳那些为了政治变革的目的而释放出来的活力。我们无意中发现了所有乌托邦的矛盾，乌托邦的和谐形象胁迫着它希望加以发展的激进冲动。因此，不管形式多么纯粹和空洞也必须去掉。这给我们留下的是反艺术，不为统治秩序所占有的艺术，因为——说白了——它根本不是艺术。①

反内容—反形式—反艺术，这就是现代主义艺术的经历，每一次反叛都会引发艺术界的震动，却又很快沦为当权政治的同谋，现代主义艺术史因此成为一部失败的政治史。艺术发展到最后，竟然成了先锋派的反艺术，对于布莱希特这样的积极先锋派而言，还能理解到人际间平等互处的问题是伴随群众性政治运动的命运而起落，对于那些消极先锋派，则干脆不创作作品，只有姿态、事件、表现形式、破坏。伊格尔顿说："先锋派是我们的老朋友——幼稚的极左派的最后阶段，反叛的孩子极力要伤害他们的没有受到震动的父母。"②他的话中透露出一种悲情与无奈。如果艺术要发挥政治作用，只能以一种非艺术的方式，这多少有些悖论，这不是伊格尔顿想要的结果，也不是艺术的最终命运。如何才能恢复艺术并恢复艺术的政治功能？这正是政治批评所面临的问题。

雷蒙·威廉斯也很重视现代主义的政治性问题。托尼·平克尼（Tony Pinkney）从雷蒙·威廉斯的《大都市概念与现代主义的出现》《语言与先锋派》《先锋派的政治》《作为政治论坛的戏

---

① ［英］特里·伊格尔顿：《审美意识形态》，王杰、傅德根、麦永雄译，广西师范大学出版社2001年版，第376页。
② ［英］特里·伊格尔顿：《审美意识形态》，王杰、傅德根、麦永雄译，广西师范大学出版社2001年版，第376页。

剧》等著作中发现"现代主义的政治"是威廉斯一个隐而未作的写作计划，于是他将威廉斯关于此问题的相关论文都集中到了一本书中，这就是《现代主义的政治：反对新国教派》(The Politics of Modernism: Against the New Conformists)。托尼·平克尼说："现代主义作为一种历史现象和文化现象，不可能凭文学理论的各种牌子来把握，它在一种自我伺服的循环中，实际上产生于它本身的过程和策略。本书也必须被相应地理解为某种总体的文化社会学的强有力的论题介入，以及地方史的个案研究。"① 从威廉斯的论述中，我们发现，这种文化社会学包含了丰富的政治内涵，现代主义或先锋派的产生及发展都与政治语境紧密联系。在威廉斯看来，无论先锋派艺术采取什么样的形式，它们都是一种政治，它们以自己的各种赞同形式来阐明混乱、骚动甚至疯狂的其他形式，以达到震撼和挑战资本主义社会的目的。但是先锋派政治也是一种复杂的甚至具有相互矛盾性的政治，不同时代或者不同国家的先锋派，有着不同的政治诉求，即使都是反对资产阶级，先锋派与其他工人阶级团体也是处于不同的政治立场。我们由此可以推断，威廉斯并没有将现代主义艺术的反资本主义与工人阶级艺术的反资本主义相提并论，也就是说，他对现代主义艺术的政治成效并不乐观。事实证明，威廉斯的担忧是正确的。

随着先锋派艺术逐渐日常化，特别是在电影、视觉艺术和广告中，那些曾经实验性的、真正令人震撼的、挑战的技巧，如今变成了广泛分布的商业艺术的各种操作常规，而那些优秀的原创作品，也进入了市场交易，成为高价商品。先锋派的艺术实践已经演化成一部分离的美学史，其政治意味越来越淡。伊格尔顿对现代主义及其政治性的认识总体上继承了雷蒙·威廉斯的观点，他们都看到了现代主义政治立场的脆弱性。"从现代主义开初的

---

① [英] 托尼·平克尼：《编者引言：现代主义与文化理论》，载雷蒙德·威廉斯《现代主义的政治：反对新国教派》，阎嘉译，商务印书馆2002年版，第5页。

走向新的审美实践

轰轰烈烈,直到先锋派最极端的各种形式,在事实上可以完全留下来的是一无所有:内在的各种压力和不能忍受的各种矛盾将推动某些彻底的变化。"① 尽管现代主义艺术出于某种政治的反叛性而追求艺术形式的创新,但是这种创新最终被资本主义商品经济同化,失去其先锋性。当现代主义发展到后现代主义,文学的政治功能进一步弱化。对于伊格尔顿等西方马克思主义学者而言,文学应发挥政治功能,推动社会进步,否则,文学将失去其意义。他们认为,对于当前政治语境而言,文学批评应该将其目标确立为反对一切不合理的政权,包括反对资产阶级政权。

---

① [英]雷蒙德·威廉斯:《现代主义的政治:反对新国教派》,阎嘉译,商务印书馆 2002 年版,第 90 页。

第三章　资产阶级批评理论的政治功能

在第一章中，我们已经提及伊格尔顿对于文学批评所具有的实质性政治功能的论述，即文学批评帮助西方国家的中产阶级夺取并最终确立资本主义政权。事实上，几乎所有的资产阶级批评理论都有类似的政治功能。除了早期的文学批评，伊格尔顿还论述了早期的美学理论以及当代西方文学理论，它们都在确立与巩固资产阶级政权时发挥过积极的政治作用。

第一节　英国文学研究对资本主义政治危机的回应

在中外文学史上，文学的最初意义与它的现代意义存在重大差别。最初的文学是广义的，它泛指一切口头或书面语言行为和作品，包括诗歌、戏剧，也包括政治、哲学、历史、宗教、演讲术等其他文化形态；现代意义上的文学较为狭义，它特指某种语言艺术，其特殊内涵在于审美性，在中国这种文学观的产生是在魏晋时期，鲁迅称为文学自觉的时代。在西方则是在16—18世纪，即资本主义发展的早期阶段。以英国为例，伊格尔顿论证了文学观念与资本主义社会的同步性，即文学观念的发展有其特定的政治背景及政治目的。

走向新的审美实践

一 浪漫主义作为一种政治手段

18世纪后期发展起来的浪漫主义文学观,是一种新的现代文学观念,伊格尔顿从资产阶级体制内意识形态观念的矛盾切入,分析产生这一文学观念的政治根源。18世纪的英国,通过奴隶贸易和海上霸权攫取了巨大的利润,成为世界第一工业资本主义强国。随着资本主义经济的发展,新的资产阶级体制的严酷现实与资产阶级革命所释放出来的理想的希望和活跃的能量存在严重的矛盾,粗鄙的功利主义和将一切事物商品化的思想发展为中产阶级的统治意识形态,工资制度使传统的社区生活遭到破坏,异化劳动使工人阶级的反抗时有发生,英国政府不得不实施粗暴的政治镇压,在这一政治语境下,浪漫主义者提出新的文学观念,借助文学推崇"创造性"能力,以应对这一社会难题。伊格尔顿说:"在这些暴力面前,浪漫主义者赋予'创造性想象力'的特权绝不能仅仅被视为一种消极的逃避主义。相反,'文学'现在成为有限几个保持着独立的被围之地:在这里,工业资本主义从英国社会表面上全面抹去的创造性价值可以受到赞美和肯定。'想象性创造'可以被作为非异化性劳动的一个意象而给予出来,诗歌心智的直觉的、超越性的眼界则可以对奴役于'事实'的理性主义或经验主义的意识形态提供生动的批判。文学作品本身开始被视为神秘的有机统一体,而与资本主义市场中残缺不全的个人主义形成对立:它是'自发的'而不是精心算计的,是创造性的而不是机械性的。于是,诗这个词不再单指一种技术性的写作方式:它具有深刻的社会、政治和哲学含义。"[①] 言下之意,文学作为一种解决当前意识形态困境的手段而具有新的价值,同时也开启新的方向。一方面,革命的冲动为浪漫主义提供了原动力;

---

① [英]特雷·伊格尔顿:《二十世纪西方文学理论》,伍晓明译,北京大学出版社2007年版,第18—19页。

第三章　资产阶级批评理论的政治功能

另一方面，浪漫主义也转移了革命的冲动，并且将这些冲动升华为艺术。前者是从政治角度对新文学观的产生追根溯源，后者则是将文学观念作为一种政治手段加以利用，浪漫主义成为英国资产阶级应对社会矛盾的意识形态手段。

伊格尔顿将浪漫主义理解为某种富有创造性的想象力以及非异化性的劳动意象，以对抗资本主义社会的理性主义、功利主义与个人主义等，他所看到的是浪漫主义对人的精神作用：推崇文学的想象性与虚构性可以引导人们通过想象与虚构来实现自我，并以此对抗资本主义社会造成的精神危机。但是，从历史唯物主义的角度来说，只有物质的原因才是最根本的原因，因此，对浪漫主义文学观念的分析不能抛开社会经济因素。伊格尔顿只看到了事物的一面，却没有看到另一面——创造性能力本身也是资本主义经济发展的需要，而不是如伊格尔顿所言的"工业资本主义从英国社会表面上全面抹去的创造性价值"，除了对人的精神需要的迎合，创造性想象对于资本主义社会的物质发展同样是有利的。尽管如此，浪漫主义仍然是一种远离历史的唯心主义，无力于改造社会。伊格尔顿说："如果想像力的'超越'性成为对于贫血的理性主义的一个挑战，那么它也可以为作者提供一个对于历史本身的舒适的绝对替代。这样一种与历史的分离的确反映了浪漫主义作家的实际处境。"[①]浪漫主义越执着于自己的艺术，它与社会的脱节越发明显，虽然它应政治而生，却无法真正地改变政治。

二　英国文学的意识形态性

在英国资本主义发展的早期，宗教仍然保持着一定的社会影响力，它作为一种社会黏合剂避免了经济发展所带来的人心

---

① [英]特雷·伊格尔顿：《二十世纪西方文学理论》，伍晓明译，北京大学出版社2007年版，第19页。

走向新的审美实践

动荡。但是到了19世纪，宗教的这一意识形态功能逐渐弱化，随之而起的浪漫主义文学开始承担起这一意识形态任务，也就是说，英国文学的兴起，具有现实的意识形态目的，它是对逐渐衰落的宗教意识形态的代替，也是巩固英国政权的社会黏合剂。浪漫主义文学赋予文学独立性与创造性的特质，除此之外，文学的其他特质也适合成为一种意识形态，例如，文学依靠经验和情感发挥作用，"经验不仅是意识形态的故土，即它可以最有效地扎根之处，而且经验在其文学形式中还是一种想象性的自我满足"。① 文学实施意识形态作用的关键在于文学表达的是人的情感与体验，它直接作用于人的感性领域，文学让被统治者沉迷于虚幻的现实，忽略正当的生活要求，甚至可能忘记这些问题。

当伊格尔顿将英国文学视为一种意识形态时，实际上是将文学视为资产阶级实现阶级利益的手段。他们利用文学迷惑工人阶级以及其他下层农民，例如降低工人对良好生活条件的要求，甚至忘却这些现实的东西；培养对中产阶级成就的尊重；抑制对任何集体政治行动的破坏性倾向；磨灭工人阶级的反抗性；培养对民族语言和民族文学的自豪感；等等。但是，文学的接受者并不总是工人阶级，正如文学的写作者也并不总是资产阶级。伊格尔顿将英国文学看作意识形态的手段有其合理性，但是文学发挥意识形态作用的形式实际更多样化，对此伊格尔顿并没有深入探讨。此外，伊格尔顿说文学主要作用于人的情感与经验，他看到了文学的补偿功能，却忽略了文学的认识功能，前者是文学对工人阶级的奴役，后者却是文学带给工人阶级的希望，可以让工人阶级认识到自己的处境转而反抗这个社会制度。

---

① [英] 特雷·伊格尔顿：《二十世纪西方文学理论》，伍晓明译，北京大学出版社2007年版，第25页。

第三章　资产阶级批评理论的政治功能

三　英国文学研究的制度化

20世纪，英国文学研究逐渐走向学术化与制度化，它同样是一个政治实践过程。伊格尔顿认为英国文学研究最初是一门倾向于女性群体的学科，"英国文学研究在英国的兴起与高等教育机构逐渐地、勉强地接受妇女的过程平行；而且，既然英国文学是件轻松事，涉及的不是货真价实的学院式'科目'的较为阳刚的论题而是较为柔美的感情，因此它似乎是可以塞给那些在任何情况下都见斥于科学和专门职业的女士们的一种合适的、不是学科的学科"。① 女性长期被排斥于科学化与专业化职业之外，进入大学课堂也不例外。而英国文学被认为是适合女性学习的科目，英国文学研究也因此被看作一门女性化的学科。从20世纪开始，英国文学研究逐渐转向男性化，伊格尔顿分析了其中的政治原因。他认为第一次世界大战激发了英国人的爱国主义热情和对本民族文化的自豪感，当英国面临威胁时，它迫切需要一种民族使命感和统一感来增强战斗力，英国文学研究正好有所作为，它通过战争宣传实现对自己民族传统性和统一性的重新认识，而这种战争宣传中更多的是男性化的激昂斗志而不是女性化的柔情蜜意。英国文学研究的这种政治功能一直延续到战后，伊格尔顿说："英国文学靠战时民族主义而获得力量；但它也表现了在英国统治阶级一方对精神解决的探索，因为他们的统一感严重地受到动摇，他们的心理永远留下了他们所忍受的恐惧的伤痕。文学既是安慰也是重新肯定，是一个熟悉的领域。在这个领域里英国人可以重新聚集，既对历史的梦魇进行探讨，同时也找出某种可

---

① [英] 特雷·伊格尔顿：《二十世纪西方文学理论》，伍晓明译，北京大学出版社2007年版，第27页。

走向新的审美实践

能的选择。"① 一方面，英国文学研究是那些经受着战争所带来的物质与精神创伤的人的疗伤灵药；另一方面，它也为战后英国人重建意识形态策略提供新的方案。

英国文学研究作为一门学科在牛津、剑桥等老牌大学中获得一定的地位，与文学的上述社会作用是分不开的。第一次世界大战之后，文学成为统治阶级对抗精神危机、实现社会稳定的政治手段之一，英国文学研究作为文学接受的指导者而受到重视，它终于获得了与古典文学、哲学、历史研究一样的学科地位。"如果说第一次帝国主义世界大战赋予了瓦尔特·雷利爵士一个与其伊丽莎白时代同名人更加一致的英雄身份，从而多少算是结束了他对英国文学研究的轻蔑的话，那么，这次大战也标志着英国文学研究在牛津和剑桥的最后胜利。"②英国文学研究的学术化与制度化是出于某种政治需要，这决定了它的发展同样无法脱离政治。每一个英国文学研究学者的批评观念都与他们的阶级利益密切相关，从艾略特到利维斯，伊格尔顿一一指出其阶级定位：艾略特代表的是工业资本主义社会的官方意识形态，利维斯代表了中小资产阶级利益，新批评则代表了一群在现实生活中处于守势并企图在文本中寻找现实生活中无法实现的东西的知识分子利益。几乎没有一种英国文学研究代表的是无产阶级的利益，这决定了英国文学研究只在引导人们适应社会，却无力指导人们改造社会。正因如此，伊格尔顿对英国文学研究持批判态度。

通过对英国文学批评史的研究，伊格尔顿试图说明：资本主义社会的发展推动着文学观念的演变，政治则是一切文学观念产生的隐在目的。文学研究被政治局势所影响，同时也为政治服

---

① ［英］特里·伊格尔顿：《现象学、阐释学、接受理论：当代西方文艺理论》，王逢振译，江苏教育出版社2006年版，第29页。
② ［英］特雷·伊格尔顿：《二十世纪西方文学理论》，伍晓明译，北京大学出版社2007年版，第29页。

务,资产阶级正是通过控制文学观念成功实现对其他阶级的统治,而且这种控制方式仍在持续发展。

第二节 西方美学意识形态与资产阶级领导权的确立

产生于柏拉图、亚里士多德时代的美学作为一门公认的、学术范围内的学科,一般被认为是始于18世纪。1735年,德国哲学家鲍姆加通(Baumgarten)在其博士学位论文《关于诗的哲学默想录》中提出一门关于事物是如何通过感官被认知的新学科,十多年后他的新书 Aesthetica 对这一新学科做了更详细的说明。Aesthetica 本义为"感性的",鲍姆加通的美学定义即为感性认知的科学,日本人在翻译这个词时发现,鲍姆加通实际上讨论的是美感、美、艺术等问题,因此他们直接将其翻译为"美学",即"关于美的学问"。Aesthetica 通常被看作"美学"作为一门学科的第一次命名,也标志着西方美学作为一门学科首次获得了独立。

一 关于美学缘起的一般观点

鲍姆加通是为美学命名的第一位教授,这并不意味着他是促成这一学科产生的唯一因素,美学的产生有其复杂的起源。保罗·克里斯特勒(Paul O. Kristeller)教授认为18世纪哲学是现代美学思想的真正起源,他在1951年提出这一观点之后历经详细的考察并得以充分证明,克里斯特勒说:"我们现在所知的美学学科是由启蒙哲学家和批评家使之成为可能并建立起来的,他们通过将我们所认可的美的艺术聚集起来而赋予了美学自身的主题,他们确信这些艺术由于某种共同本质或本性而可以归属在一起。"[①]

[①] [美]彼得·基维主编《美学指南》,彭锋等译,南京大学出版社2008年版,第4页。

走向新的审美实践

另一个对美学缘起问题发表过重要论述的是保罗·盖耶，他与克里斯特勒一样将现代美学的起源归结于18世纪的哲学。盖耶认为夏夫兹伯里、哈奇生、杜博斯以及艾迪生等人在1711—1735年的时间里差不多已经发展出美学的最终纲目和情形，但是他认为这个纲目并不是克里斯特勒所认为的构成艺术哲学所必需的假设，而是认为美学的缘起得益于一种关于想象的自由的观念："18世纪美学中出现的中心概念是想象的自由的观念，并且正是这一观念的吸引力，为同一时期美学理论的勃发提供了巨大的动力。"① 他的《现代美学的缘起：1711—1735》论证了众多哲学家对消极的想象自由的概念与积极的想象自由的概念的对立统一的理解与阐述，并最终在康德美学中发现这些观念的总结与综合，鲍姆加通只作为其中一个关键点而被关注。

邓晓芒教授在《西方美学史纲》中将近代美学（即盖耶与克里斯特勒所称的现代美学）的第一个发展阶段称作为认识论哲学分支的近代认识论美学，即英国经验派美学与大陆理性派美学。英国经验派美学关注作为感性认识的美感论，从美感直观性和相对性出发，摧毁了西方传统客观美学和神学美学中占统治地位的形式主义，从而打开人的内心世界的大门；大陆理性派美学关注作为理性认识的美的概念论，要给美的概念下一个确切的定义，鲍姆加通的美学定义正是这一流派的重要成果，他把一个包含客观美学和神学美学残余在内的美学定义改造成一个带有人文主义色彩的认识论美学定义。大陆理性派美学与英国经验派美学有着相通的目标——试图将美学变成一门关于人的科学，这就是人本主义美学，它最终是由康德来完成的。但是，鲍姆加通把感性学视为认识论的一个环节，一个不可缺少、不可替代的必要阶段，他的理性主义立场使他不仅超越了理性主义认识论美学，也

---

① ［美］彼得·基维主编《美学指南》，彭锋等译，南京大学出版社2008年版，第14页。

第三章　资产阶级批评理论的政治功能

超越了英国经验派美学所代表的一般认识论美学,从而成为美学史上划时代的坐标。

像上述理论家一样,伊格尔顿也介入了关于美学缘起的讨论,这就是他的《美学意识形态》。伊格尔顿说:"本书不是一部美学史。""本书试图在美学范畴内找到一条通向现代欧洲思想某些中心问题的道路,以便从那个特定的角度出发,弄清更大范围内的社会、政治、伦理问题。"① 他对美学缘起的探索采用了完全不同于上述理论家的视角,这是一种政治批评的视角,他将美学的诞生与资产阶级领导权的确立视为相互影响、相互促进的同一进程。此处提及的"领导权"概念是伊格尔顿对葛兰西领导权理论的应用,对于伊格尔顿而言,领导权政治模式与专制政治模式相对立,前者内化于被统治者的内心,后者则需要统治者通过强制性手段来实现。

二　美学诞生的政治意义

通过考察早期资本主义社会的政治模式与同时期的美学状况,伊格尔顿发现:资产阶级正是通过一种美学方式塑造自律性主体并实现对社会的权威统治。美学的产生既是理性对感性的最终胜利,也是资产阶级争夺并巩固政治领导权的必要手段。

一方面,就理论发展而言,美学的诞生意味着理性对感性的控制与管理。此处,伊格尔顿所指的美学主要是德国美学,他这样写道:

> 诞生于 18 世纪的陌生而全新的美学话语并不是对政治权威的挑战,但它可以解读为专制主义统治内在的意识形态困境的预兆。……鲍姆加登的美学试图达到的正是这种巧妙的

---

① [英]特里·伊格尔顿:《美学意识形态》(修订版),王杰、付德根、麦永雄译,中央编译出版社 2013 年版,导言第 1 页。

走向新的审美实践

平衡。如果说他的《美学》(1750)以改革的姿态开拓了整个感觉领域，它所开拓的实际上是理性的殖民化。……美学的任务就是要以类似于真正的理性运作的方式（即使是相对自律地），把这个领域整理成明晰的或完全确定的表象。感觉和经验的世界不可能只起源于抽象的普遍法则，它需要自身恰当的话语和表现自身内在的、尽管还是低级的逻辑，美学就是诞生于对这一点的再认识。作为一种具体的思想或概念的感性类似物，美学既涉及理性又涉及现实，以列维—斯特劳斯的神话的方式悬浮于二者之间。①

理性主义是资产阶级启蒙运动的重要成果，也是资产阶级巩固政治的重要手段，而人的感性领域有着勃勃生机却不被理性所观照，甚至与之对立，因此，如何解决理性与感性的对立是资产阶级理论不能回避的问题。但是，资产阶级所接受的那些可以直接深入感觉世界的表达方式，其前提是它不会危及理性表达方式的力量，美学正是源于这一意图而产生，它是对理性的补充。从鲍姆加通直到当代，美学都是在理性的规定范围内发展，它对感觉与体验的强调始终不会脱离理性的轨道，这意味着理性对感性的征服已经成为美学发展的内在动力，其最终目的是要实现理性与感性的辩证统一。因此，美学的产生是资产阶级理论发展的必然趋势，这种理论倾向将引发现实的政治效应。

另一方面，从政治实践来看，美学的产生是为了帮助资产阶级克服政治危机。伊格尔顿说："那段时期的德国，四分五裂，封建专制主义邦国割据，由于缺乏大一统的文化，伴之而生的突

---

① ［英］特里·伊格尔顿：《美学意识形态》(修订版)，王杰、付德根、麦永雄译，中央编译出版社2013年版，第3—4页。

第三章 资产阶级批评理论的政治功能

出问题便是排他主义，各行其是。"① 此处的"排他主义"是就当时的阶级关系而言，其中最突出的关系是资产阶级与贵族阶级的关系：资产阶级反对封建专制主义，却又受制于贵族阶层及其权威。在伊格尔顿眼中，康德就是这样一个矛盾体——"既是勇敢的启蒙思想家，又是个普鲁士国王的驯顺的臣民"。② 此外，资产阶级与下层群众的关系也不和谐，因而对于国家生活也不具备领导作用。为了摆脱这种政治困境，为资本主义的发展争取更大空间，同时也为了争取真正的领导权，资产阶级美学应运而生，由此可见，美学的诞生有其现实的政治意义。

通过对康德、席勒、黑格尔等美学的考察，伊格尔顿得出结论：美学是一个培养资产阶级新主体的理论过程。"在晚期封建专制的黑暗深渊里，人们幻想着由自由、平等、自律的，只服从自己制订的法则的人类主体所构成的普遍秩序的出现。这种资产阶级'公共领域'（public-sphere）明确地与古老政体的特权和宗派排他主义划清了界限，把中产阶级如果不是真实地也是想象地摆在了普遍主体的位置上，并以这种伟大的梦想补偿了其政治上的苟安地位。于是最重要的便是全新的人类主体的产生——全新的人类主体就如艺术品一样，是在自身的自由的认同而不是在强制性的外部力量中找出规律。"③ 也就是说，美学是资产阶级以想象的方式或者说唯心主义的方式去解决政治矛盾的产物。美学的目的在于培养一个像艺术品一样具有独立自主性的个体，他将不再受制于任何外在力量，并且整个社会结构也将以这样一种审美方式组织起来，律法不再只是刻写在碑石上的强硬的法令，而是

---

① ［英］特里·伊格尔顿：《美学意识形态》（修订版），王杰、付德根、麦永雄译，中央编译出版社2013年版，第2页。
② ［英］特里·伊格尔顿：《美学意识形态》（修订版），王杰、付德根、麦永雄译，中央编译出版社2013年版，第3页。
③ ［英］特里·伊格尔顿：《美学意识形态》（修订版），王杰、付德根、麦永雄译，中央编译出版社2013年版，第8页。

走向新的审美实践

已经渗入人心的情感、风俗、习惯、爱等感性模式。从康德到黑格尔的理论发展体现的正是这样一种美学意图的发展历程，它们利用美学培养新的主体以及新的统治方式，以弥补传统专制主义统治的不足之处。

伊格尔顿将康德视为一个关键的过渡人物，因为康德的观点既有封建专制主义的色彩，同时也体现了他对新主体的期望，即一个有感觉的主体。古留加的《康德传》是这样评价康德的："康德给自己提出了克服他那个时代科学弊病的任务。……他从此永远抛弃了启蒙主义者以知识渊博自居和崇信科学万能的那种目空一切的学者习气。知识的价值取决于道德价值。他想献身的那门科学乃是人的科学。从此以后人的问题成了康德哲学探索的中心。全部的问题在于：什么是人所真正需要的东西，如何给他以帮助。"[①]古留加将康德哲学的目标确立为"人的科学"，这一点与伊格尔顿的观点可谓殊途同归，伊格尔顿说："康德的实践理性坚持要求以抽象的责任作为终极目标，带有相当浓厚的封建专制主义色彩。……身体不可能被描绘或表现在康德美学的框架内；相应的，康德以形式主义的伦理终结了抽象政治权力的理论和'主观的'而非感觉的美学。"[②]尽管康德的美学并没有给予肉体太多的位置，但是他毕竟给予感觉一定的空间。问题在于，古留加与伊格尔顿的结论都带有强烈的主观主义色彩，前者将康德看作科学家，后者则将康德看作政治家。

伊格尔顿以早期资产阶级争夺领导权为例，充分说明了美学所发挥的政治作用：美学的方式是关注肉体需要的方式，也是关注情感需要的方式，换句话说，通过情感、爱和自发的肉体倾向可以更

---

① ［苏］阿尔森·古留加：《康德传》，贾泽林、侯鸿勋、王炳文译，商务印书馆1981年版，第70页。
② ［英］特里·伊格尔顿：《美学意识形态》（修订版），王杰、付德根、麦永雄译，中央编译出版社2013年版，第9—10页。

好地管理社会。在伊格尔顿看来，依赖作为社会内聚力之源的情感来统治社会，或者以一种美学方式实施的阶级统治，相比于封建专制主义，将会更持久、更有说服力，它是资产阶级执政的成功秘诀。"只有当统治规则被分解成自发的反应之后，当人类主体相互之间建立起血肉联系时，共同的存在才有可能形成。"① 作为高度自律的主体，资产阶级不愿意接受外在法律或其他强迫思维，但是通过审美，外在的法律内化到公民的内心，从而使主体高度自觉地服从统治，与强制性的专制主义相比，习惯、虔诚、情感和爱等审美概念将更有说服力。"这种力量与肉体的自发冲动之间彼此统一，与情感和爱紧密相连，存在于不假思索的习俗中。如今，权力被镌刻在主观经验的细节里，因而抽象的责任和快乐的倾向之间的鸿沟也就相应地得以弥合。"② 借助一种美学的管理方式，资产阶级发展出一种更优于封建专制统治的政治组织方式。

三 美学领导权的困境与局限

借助于美学，资产阶级逐渐发展出一套不同于贵族阶级的统治方式，但是这种审美化统治也不是毫无问题的。美学诞生之初意在解决传统理性的认识危机，它肯定感性经验的要求，反对理性的无情与排他性。作为一种解放思潮，美学的产生意味着政治的反抗，但是，随着美学激进能量的逐渐退化，随着经验、想象与情感的泛滥，美学式思维反而成了保守的意识形态，既而阻碍了社会的进步。18世纪的英国比德国早一步实施了审美化的统治方式，这是一个建立在"共同的感性类型和同质理性基础"③ 上

---

① ［英］特里·伊格尔顿：《美学意识形态》（修订版），王杰、付德根、麦永雄译，中央编译出版社2013年版，第12页。
② ［英］特里·伊格尔顿：《美学意识形态》（修订版），王杰、付德根、麦永雄译，中央编译出版社2013年版，第9页。
③ ［英］特里·伊格尔顿：《美学意识形态》（修订版），王杰、付德根、麦永雄译，中央编译出版社2013年版，第19页。

的感情共同体,在夏夫兹伯里那里,道德、美学与政治被和谐地统一起来。但是,到了维多利亚时代,英国占统治地位的意识形态开始转变为反美学的功利主义,这一转变正是由于美学统治自身的缺陷所导致的。通过大卫·休谟、爱德蒙·伯克等经验主义美学,伊格尔顿分析了审美政治存在的问题,这一问题的核心就在于审美可能削弱政治权力的说服力与影响力。

休谟是英国经验主义美学的唯心主义代表,在美的本质问题上,休谟主张美是主观的,即存在于鉴赏者心中,美的问题因此被休谟转化为快感或美感问题。对休谟而言,不仅仅道德,理性也是情感,他将人的一切有关对象的知识归入人的主观感觉或心理习惯,换句话说,理性同样具有审美性。在休谟的理论体系中,想象被看作哲学的基础、知识的源泉。但是,休谟对想象的作用存有怀疑:一方面,想象是永恒的、不可抗拒的、普遍存在的;另一方面它又是稍纵即逝的、脆弱的、无规律的。休谟的这种怀疑论思想对其政治观点不无影响,他认为社会也是建立在人的想象能力基础上的,因此,社会既可能保持其稳定性与连续性,也可能处于一种无政府状态。如果专制主义不希望引起反叛,那么它就必须放松对感觉的压制,如果专制主义能够成功地将法的精神刻在被统治者的心灵和肉体上,那么它又可能被自我逻辑消减其权威性。当审美被无限扩大化时,理性的权威必然被削弱,由此推之,政治的审美化虽然有利于领导权的确立,但是,权力的威严性也将受到损害。美学最初是作为理性的补充和调解者而产生,如今它开始侵蚀理性,并与理性对立起来,美学这种政治手段也有它自身的弊端。

伯克也是审美的支持者,和休谟一样,伯克也主张从生理学与心理学角度来看待美学问题。但是,伯克反对休谟的怀疑主义,他追求审美的唯物主义与审美的科学,伯克这样做的目的正是为了避免审美的相对主义,也是为了加强审美的社会凝聚力。

第三章　资产阶级批评理论的政治功能

伊格尔顿说："对伯克和休谟来说，把社会联系起来的纽带是模仿这种审美现象，这个现象更多的是风俗问题而不是法律问题。"① 在亚里士多德那里，模仿是戏剧的本质，伊格尔顿将这一美学词汇用于描述伯克的政治理念，即人类通过模仿社会生活的实际形式而成为主体，模仿及其所带来的愉悦性将有助于将人与人牢牢地联系起来。但是，伊格尔顿也看到了这种伯克式模仿所存在的问题：模仿的本源何在？伯克本人也意识到：如果人们完全沉迷于模仿，一个跟着另一个的循环反复，社会将无法进步。为此，伯克引入了崇高这一概念，在朗吉弩斯以后和康德以前，伯克是研究崇高问题的权威。不过，伊格尔顿对伯克崇高理论的研究较少关注其在心理生理基础方面的论述，更多关注这一概念所体现的政治观念，即崇高对进取心、竞争与个性发展的支持，将成为美学式统治的一种补偿力量。伊格尔顿说："崇高是优美的涵义的内部分裂，是对既定秩序的否定，如果没有这种否定，任何秩序都将失去生气而后消亡。"② 可见，崇高与优美相对立，但是这种对立有利于美的观念发展。就政治而言，审美化的政治统治如果要长久，必须借助崇高的反叛力量，这种力量让我们害怕或顺从，但是它最终化为快乐，如此一来，美和崇高的对立则可能被消解，正因如此，伊格尔顿称"伯克是一个更为灵活的政治理论家"。③

虽然伯克力图平衡美与崇高之间的对立，但是，他并没有找到一个方法真正地解决这一难题。伊格尔顿以男女关系为例，向我们形象地说明了这一困难：我们热爱自己的母亲，但是不怕母

---

① ［英］特里·伊格尔顿：《美学意识形态》（修订版），王杰、付德根、麦永雄译，中央编译出版社 2013 年版，第 42 页。
② ［英］特里·伊格尔顿：《美学意识形态》（修订版），王杰、付德根、麦永雄译，中央编译出版社 2013 年版，第 43 页。
③ ［英］特里·伊格尔顿：《美学意识形态》（修订版），王杰、付德根、麦永雄译，中央编译出版社 2013 年版，第 44 页。

亲，我们害怕父亲的权威，却不爱父亲。换句话说，领导权政治虽然说服了我们，我们却不信服这样的政治，甚至可能抛弃这样的政治。这种政治困境在伯克生活的时代就有所体现，伯克关于法国大革命的观点一般都被看作一种政治的保守主义，伊格尔顿从中看到的却是伯克对审美的维护，但是这一观点最终因不合时势而被社会抛弃。从18世纪末开始，社会开始出现反美学倾向，这也意味着新的一轮审美解放即将开始。

美学的僵化可能带来统治的失灵，这是统治阶级不愿意看到的，因此，他们将通过不断地发展美学以适应统治的需要。对统治阶级而言，美学将作为一种意识形态发挥作用，对于被统治阶级而言，美学无疑是一种心灵的束缚，美学在政治上具有两面性："美学标志着向感性身体的创造性转移，也标志着以细腻的强制性法则来雕凿肉体；美学一方面表达了对具体的特殊性的关注，另一方面又表达了一种似是而非的普遍性。"[①]对于资产阶级而言，美学帮助其确立了统治，但是对于被统治阶级而言，美学将成为一种隐蔽的束缚，它使被统治者满足于现状，甚至抱有一种麻木心理，一旦面临社会变革，美学将发挥反作用，其反抗性也受到限制。因此，我们需要辩证地看待美学问题，既利用它也要识别其真相，只有充分研究政治领导权所赖以维持的各种机制，包括美学机制，我们才能组织更有效的政治行动，既而确立更完美的政治组织方式。

第三节　西方文学理论对资本主义政治逻辑的强化

20世纪是一个充满重大变革的时代，在30年不到的时间里，

[①] [英]特里·伊格尔顿：《美学意识形态》(修订版)，王杰、付德根、麦永雄译，中央编译出版社2013年版，导言第9页。

第三章 资产阶级批评理论的政治功能

两次世界大战相继发生，资本主义政权屡经破坏与重组，却仍然屹立不倒。资本主义经济稳步发展，社会创造力空前迸发和高涨，科学文化的发展突飞猛进，人类开始进入一个知识爆炸的时代。新的文学理论正是在这一背景之下产生的，它和资本主义社会一样，经历着变革与更新，发展出各类理论流派以及学术观念。当伊格尔顿着手分析这些纷纭复杂的理论流派时，其逻辑非常清晰，在区分出各类理论的阶级背景之后，伊格尔顿发现：无论是现象学、阐释学、接受理论，还是结构主义、符号学、后结构主义，每一种文学理论既是资本主义历史的产物，又通过自身的理论建构强化这一历史。

一 文学理论的历史性与非历史性

历史性主要是针对这些理论产生的政治背景而言，非历史性则是就理论本身对历史重大事件的有意回避而言。历史性与非历史性，成为伊格尔顿评判当代西方文学理论的一个基本思路。通过分析当代西方文学理论与历史的联系，伊格尔顿再一次强调了文学理论与政治语境的关系；通过揭露西方文学理论与历史事实的脱节，伊格尔顿批判了西方文学理论在反资产阶级道路上的无所作为。

在伊格尔顿看来，大多数文学理论的产生可以归结为某个政治原因，例如战争、社会革命等。政治改变了人与人之间的关系，既而引发观念的改变，这种观念的改变首先表现在哲学方面，然后影响到文学理论，文学理论对于政治语境的回应尽管是间接的，却也关系颇深。伊格尔顿对现象学及其影响下产生的文学理论的分析，遵循的就是这一观点。第一次世界大战之后，一股社会主义革命浪潮席卷欧洲大陆，欧洲各国的资本主义政权面临重大冲击，人的主体性遭受破坏，惯常的意识形态手段及文化价值标准被动摇。面对资本主义的意识形态危机，德国哲学家胡

走向新的审美实践

塞尔提出新的哲学方法——现象学。胡塞尔主张：客体并不是独立于我们而存在于外部世界的自在之物，它是我们所意识到的东西，一切意识都是关于某物的意识，一切现实的东西都必须按照它们呈现于我们大脑中的情形来对待，只有现象才是唯一确实的出发点。伊格尔顿这样评价现象学："如果说现象学一方面是保证了一个可知的世界，那么它另一方面则是确立了人类主体的中心地位。……通过把主体重新确立为世界的中心，现象学为一个严重的历史问题提供了一个想象的解决。"① 由此可见，现象学赋予人的意识以首要的位置，主观上提高了人的自我能力，这有助于重建资产阶级的肯定思维方式，挽救了欧洲知识的基础性危机，现象学的产生有其现实的意识形态意义。但是，伊格尔顿很快又对现象学进行了批判，他说："它对这个世界的态度依然是沉思冥想式的和非历史性的。现象学力图通过退缩到一个有永恒的确定性等在那里的思辨领域之中而消除现代历史的梦魇；就这样，在它那孤独的、异化了的沉思之中，它成了它想要克服的这一危机的一个征候。"② 现象学不是从现实中去解决问题，而是从意识上解决问题，这是一种先验论的唯心主义哲学，也是伊格尔顿所批判的非历史性哲学，"哲学家们只是用不同的方式解释世界，问题在于改变世界"。③ 马克思的这句格言成为伊格尔顿批判一切非历史性哲学的理论信条。

另一个值得一提的是伊格尔顿对精神分析理论的历史分析。表面看来，精神分析理论的产生并没有涉及革命、战争、经济衰退、争权夺利等社会动荡，但是这并不意味着精神分析理论的产

---

① ［英］特雷·伊格尔顿：《二十世纪西方文学理论》，伍晓明译，北京大学出版社2007年版，第56—57页。

② ［英］特雷·伊格尔顿：《二十世纪西方文学理论》，伍晓明译，北京大学出版社2007年版，第60页。

③ ［德］马克思：《关于费尔巴哈的提纲》，载《马克思恩格斯选集》（第1卷），人民出版社1995年版，第57页。

生与历史无关。伊格尔顿说:"这样的动荡绝不仅仅只是一个种种战争、种种经济衰退和种种革命的问题;它也是为那些卷入其中者以种种最直接的个人方式体验到的。它既是社会的骚动,也是种种人的关系的危机,以及人的个性的危机。"① 精神分析理论讨论的是关于人的内心骚动以及人际关系变化的历史,它执着于人的主体问题,其所涉及的人类经验在整个有记录的历史上都是普遍存在的,只不过精神分析理论将这种历史组成了系统的知识。精神分析理论同样涉及马克思主义最基本的物质概念——劳动。伊格尔顿说:"如果说马克思是从与其有关的种种社会关系、社会阶级和政治形式的角度出发来观察我们的劳动需要所产生的种种影响的,那么弗洛伊德观察的就是这一需要所蕴涵的对心理生活的种种意义。"② 也就是说,劳动的需要是影响人的心理生活的重要因素,这样一来,伊格尔顿为弗洛伊德主义找到一个历史根基,他甚至将弗洛伊德视为唯物主义者:"确实是有一个如何把种种社会的和历史的因素与无意识联系起来的问题;但是弗洛伊德的工作的目的之一就在于它使我们有可能从社会和历史的角度去思考人类个体的发展。其实,弗洛伊德所创立的恰恰就是一个有关人类主体之形成的唯物主义理论。"③ 除了马克思主义,弗洛伊德主义也是被伊格尔顿高度评价的重要理论。

二 西方文学理论所代表的阶级利益

在之前的论述中,我们经常提到伊格尔顿对理论家的阶级定位,他将阶级属性视为影响理论生成的重要因素。同样,当代西

---

① [英]特雷·伊格尔顿:《二十世纪西方文学理论》,伍晓明译,北京大学出版社2007年版,第149页。
② [英]特雷·伊格尔顿:《二十世纪西方文学理论》,伍晓明译,北京大学出版社2007年版,第150页。
③ [英]特雷·伊格尔顿:《二十世纪西方文学理论》,伍晓明译,北京大学出版社2007年版,第162页。

走向新的审美实践

方文学理论也体现了不同的阶级立场。伊格尔顿认为当代西方文学理论具有明显的阶级属性,他批判当代西方文学理论代表了统治阶层利益。

"接受美学"是20世纪西方文学理论一次全新发展,文学理论的研究目标第一次如此明确地转向读者。表面看来,接受美学理论看重于读者利益,实际上它不过是打着读者的旗号进行利益的置换。通过对伊赛尔、罗兰·巴尔特以及斯坦利·费什等人接受美学理论的分析,伊格尔顿试图揭穿其意识形态秘密。伊格尔顿说:"伊赛尔的接受理论其实基于一种自由人本主义的意识形态:即相信我们在阅读时应该柔顺、虚心,随时准备着让自己的种种信念成为问题,并且允许它们受到改造。"① 伊赛尔关注阅读的反应机制,他相信读者阅读时可以开放思想,随时准备接受质疑并且改变自己的观点。表面看来,伊赛尔期待那些能打破成规的读者,实际上他的理论所适用的读者却是那些了解成规的读者,这些读者阅读的过程就是不断地将文本的不确性按照他所了解的原则进行确定化正常化的过程,所以这些读者恰恰是最不需要改变也不可能改变的。

法国学者罗兰·巴尔特虽然未被视为接受美学家,但是他也提出了阅读理论。巴尔特针对的对象主要是现代主义文本,他将阅读看作一种自由的文学游戏,读者无须去了解作品确定的整体的意义,只要尽情享受各种语言符号所带来的快感与刺激。对巴尔特而言,阅读可以完全不去管文本的确定意义,只要从中取乐,对此,伊格尔顿明确提出批评。他说:"在一个有人不仅缺乏书籍而且缺乏食物的世界上,这种自我沉溺的、先锋派的享乐主义中有些令人不安之处。如果说伊赛尔为我们提出了一个严格的'标准化'模式去控制语言的无边无际的潜能,那么巴尔特却

---

① [英]特雷·伊格尔顿:《二十世纪西方文学理论》,伍晓明译,北京大学出版社2007年版,第77页。

赠送给我们一种私人性的、非社会性的、本质上混乱的经验，而这种经验也许只是前者的反面。"① 表面看来，巴尔特给予读者阅读的自由，但是这种自由只能建立在充实的物质基础之上，无论如何，这种阅读不可能是穷人的阅读，所以，伊格尔顿说罗兰·巴尔特代表着享乐主义者。

伊格尔顿说："在我至此为止对于各种文学理论所做的阐释中，我已经力图表明，这里有待考虑的问题远远不止对于文学的种种看法——形成着并支持着所有这些理论的总是对于社会现实的或多或少的确定解读。"② 所有关于文学的反应，即使那些关于文学形式等纯美学角度的反应，都与我们是哪种社会和历史的个人有关，他们都是一定阶层利益的代言。接受理论虽然主张将重心转移向读者，但是，他们所想所关心的并不是读者或接受者的利益，而是阶层管理者或社会统治者的利益，这也是绝大多数西方文学理论所代表的利益。

三 西方文学理论对资本主义意识形态的复制与强化

当伊格尔顿着眼于分析各种西方文学理论所代表的阶级利益时，他已经将文学理论视为一种意识形态。在伊格尔顿的观念中，西方文学理论不仅仅反映了各种意识形态观念，它同时也在制造新的意识形态，这种新的意识形态旨在重复与深化资本主义的政治逻辑。对此，我们将选择三个方面进行论述。

1. 西方文学理论对资产阶级思维方式的重复

我们在上一节中谈到，伊格尔顿将美学的诞生归因于资产阶级塑造新主体的主观想象，同样，他也将现象学视作为了确立人

---

① ［英］特雷·伊格尔顿：《二十世纪西方文学理论》，伍晓明译，北京大学出版社2007年版，第80—81页。
② ［英］特雷·伊格尔顿：《二十世纪西方文学理论》，伍晓明译，北京大学出版社2007年版，第87页。

走向新的审美实践

类主体性的中心地位。伊格尔顿说："自19世纪以降的欧洲历史进程似乎已将沉重的疑团投向下述这一传统的假定：'人'控制自己的命运，人永远是自己世界的创造性中心。现象学对此所做出的反应是恢复先验主体的合法地位。"① 胡塞尔的现象学并没有脱离传统的资产阶级思维框架，而是将资产阶级的理性思维方式发展到一个极端。他主张从枯燥的传统哲学控制下恢复人类的行为和经验世界，与他的前辈试图从专制的封建主义中恢复主体的自由，采用的是同一理论模式。胡塞尔的学生海德格尔看到了他的老师以先验主体作为思想出发点的理论缺陷，转而将人的生存（或此在）确定为哲学思辨的起点。在伊格尔顿看来，海德格尔虽然承认意义的历史性，但是他对时间与语言的先在性的强调说明他的时间与语言本质上仍然是一个形而上学的范畴，它们与具体的真正的历史无关。海德格尔以想象的结果取代真正的历史危机，实际上也未能真正推翻西方形而上学传统，而是建立了另一种不同形式的形而上学实体。

如果说现象学、阐释学等都是带有明显主观主义色彩的理论模式，它们受资产阶级思维方式的影响不那么让人难以理解，那么，对于那些标榜客观性的文学理论而言，又是怎么样的情形呢？从结构主义与符号学那里，伊格尔顿看到了同样的结果。结构主义主张用一种类似于科学研究的分析方法来研究文学作品，它归纳出一种或几种文学结构模式，用平行、对立或颠倒等非美学式用语来对结构中各个成分之间的关系进行分类，它所建立的是一个可以跨越历史的种种结构方式。广义的结构主义认为结构主义批评方法不仅适用于文学，而且适用于一切符号，所以文学从本体论意义而言并无特权，它与其他符号共享一个类似的深层结构，文学作为一种独特叙述方式的神秘感因此被消除。对于结

---

① [英]特雷·伊格尔顿：《二十世纪西方文学理论》，伍晓明译，北京大学出版社2007年版，第56—57页。

构主义,伊格尔顿说:"结构主义在很多方面都与传统的文学批评决裂了,但在其他很多方面却依然委身于传统的文学批评。正如我们已经看到的,结构主义之专注于语言具有非常根本性的意义,但对于语言的专注同时也是众所周知的学者之执迷。……结构主义对于符号系统的整合性的强调难道不正是把作品视为'有机统一体'的一种翻版吗?"① 西方传统文学批评重在研究文学的社会价值、作家倾向等内容因素,结构主义转而研究文学的叙事结构等形式因素,它代表了文学批评观念的重大转变,也是知识分子语言情结的必然结果。但是结构主义将世界看作某些超越一切历史的共有的意义系统的产物,却不过是西方古典唯心主义学说的现代翻版,它与认为世界是由人的意识构成的说法并无本质上的区别。像大多数文学理论一样,结构主义的思维方式本质上是唯心主义的、非历史性的。

我们知道,当代西方文学理论发端之际,马克思的唯物主义哲学已经诞生了百年之久,但是,整个西方文学理论仍然在唯心主义体系中发展。这一方面是因为理论作为思维的产物,本身就容易陷入唯心主义;另一方面也可以由此看出资产阶级思维方式的稳固性及延续性,它已经影响到在这个体系中产生的大多数文学理论。

2. 西方文学理论对资本主义科学逻辑的复制

除了对资产阶级传统思维方式的重复,西方文学理论也在重复着资本主义社会的科学逻辑。伊格尔顿对结构主义的批判,正是基于这一观点而作。伊格尔顿说:"除了其他种种东西之外,结构主义也是文学理论的那一系列注定要失败的尝试中的又一个尝试,一个以某种同样有效的东西来取代宗教的尝试:在结构主义这里,就是以科学这一现代宗教。……正像行为主

---

① [英]特雷·伊格尔顿:《二十世纪西方文学理论》,伍晓明译,北京大学出版社2007年版,第109页。

走向新的审美实践

义心理学的谨小慎微一样,结构主义逃避价值判断时的那种谨小慎微,以及它对于任何略带人类味道的语言的忸怩作态、委婉曲折的回避,并不仅仅只是有关其方法的事实。它使人联想到在多大程度上结构主义成为一种被异化了的科学实践理论——一个有力地左右着后期资本主义社会的理论——的轻易受骗者。"① 结构主义主张文学批评的客观性与超历史性,与其他文学理论相比,它与历史的关联是最少的,但是这并不意味着结构主义的产生与历史无关,相反,结构主义思维方式是资本主义科学逻辑的最佳代言。

一方面,结构主义提倡按照科学归类的方式来分析文本结构,这正是对科技意识形态的认同与强化,它既是传统资本主义意识形态的继承,也是对当前资本主义意识形态的模仿。伊格尔顿说:"如果说传统的批评家组成了一群精神精英,那么结构主义者似乎就构成了一群由远离'普通'读者的奥秘知识所装备起来的科学精英。"② 这句话可谓一针见血点明了结构主义的学科特性——批评技术化。也正因为结构主义生产并传播着那个时代特有的意识形态观念,它很快就获得体制的认同,成为大学课堂里方便讲授并且深受欢迎的课程。另一方面,结构主义被进口到其他国家,意味着发达国家科技意识形态的扩散,这种文化输出也因此具有了政治意义。伊格尔顿说:"结构主义对于知识不发达国家起到了一种援助作用,为它们提供了可使其衰退的国内工业振兴起来的大型设备。它许诺将整个文学研究这一学术事业置于更加坚实的基础之上,从而使其超越所谓'人文学科中的危机'。它为下述问题,即我们正在教授与学习

---

① [英]特雷·伊格尔顿:《二十世纪西方文学理论》,伍晓明译,北京大学出版社2007年版,第119—120页。
② [英]特雷·伊格尔顿:《二十世纪西方文学理论》,伍晓明译,北京大学出版社2007年版,第110页。

第三章 资产阶级批评理论的政治功能

的是什么，提供了一个新的答案。"① 伊格尔顿以一种揶揄讽刺的口吻将文学批评方法称作"大型设备"，对那些正在为文学批评的前途担忧的学者而言，结构主义提供了新的可能，一种更新文学制度的政治手段。

3. 西方文学理论对资本主义社会体制的强化

在第一章中，我们已经分析过伊格尔顿对西方社会体制与资本主义国家同谋关系的论述，他打破了那种将文学机构视为纯净圣土的幻想。同样，西方大多数文学理论作为特定社会体制的产物，其某些观念也旨在强化这种社会体制。通过对弗洛伊德精神分析理论的研究，伊格尔顿揭露了弗洛伊德主义的男权思想，并将这种思想视为父权体制的再现与强化。

从弗洛伊德描述女孩多拉和男孩汉斯的病例的不同语气中，伊格尔顿看到了弗洛伊德的男权思想。他说："弗洛伊德大概并不比19世纪其他维也纳男性的父权态度更多，但他那种认为女人被动、自恋、性喜受虐、羡慕阴茎并且比男人更缺少道德上的认真的观点，已经受到一些女权主义者的彻底而尖锐的批判。"② 伊格尔顿看到了弗洛伊德对妇女的贬损与偏见，更从女权主义者那里印证了弗洛伊德的父权思想，在这里我们不做过多讨论。需要提及的是，伊格尔顿关注的问题不在于弗洛伊德的男尊女卑思想有多么不道德，而在于说明一个观点：男尊女卑这个统治着西方社会千百年历史的资本主义社会逻辑已经内化到类似于弗洛伊德主义的大多数文学理论之中。

通过对西方大多数文学理论所代表的政治性质的考察，伊格尔顿发现："文学理论与这个政治制度有着最特定的关系：文学

---

① ［英］特雷·伊格尔顿：《二十世纪西方文学理论》，伍晓明译，北京大学出版社2007年版，第121页。

② ［英］特雷·伊格尔顿：《二十世纪西方文学理论》，伍晓明译，北京大学出版社2007年版，第160页。

走向新的审美实践

理论有意或无意地帮助维持和加强了它的种种假定。"① 无论是那些强调主观性还是标榜客观性的文学理论,形成并支持着这些文学理论的内在动力都出于对社会现实或多或少的肯定,或者说,大多数理论家习惯于从肯定而不是否定现有社会模式的角度来进行理论的创新。换句话说,大多数当代西方文学理论是为了引导我们去理解资本主义制度,适应资本主义社会,从而维持资本主义世界的长久统治。也就是说,当代西方文学理论正在发挥着强化资本主义政治逻辑的功能。

正如马克思辩证地评价资产阶级的历史作用,伊格尔顿也辩证地评价了资产阶级批评理论。他既看到这一理论对确立资本主义政权的正面推动作用,也看到它对资本主义政治逻辑的强化以及对社会主义胜利的阻碍。资产阶级批评理论所具有的政治功能,充分说明了批评有助于实现一定的政治目的。但是,肯定资产阶级批评理论的政治功能并不是要让我们继续去发展这样的理论,而是要从这一理论中看到有利于社会变革以及不利于社会变革的地方,继而发展左派理论及社会主义理论。

伊格尔顿关于当代西方文学理论的批判逻辑很容易让我们想到福柯。福柯从研究知识史开始其批判和创作生涯,其知识考古学关心的重点是知识的区分化过程和权力的区分化过程之间的关系,而他的知识考古学以及道德和权力系谱学所要解决的主要问题,就是西方近代社会科学、政治、伦理的关系。受福柯启发,伊格尔顿选取了知识类型中的文学理论作为研究对象,分析其中所牵涉的各种权力及其政治关系。他利用古代修辞学来评论西方现代批评理论,要求后者也像前者一样能够介入政治生活。伊格尔顿应用福柯思想时,始终坚持一种马克思主义情怀,他将资本主义的灭亡视为一种宏观的政治理想,批判当前西方理论对权力

---

① [英]特雷·伊格尔顿:《二十世纪西方文学理论》,伍晓明译,北京大学出版社2007年版,第197页。

体制的认可。另一类人也从福柯那里寻找资源,但是他们从福柯的论断"权力无所不在"中看到的是当前西方社会体制的不可战胜并由此转向研究语言、性等边缘事物,放弃宏观政治而发展出更多的微观政治。他们就是后现代主义。

第四章 后现代主义：西方左派政治的理论转向

自20世纪90年代以来，伊格尔顿开始频繁介入关于后现代主义的争论，他在《美学意识形态》《文化的观念》《后现代主义的幻象》《理论之后》《后现代主义的矛盾性》《资本主义、现代主义与后现代主义》等著作中表达了自己的基本立场。面对纷纭复杂的后现代主义论争，伊格尔顿牢牢握住政治批评的大旗，对后现代主义的理论信条与政治信仰进行深入剖析，并结合马克思主义理论对后现代主义进行了政治批判。

关于后现代主义与后现代性，伊格尔顿做过概念上的区分，他认为前者指文化的形式，后者则指特殊时期的思想风格。但是从实际使用情况来看，伊格尔顿常常用后现代主义一词来通称后现代理论、后现代主义艺术、后现代时期等，"'后现代主义'是一个复杂和范围广泛的术语，它已经被用来涵盖从某些建筑风格到某些哲学观点的一切事物"。① 此外，贯穿于伊格尔顿作品中的文化理论、文化、理论等概念也与后现代主义密切相关，它们在伊格尔顿的思维中具有一定的通用性。所以，本章将遵循伊格尔顿的做法，不细致考察概念之间的区别，而是统一使用术语"后现代主义"。

---

① [英]特里·伊格尔顿：《后现代主义的幻象》，华明译，商务印书馆2000年版，"致中国读者"。

第四章　后现代主义：西方左派政治的理论转向

第一节　后现代主义：从杰姆逊到伊格尔顿

杰姆逊（Frederic Jameson，又译詹明信、詹姆逊、詹姆森等）与伊格尔顿的学术研究涉及许多相同话题，包括文学形式的意识形态性、文学理论的意识形态性、政治批评、现代主义与后现代主义等，体现出西方马克思主义批评的共同旨趣。在后现代主义问题上，伊格尔顿明显跟随杰姆逊的步伐，表面看来，前者继承了后者诸多观点，仔细辨别，两人仍然存在较多的理论差异，他们代表了马克思主义的不同应用以及不同的政治立场。

一　后现代主义的起因

杰姆逊的后现代主义研究涉及建筑、电影、小说、绘画等主要艺术领域以及后现代理论等相关的话语领域，其研究对象主要来自后现代主义艺术。伊格尔顿回避对具体的文化类型或个别艺术作品的讨论，他的《后现代主义的幻象》不细致分析个别思想家的言论，而是集中批判当前流行的或渐成共识的后现代主义思想，可见伊格尔顿的研究对象主要是后现代主义理论。研究对象及文化背景的差异造就了杰姆逊和伊格尔顿研究思路的不同，关于后现代主义起因的分歧是两者最大也是最基本的分歧。

杰姆逊主张将后现代主义放入历史的物质发展轨道中考察，他尤其强调生产方式对人的艺术思维的影响，认为后现代主义艺术实践受到社会再生产的过程与方法的影响。"今日的机器，表达在艺术里的，所依据的是另一种美感规律。……我们今天的文化重心不在机器的动态能量上，而在各种各样、日新月异的再生产过程和方法上。"① 受曼德尔关于资本主义发展阶段三分法的启发,杰姆逊创造性地运用马克思主义"经济基础—上层建筑"历史唯物主义理论,他试图构建一个能囊括全部后现代主义现象的理论框架,他将现实主义、现代主义与后现代主义分别视为市场资本主义、垄断资本主义及跨国资本主义的三种文化形式,强调文化的演变逻辑与生产方式的更替的对应关系。也就是说,后现代主义作为晚期资本主义的文化逻辑,不是一种风格潮流,而是在历史意义上接替现代主义而产生的新的主导性文化。

伊格尔顿同样也将后现代主义放到历史中考察,但是他所强调的历史向度不同于杰姆逊,受马克思、恩格斯意识形态理论的影响,伊格尔顿强调的是人的社会活动所引发的思想变化,他将目光投向后现代理论的发源地法国,认为后现代主义的产生与法国"五月风暴"运动有密切关系。一度群众性的、处于中心地位的和富于成果的激进政治运动失败之后,政治左派将激进的冲动转移到性、种族、语言等领域,后现代主义由此产生,它是对无法通过现实革命推翻现存资本主义制度的政治替代行为。"无论后现代主义出自其他什么地方——后工业社会、对现代性的最终怀疑、先锋派的重新发现、文化的商品化、生气勃勃的新政治力量的出现、关于社会的某些经典思想体系和主体的崩溃——它也是,并且主要是一场政治失败的后果——它不是强行地把这场政治失败遗忘,就是一直把它作为假想的对手进行攻防练习。"② 伊格尔顿将政治失败看作后现代理论起因的首要因素,并且始终重视后现代主义的政治性质。

---

① [美] 詹明信:《后现代主义,或晚期资本主义的文化逻辑》,载张旭东编《晚期资本主义的文化逻辑:詹明信批评理论文选》,陈清侨等译,生活·读书·新知三联书店1997年版,第486页。
② [英] 特里·伊格尔顿:《后现代主义的幻象》,华明译,商务印书馆2000年版,第28页。

第四章 后现代主义：西方左派政治的理论转向

杰姆逊和伊格尔顿对于后现代主义起因的探讨，分别从经济和政治角度切入，既是对马克思主义历史观的创造性应用，也是对利奥塔从科学角度论后现代主义思路的突破。对后现代主义起因的不同认识是杰姆逊和伊格尔顿后现代主义理论最引人注目的论述，也是其最主要的分歧，这一分歧决定了杰姆逊与伊格尔顿在认识与评价后现代主义其他问题上的差异。

二 后现代主义的主体特征

主体的分裂与瓦解是杰姆逊对后现代主义主体的基本评价，"踏入后现代境况以后，文化病态的全面转变，可以用一句话来概括说明：主体的疏离和异化已经由主体的分裂和瓦解所取代"。① 他认为当代艺术中出现的个人风格引退、前卫主义消灭、集体理想减弱、历史情感消逝、电影制度转变等现象都是主体瓦解的结果。伊格尔顿对后现代主义主体的认识，基本上沿用了杰姆逊的上述观点，认同后现代主义主体是一个消散的、分裂的主体，"这一主体根本没有任何基础，因此它有权在一个本身也是任意的、偶然的、随机的世界中或是焦虑地或是狂喜地自由流动"。"它的核心由一系列松散的力量组成。"② 但是，伊格尔顿对杰姆逊也有所补充。

第一，质疑后现代主义将主体身体化，认为这是政治失败后的策略转移。西方哲学中的主体与身体本不等同，但是后现代主义却试图取消传统哲学中的主体范畴，他们将身体视为一切内在认知的来源，否认身体之外的本质之说，杰姆逊很少谈及后现代主义的身体理论，伊格尔顿则非常关注这一现象并对此进行辩证

---

① [美]詹明信：《后现代主义，或晚期资本主义的文化逻辑》，载张旭东编《晚期资本主义的文化逻辑：詹明信批评理论文选》，陈清侨等译，生活·读书·新知三联书店1997年版，第447页。

② [英]特里·伊格尔顿：《后现代主义的幻象》，华明译，商务印书馆2000年版，第52、103页。

走向新的审美实践

的分析,他认为后现代主义身体学使我们重新变成抽象世界中有血有肉的造物,恢复了我们的感性,它在抨击个人主义的、非历史的、形而上学的意识形态方面取得一定的成效,因此,强调身体的客观性,具有一定的正面意义,它是对已经遭遇挫折的经典唯物主义的补偿,是激进政治进一步深化到人体领域的结果。"作为一种始终局部性的现象,身体完全符合后现代对大叙事的怀疑,以及实用主义对具体事物的爱恋。因为我在任何个别时刻都无需使用罗盘就知道我的左脚在哪儿,所以身体提供了一种比现在饱受嘲笑的启蒙主义理性更基本更内在的认识方式。"[1] 此外,过量的身体感觉以及性的讨论充斥于后现代主义者的著作,也是对激进政治力量的一种替代,是对阶级、国家等经典政治话题的回避,正如后现代主义源于政治失败,后现代主义主体观的转变亦是政治失败的后果。显然,伊格尔顿对后现代主义的身体理论是既利用又批判的。

第二,批判后现代主义主体的政治哲学,将它视为自由主义与社群主义思想的错误结合。自由主义与社群主义是当代资本主义社会两大政治哲学,自由主义强调个体权利,社群主义则强调公共利益。伊格尔顿所推崇的自由主义是那个曾经帮助资产阶级推翻封建专制统治的自由主义,是启蒙运动时的自由主义,而不是后现代主义的自由主义,后者将自由看作不受外在限制地自行其是的现代的或者否定的概念,却较少谈及正义、自由、平等、人权和诸如此类伟大的自由主义主题,后现代主义将主体的消亡作为实现这一自由的条件,其结果必然是虚假的、得不偿失的自由,"这好像是一场皮洛士的胜利,因为这里也不会再有可以让所讨论的自由附于其上的任何整一主体。如果这个自由需要整一主体的消解,那么从逻辑上说它就

---

[1] [英]特里·伊格尔顿:《后现代主义的幻象》,华明译,商务印书馆2000年版,第82页。

第四章 后现代主义：西方左派政治的理论转向

根本不是自由"。① 伊格尔顿对社群主义也是认同的，但是他反对后现代主义区分社群的标准，后者认为权力、欲望、惯例以及公共性解释把我们塑造成为特殊的行为和信仰，由此将社群主义推到一种文化主义、道德相对主义和对普遍性的敌视。也就是说，后现代主义的社群主义其实质仍然是自由主义的。后现代主义的主体徘徊在自由主义与社群主义之间，始终未找到合适的安身之处，它们很难成为伊格尔顿所需要的那种可以改造资本主义社会的新主体。

三 后现代主义与现代主义

杰姆逊与伊格尔顿都曾讨论后现代主义与现代主义的关系问题，两人的学术观点存在明显的差异。杰姆逊的基本观点是强调后现代主义与现代主义之间的断裂关系，"不论从美学或从意识形态角度来看，后现代主义表现了我们跟现代主义文明彻底决裂的结果"。② 具体而言，后现代主义与现代主义的差别在于它们分别产生于资本主义发展的不同阶段，有着各自不同的情绪、特征及主题：现代主义笼罩着孤独而焦虑的情绪，后现代主义却是"精神分裂式"的欣狂喜悦之感；③ 现代主义追求深度的意义，后现代主义追求表面的形象；现代主义是关于时间的艺术，后现代主义则是关于空间的艺术。时间和空间的对比被杰姆逊视为现代主义与后现代主义的基本对立："历史变革和与历史性接触的新形势决定了现代主义时间性的主题；偏离中心的高度技术化的世

---

① ［英］特里·伊格尔顿：《后现代主义的幻象》，华明译，商务印书馆2000年版，第101页。
② ［美］詹明信：《后现代主义，或晚期资本主义的文化逻辑》，载张旭东编《晚期资本主义的文化逻辑：詹明信批评理论文选》，陈清侨等译，生活·读书·新知三联书店1997年版，第421页。
③ ［美］詹明信：《后现代主义，或晚期资本主义的文化逻辑》，载张旭东编《晚期资本主义的文化逻辑：詹明信批评理论文选》，陈清侨等译，生活·读书·新知三联书店1997年版，第476页。

走向新的审美实践

界体系的新形势决定了后现代主义形式上的创新。……现代主义的叙述性作品提出了一个不同的问题,即一个关于时间的新的历史经验;而后现代主义在一个困境与矛盾都消失的情况下似乎找到了自己的新的形势、新的美学及其形式上的困境,那就是空间本身的问题。"① 但是,杰姆逊对后现代主义与现代主义的区分也不是绝对的,他认为后现代主义是现代主义元素重组的结果,即先前处于主导位置的元素变为次要元素,而先前的从属元素转变为主导元素,因此后现代主义是晚期资本主义社会的主导文化模式,但不是唯一的文化模式。

与杰姆逊不同,伊格尔顿反对过分强调后现代主义与现代主义之间的断裂,否认后现代主义对现代主义的突破性发展,他更关注两者之间的联系。首先,从历史背景来看,现代主义与后现代主义产生的时代类似,面临的难题也相同,但是现代主义比后现代主义更为悲壮、也更加积极。其次,现代主义与后现代主义虽然具有不同的情感气氛,但是两者并没有本质的差别,只不过是度的不同。因为现代主义之前是一个稳固传统的社会,所以人们对现代主义的出现感到震惊和焦虑,到了后现代主义,经历过变革的人们已经有了免疫能力,其反应变得更加随意与镇静,甚至有些玩世不恭。最后,后现代主义的许多命题是对现代主义的重复,但前者的成就远远不及后者,例如现代主义比后现代主义更早拒绝反思及反理性。伊格尔顿认为,现代主义的颠覆运动整体上气数已尽,但是仍然存有异议,后现代主义成为这些现代主义异议的安身之处,许多后现代主义理论家(如克里斯蒂娃、福柯、德里达等人)继承了伟大现代主义艺术家的天赋与气质。后现代主义是现代主义的延续,在继续现代主义未完成的使命。

---

① [美]詹明信:《现实主义、现代主义、后现代主义》,载张旭东编《晚期资本主义的文化逻辑:詹明信批评理论文选》,陈清侨等译,生活·读书·新知三联书店1997年版,第299—300页。

第四章 后现代主义：西方左派政治的理论转向

贝斯特与科尔纳指出："一个时代与另一个时代之间的变化总是长时间的、矛盾的并常常是痛苦的。但是对'两者之间'或过渡的有活力的感受需要人们领悟过去与新奇的现在以及未来的联系。因此，重要的是把握后现代和现代的连续性和非连续性，以理解我们的当前处境。"① 伊格尔顿与杰姆逊的理论正是对后现代主义与现代主义的连续性与非连续性的不同认识，这一认识的差异将影响到他们对后现代主义前途的把握。

四 后现代主义的政治前途

不管后现代主义是现代主义的重组或是重复，进步或是退步，杰姆逊与伊格尔顿在研究后现代主义的同时，也试图寻找更新更好的文化政治方案，来服务于当前政治和社会。杰姆逊对后现代主义的前景相当乐观，他以一种肯定的态度去解读后现代主义，并且视其为有效的政治手段，通过充分了解它来增加实践手段，正如佩里·安德森所说的："后现代主义是这样一种资本主义的文化逻辑，它没有介入战斗，而是空前地自鸣得意。实际上，只有在气势上压倒这个制度，才能开始抵制。"② 认知绘图美学是杰姆逊针对后现代主义社会提出的政治模式，这种美学以后现代主义开创的空间概念为基本根据，在全球视野下不断更新。"我们要掌握后现代主义文化的基本对象——坚持守望在跨国性的世界空间里。与此同时，这新的政治艺术确曾成功地突破传统再现的形式，并且采用全新的、前所未有的文化模式，把那崭新的世界空间予以呈现。……倘使我们真要解除这种对空间的混淆感，假如我们确能发展一种具真正政治效用的后现代主义，我们

---

① ［美］斯蒂芬·贝斯特、道格拉斯·科尔纳：《后现代转向》，陈刚等译，南京大学出版社2002年版，第38页。
② ［英］佩里·安德森：《后现代性的起源》，紫辰、合章译，中国社会科学出版社2008年版，第124页。

走向新的审美实践

必须合时地在社会和空间的层面发现及投射一种全球性的'认知绘图',并以此为我们的文化政治使命。"① 当历史情境发生改变时,再回到旧时的美学实践已不再可能,人们需要一种新的理论来指导自我确立其在社会中的位置,认知绘图是一种新的政治文化模式,它必须是对后现代主义充分研究的基础之上得出,遗憾的是,杰姆逊并没有对此做出进一步的分析,也没有提出具体的认知绘图策略,认知绘图美学更多的是一种乌托邦想象。

伊格尔顿对杰姆逊式的后现代主义的政治前景持怀疑态度。从后现代主义与消费社会的关系出发研究后现代主义时,伊格尔顿发现后现代主义的矛盾性,即后现代主义最终遵循的高级资本主义市场逻辑必须在资本主义意识形态上层建筑的支撑下生存,因此,后现代主义对上层建筑所做的颠覆是无力且注定失败的。伊格尔顿对后现代主义政治前途与后现代主义起因的分析看法基本一致,即后现代主义没有超越现代主义,也没有完全解决现代主义遗留的问题,它是一种政治的退却,因此,伊格尔顿建议我们重新回到现代性,继续探索真理、客观、德行等经典的现代性问题,寻找更好更有效的理论,其近作《理论之后》将家常闲话与理论分析夹杂一体,从后现代主义一路追寻到了亚里士多德自由全面发展的伦理学,呼吁我们回到伦理政治一体化的思维模式中重新开始我们的理论建设。不过,也有一类后现代主义是伊格尔顿所看好的,他将压迫者和被剥夺者看作反抗力量之源泉,因此认同后现代主义从受苦受难、一无所有的人群发展出新的政治制度的可能性,"它已经论及受压制者和无特征者的处境,而它在无权力者身上辨认权力的能力,以及预言神性放弃的可怕力量的能力,已经在它身后留下了一种知道如何从失败中召唤出力量

---

① [美] 詹明信:《后现代主义,或晚期资本主义的文化逻辑》,载张旭东编《晚期资本主义的文化逻辑:詹明信批评理论文选》,陈清侨等译,生活·读书·新知三联书店1997年版,第515页。

第四章　后现代主义：西方左派政治的理论转向

的宝贵精神传统"。①

从杰姆逊到伊格尔顿，西方马克思主义对后现代主义的认识不断深化。杰姆逊是以一种总体化的眼光勾勒后现代主义的全貌，他对马克思主义基本原理的应用是隐性的，颇具开创性。伊格尔顿对马克思主义的应用更加显化和具体化，他着力于揭示后现代主义的虚伪面孔，甚至有些老生常谈。伊格尔顿也是杰姆逊后现代主义理论的支持者，他基本认同杰姆逊对后现代主义艺术特征的分析，并且传播其观点。

第二节　后现代理论信条的谬误

《后现代主义的幻象》是伊格尔顿批判后现代主义理论的集大成之作。他以马克思主义为理论武器，以政治进步为主要原则，对后现代主义理论的主体观、历史观、反本质主义思想进行剖析，对后现代主义的合法性与政治意图进行论证，从而揭露了后现代主义的理论缺陷以及它所导致的政治后果。

一　后现代主体的身体化

按照杰姆逊的观点，从现代主义到后现代主义，"主体的疏离和异化已经由主体的分裂和瓦解所取代"。② 言下之意，现代主义艺术主体的特征是疏离与异化，后现代主义艺术主体的特征则是精神分裂甚至瓦解死亡，在杰姆逊看来，当代艺术出现个人风格衰退、集体理想弱化、历史情感消逝、前卫艺术锐减、电影制度转变等现象，大部分是因为主体的分裂与死亡所引发的后果。

---

① ［英］特里·伊格尔顿：《后现代主义的幻象》，华明译，商务印书馆 2000 年版，第 105 页。
② ［美］詹明信：《后现代主义，或晚期资本主义的文化逻辑》，载张旭东编《晚期资本主义的文化逻辑：詹明信批评理论文选》，陈清侨等译，生活·读书·新知三联书店 1997 年版，第 447 页。

走向新的审美实践

以杰姆逊上述观点为基础,伊格尔顿继续批判后现代主义的主体观。他说:"总的说来,西方哲学的历史是对这个显然自主的主体的叙述,这个主体与当代后现代正统中那个消散、分裂的主体正好形成对照。""这一主体根本没有任何基础,因此它有权在一个本身也是任意的、偶然的、随机的世界中或是焦虑地或是狂喜地自由流动。"① 一方面,伊格尔顿继承了杰姆逊关于后现代主义分裂性主体的论断,视后现代主体为缺乏整体性并任意流动的主体;另一方面,杰姆逊对后现代主义主体特征的界定是以现代主义艺术为参照物而言的,伊格尔顿却将西方传统哲学主体看作后现代主义主体的对照物,这是因为伊格尔顿的研究重心在于后现代主义理论。具体而言,相比于杰姆逊的主体理论,伊格尔顿有两点补充。

第一,后现代主义将主体问题转化为身体问题。大量关于身体感觉以及性的讨论充斥于后现代主义著作,身体而不是主体成为后现代主义思想关注最多的事物之一。对此,伊格尔顿进行了辩证的分析:一方面,后现代主义对身体的推崇意味着激进的左派政治深化到人体领域,这是左派政治进一步发展的需要,也是其发展的必然结果。正如伊格尔顿所看到的,传统哲学有意塑造出一个主观的自足的主体形象并将其凌驾于他物之上,这种关于主体的宏大叙事越来越偏离于唯物主义叙事传统。相反,后现代主义身体理论意在恢复人的物质性与感性经验。它认定身体本身即可提供一种内在认知,否认身体之外的任何本质之说,这将有利于反击那些非历史的、个人主义的、形而上学的意识形态观念。另一方面,后现代主义的身体化也是左派政治失败后的策略性转移,它通过语言上的反叛来消耗身体的能量以替代那些更加积极的政治行动。例如,后现代主义推崇欲望的身体和性感的身

---

① [英]特里·伊格尔顿:《后现代主义的幻象》,华明译,商务印书馆2000年版,第92、52页。

第四章 后现代主义：西方左派政治的理论转向

体，却不关心饥饿的身体和劳动的身体，可见后现代主义并没有像它标榜的那样具有唯物性。后现代主义对阶级、国家以及意识形态等经典政治话题的有意回避导致其一步步地走向经典政治学的反面。此外，后现代主义身体理论的复杂化，也是实用主义的回光返照以及知识分子的自我陶醉。总之，对于后现代主义主体的身体化，伊格尔顿既肯定又否定，这也促使他去探索一种更有效的身体理论。关于这种身体理论，我们将在第五章再做讨论。

第二，后现代主义主体是对自由主义思想与社群主义思想的错误结合。以社会主义作为参照物，伊格尔顿批判了后现代主义对社群主义思想与自由主义思想的滥用。"后现代的理论进而把所有这一切和自由主义最不受人欢迎的某些方面结合到了一起，而这种自由主义本是社群主义者视为敌人的。"[①] 后现代主义同自由主义一样反感权力、惯例以及公共性，于是他将社群主义的公众性、历史性等观点发展为相对主义道德、极端文化主义以及反普遍主义等。同时，后现代主义又抛弃了自由、正义、平等、人权等经典的自由主义话题，推崇一种不受外在限制的绝对自由，反对自我决定的自由观。在伊格尔顿看来，由于经典主体的分裂，后现代主义的自由成为一种得不偿失的虚假自由："这好像是一场皮洛士的胜利，因为这里也不会再有可以让所讨论的自由附于其上的任何整一主体。"[②]

伊格尔顿关于后现代主义主体的评价是以经典自由主义主体与社会主义主体作为参照体的，然而这三个主体的现状却是令人担忧的：经典自由主义的主体曾取得显著成就，他在改造世界的同时也付出了得不偿失的代价；后现代主义主体追求多元性以至

---

① [英] 特里·伊格尔顿：《后现代主义的幻象》，华明译，商务印书馆2000年版，第100页。
② [英] 特里·伊格尔顿：《后现代主义的幻象》，华明译，商务印书馆2000年版，第101页。

走向新的审美实践

丧失其身份，它不能辨认自己，也无法给自己命名，这种主体也不可能成为社会改造卓有成效的力量；社会主义主体综合自由主义与社群主义的精华，把身份和无中心组成一种富有成果的联盟，但是它还在襁褓之中。所以说，我们生活的这个时代颇为尴尬，旧的主体已经死亡，新的主体脆弱无力，有用的主体却无权生长。

二 多元历史论的反历史

后现代主义对历史抱着十分热情的态度，在当代后现代主义文化中，我们可以发现大量关于历史的论述，历史成为后现代主义的消费对象。伊格尔顿说："后现代主义的特征是将历史看作一个持续易变、丰富多样且无限制的事物，也是一系列紧要关头或者只有某种理论的暴力才能将其打造成一个单一叙事整体的非连续体。"① 后现代主义强调历史的非连续性与流动性，将历史视为当前事件的组合、永恒在场的群组，这一历史观与后现代主义的反本质主义、多元主义的观点是同一的。由于反对历史的先在规定性，历史被看作叙说史，历史理论也因此成为一种意识形态，它看起来是解决问题的方法，实际上却是问题的组成部分。针对后现代主义的反历史倾向，伊格尔顿用一个历史事实进行了有力的反击，即"受苦和剥削的顽固持续的现实"，② 尽管人类历史经历过多种文化形式，它始终未能完全消除苦难与剥削，后现代主义有意回避人类的苦难史与剥削史，抹平现实历史的多样性和复杂性，这种政治立场显然不是倾向于普通大众的。后现代主义对历史的解释是有局限的，也很难为我们寻找真正的政治

---

① Terry Eagleton, *The Illusions of Postmodernism*, Oxford: Blackwell Publishers Ltd., 1996, p. 46.

② ［英］特里·伊格尔顿：《后现代主义的幻象》，华明译，商务印书馆2000年版，第62页。

第四章 后现代主义：西方左派政治的理论转向

出路。

为了进一步批判后现代主义历史观，伊格尔顿以马克思主义历史观作为对照。他说："就普遍历史进步的概念而言，在马克思主义和后现代主义之间似乎没有可以选择的东西。其差异在于这样一个事实，即关于现代时期是多么进步的或者相反，马克思主义能够比后现代主义更加精确细致地加以表达。"① 马克思对历史的叙述是辩证的，他并不否认历史的进步性，但也不认为生产的各种历史方式必须按照某种严格机械论的途径前后相继。因此，马克思主义对历史的叙述比后现代主义更令人信服。例如，关于"社会阶级"，后现代主义视"阶级—种族—性别"为一体，反对种族的同时反对阶级。马克思主义则是对社会阶级进行分类分阶段评论。"马克思主义不是道德主义——将资本家当作恶棍而美化工人。它应该是一个历史变迁的科学理论，在这个理论中，没有任何统治阶级是绝对的正面或绝对的负面。"② 马克思对工人阶级是充分肯定的，因为没有工人阶级就不可能夺取资本的权力；马克思对资产阶级的评价是辩证的、历史的：最初，资产阶级也是一股革命力量，推翻封建主义生产关系对生产力的束缚，实施一种有效的生产方式，增加了社会财富，加强全世界的交流，同时带给我们自由、正义与人权的宝贵遗产以及一个辉煌的文化。马克思强调，只有资本主义充分发展，社会主义的实现才能成为可能。但是，当前资产阶级的行为却成为自由、正义的障碍，限制了人类的发展，因此我们必须反对它。

在人类历史的前景问题上，伊格尔顿反对后现代主义将马克思主义看作本质主义与历史主义。他认为马克思主义和后现代主义

---

① ［英］特里·伊格尔顿：《后现代主义的幻象》，华明译，商务印书馆2000年版，第67页。
② ［英］泰瑞·伊格顿：《马克思》，李志成译，台北：麦田股份出版有限公司2000年版，第107页。

走向新的审美实践

一样信仰多样化的、自由运动的历史,反对"大写的历史"——具有内在的意义与目的的历史,或世界按照其固有逻辑所预先决定的目标运动。但是,马克思主义与后现代主义的多样化历史又不是完全相同的,"这就是两种观点在如何获得多样性这一人们喜爱的目标上产生了分歧"。① 对于某些后现代主义者而言,要么通过文化、性、话语或者商业区来实现多样化历史,要么抛弃一切目标、根据以及起源,打破一切关于历史的图解。在伊格尔顿看来,这两者观点都是不可取的,前者是一种过度早熟的表现,也是一种虚假的乌托邦,后者在实践上让人无法承受,也不可能为我们提供一个与现在十分不同的历史前途。相反,伊格尔顿更推崇马克思的多样化历史,即未来社会的多样性不仅仅在于通过经济改造获得物质的多样性,而且在于充分实现人的丰富性内涵。

从马克思那里,伊格尔顿看到了更深远的目标:未来历史除了要实现物质的解放,更重要的是人的解放,他将人的感觉解放视为最高目标。资本主义的商品意识将所有具有特殊使用价值的物都化约成以交换价值为单一标准的数字,差异性被同一性所支配,未来社会则要改变这一历史现状。历史多样性的实现意味着个人从形而上学的抽象中解放出来,反对"大写的历史"不是仅仅依靠阅读一些后现代理论家的著作就能实现的,它需要我们从历史主义的目的论中走出来,通过正视人的丰富性与差异性来实现真正的多元性历史。当所有人都能以各自不同的方式自然地生活在他们的历史中,当他们有了决定他们自己历史的制度性手段的时候,人类才不再被历史主义所限定。对于人类的未来,伊格尔顿持乐观态度,他相信更加公正、自由、合理和富有同情心的社会秩序是可能的,这是伊格尔顿从马克思那里获得的信心。同

---

① [英]特里·伊格尔顿:《后现代主义的幻象》,华明译,商务印书馆2000年版,第76页。

第四章 后现代主义：西方左派政治的理论转向

时，他也意识到，马克思主义没有提供一劳永逸的现成方案，只是要求人类通过自我协调的行动去实现它。正如恩格斯所言，"我们对未来非资本主义社会区别于现代社会的特征的看法，是从历史事实和发展过程中得出的确切结论"。① 因此，当前的任务不是去找寻一个完美的国家，而是要力图解决妨碍我们过一种幸福真实人类生活的社会矛盾，只有摆脱当前这种剥削体制的历史处境，人类的历史才真正开始。

三 后现代差异论的局限

本质主义是后现代主义学者批判得最多、最严重的罪恶之一。伊格尔顿承认当前确实存在着简约地、虚假地、永恒化以及均质化地使用本质概念的情况，它们以及伴随这些坏的本质主义出现的永恒性、普遍性等概念，在性别和种族的领域造成了巨大的破坏。但是，并不是所有的本质主义都是坏的，也不是所有的元叙事、同一性、普遍性、永恒性及一元化都是可以被推翻的。对此，伊格尔顿从多方面进行了论证。

首先，并不是所有的普遍主义都是坏的。伊格尔顿说："迄今为止，并不是每一个人都享受到了自由、幸福和正义。阻碍这种状态实现的东西一部分就是这种虚假的普遍主义，它认为这种状态能够通过把人类的一个特殊部分，大概地说也就是西方人，把他们的价值和自由扩展到整个地球的方式来实现。"② 也就是说，关于人类命运的普遍主义理想仍然不能放弃，但是对于那些将自己所持有的片面的人性论、自由论、价值论等应用到他人身上并试图全球推广的普遍主义则是需要批判的。和哈贝马斯一

---

① ［德］恩格斯：《致爱·皮斯》，载《马克思恩格斯选集》（第4卷），人民出版社1995年版，第676页。
② ［英］特里·伊格尔顿：《后现代主义的幻象》，华明译，商务印书馆2000年版，第135页。

走向新的审美实践

样,伊格尔顿是现代性的坚定捍卫者,他们认为启蒙运动所提出的理性、道德、公正以及人类的普遍解放的承诺并没有真正实现,人类仍然需要为此而努力。

其次,后现代主义对差异性的盲目推崇是对普遍理性的一种过度反应,其本身具有片面性、绝对性。伊格尔顿就后现代主义的文化相对主义观点批驳了这种差异观。后现代主义设想不同的文化是完全自我证实的和相互之间不可比较的,即使在它们之间存在着某种共同的合理性,也必须被转变成为两种文化各自的术语。假如我们的文化企图对任何其他文化做出判断,那就是十足的傲慢专横,出于同样的原因,其他文化也不能对我们的文化进行判断。然而,事实并非如此,例如北爱尔兰的天主教徒与新教徒在文化上根本就不是相互排斥的,他们共享许多相同的工人阶级文化,虽然派别有异,但是绝对可以相互理解。因此伊格尔顿认为这并不是两种不同文化间的争论,而是效忠于不同政治国家的两类人群之间的争论。同样,文学领域知识分子的文化主义之争也并不一定是不同文化观点之间的绝对冲突,而更多地可能在于政治观点的冲突,或者是不同派别以文化为由的相互倾轧,所以文化主义是一种职业性赌博,"激进的学术界人士正在设法把紧迫的政治问题翻译成为他们自己淡而无味的专业用语,这样,校园外的矛盾便以一种无形的方式变换成为这样一些争斗,即保卫或者推进学术园地,在知识市场上打败激进对手,确保这些方面的本钱而不是先锋派事业的本钱"。① 后现代主义对于文化差异的重视与赞美暴露出某种片面和贫乏,对于人类的解放事业而言,单纯地强调文化的差异是远远不够的。伊格尔顿声称,只有能够在共同的物质开发上相互团结,又不因此放弃文化差异的种族群体,才会比任何一种互不相关的公众需求更有可能来摧毁压

---

① [英] 特里·伊格尔顿:《后现代主义的幻象》,华明译,商务印书馆2000年版,第139页。

第四章 后现代主义：西方左派政治的理论转向

制他们的制度。

再次，后现代主义反对普遍性，推崇差异，但是普遍性与差异并不必然冲突，而是相互依存的，后现代主义将差异绝对化，也可能导致另一种普遍主义。伊格尔顿说："在差异的问题上，马克思主义和后现代主义之间没有最终的争论：马克思的全部政治伦理学都致力于感觉的特殊性，或者个人权力的全部丰富性，从抽象的形而上学的牢房里解放出来。"① 也就是说，马克思主义也看重差异，重视感觉的差异性。但是，他并没有因此反对普遍性，而是辩证地处理两者的关系，既认同一种共同或者普遍的人性，同时也不忽视每个人的个性特征。所以，平等地对待两个人不是以完全相同的方式对待他们，而是平等地对待每个人的有差异的劳动能力，平等地满足他们不同的需求。在阶级社会体制下个人的发展常常伴随着对他人的剥夺，而法律和政治层面上的抽象平等，只会造成社会和经济层面上更大的不平等。因此真正的平等应为充分考虑普遍性与差异性之后的平等。

后现代主义在文化上提倡差异性，但是后现代主义又是反精英主义的，这与后现代主义的物质基础有关。资本主义市场主张消除一切差别，混淆一切等级，把一切使用价值的差异性统统埋葬在交换价值的抽象平等之下，反精英主义对差异的态度是完全没有差异，一视同仁，这意味着某种普遍主义。"一种没有等级制度的差异如何免于解体成为纯粹的无差异，这样也就变成了一种它所批驳的普遍主义的颠倒镜像。"② 后现代主义想要既反精英主义又反普遍主义，因此它只能生活在其政治和哲学价值间的某种张力之中。此外，反精英主义反对价值判断，价值因此成为空

---

① ［英］特里·伊格尔顿：《后现代主义的幻象》，华明译，商务印书馆2000年版，第134页。
② ［英］特里·伊格尔顿：《后现代主义的幻象》，华明译，商务印书馆2000年版，第130页。

洞之物，后现代主义与资本主义的市场精神形成共谋，丧失了所有政治行动的目的，它的政治前途让人担忧。

最后，发现和创造我们的真正差异是必要的，但是我们不能像后现代主义那样将差异视为最终的政治目标，而是要在人的相互性或者互惠性层面上实现差异的解放，即差异最终以互惠的方式加以探索，转变为与我们今天所认同的差异所不同的东西，差异只是我们目标的一个重要环节。所以，如何正确处理差异与普遍性的关系具有现实的政治意义。"重新定义差异和普遍性之间的关系就不止是一种理论的操练；它可能正是任何有真实价值的政治前途的标志。"①

总体而言，伊格尔顿批判后现代主义遵循了两条基本原则：其一，马克思主义已经涉及后现代主义的诸多敏感话题，但是马克思主义关于这些问题的论述比后现代主义更加科学，也更具有前瞻性与可行性。关于后现代主义与马克思主义的关系，贝斯特等人也有过研究，他们发现后现代主义中包含一种相互冲突的母题："既明显反对马克思主义的特征，又想把马克思的其他思想转换成有创造力的和混合的理论话语。"② 如果说后现代主义确实有过第二种想法，那么在这里它基本上被伊格尔顿所否定。其二，后现代主义的理论原则缺乏真正的革命性，它们与资本主义经济基础存在同谋关系，后现代主义对资本主义的反抗终究没有超越其他改良主义，其政治前途因此令人怀疑。

伊格尔顿对后现代主义的批判主要偏重于从学理和逻辑上对其后现代理论信条进行整体批判，这使得他的批判表现出更多的

---

① ［英］特里·伊格尔顿：《后现代主义的幻象》，华明译，商务印书馆2000年版，第135页。
② ［美］斯蒂文·贝斯特、道格拉斯·科尔纳：《后现代转向》，陈刚等译，南京大学出版社2002年版，第5页。

第四章 后现代主义：西方左派政治的理论转向

哲学色彩，其政治批判也显得很抽象。因此，如果要更具体、更直观地去了解伊格尔顿对于后现代主义的政治批判，我们大概要转向另一个对象，这就是我们接下来要谈的解构主义。

第三节 解构主义的利与弊

解构主义的代表人物主要包括德里达（Jacques Derrida）及其美国追随者——耶鲁学派，后者包括保罗·德曼（Paul De Man）、希利斯·米勒（Hillis J. Miller）、杰弗里·哈特曼（Geoffrey Hartman）、哈罗德·布鲁姆（Harold Bloom）四大代表人物。解构主义是后现代主义潮流中的重要流派，也是重要的美国学术流派，因此，伊格尔顿对解构主义的批判具有双重意义：它既是对后现代主义的批判，也是对头号资本主义强国美国的批判；既是一种学术批判，也是一种政治批判。但是，伊格尔顿对解构主义也存有一种矛盾心理，他既反对又加以利用解构主义的某些思维方式，尤其是对德里达，也由最初的推崇转向严厉的批判。

一 解构思维的政治价值

1966 年，德里达到美国霍普金斯大学参加学术研讨会，此次访美真正打响了德里达在国际学术界的知名度。随后，德里达出版《声音与现象》《书写和延异》《论文字学》等论著，正式提出解构主义。与罗兰·巴尔特等经历不同，德里达早在 1968 年之前就出版了解构主义的经典著作，并且继承了海德格尔与尼采的一些思想。可见，德里达及其理论不是伊格尔顿所谓"五月风暴"事件的产物，更可能是引发政治动荡的源头。伊格尔顿最初接触解构主义时，也被德里达的反叛思想所吸引，他这样称赞德里达的解构事业："对于他来说，解构最终是一种政治实践，它

走向新的审美实践

试图摧毁特定思想体系及其背后的那一整个由种种政治结构和社会制度形成的系统借以维持自己势力的逻辑。"① 在这里,解构所针对的对象不仅仅在于单一的真理或概念,更在于形成这些真理与概念的政治历史,而且,解构主义消解一切确定性、凝固的、绝对的、僵化的知识形态,也是一种政治或革命的行为。因此,解构主义不仅仅是一种新的阅读方法,更是一项政治工程和政治实践,它是对当代意识形态统治的一种反抗。"德里达的解构主义从一开始无疑就是一项政治工程,或者从某种应该具有不确定性的意义上说,德里达本人一直是左派的人。"②

为了给解构主义立身正名,伊格尔顿在《沃尔特·本雅明或走向革命批评》中以"马克思主义与解构"为题论述了马克思的解构思想,他将马克思的阶级斗争理论视为解构主义的典范。解构主义的基本方法是从事物本身寻找反对事物的突破口,马克思对无产阶级的历史作用的描述所运用的正是这一方法。他称无产阶级既是资本主义的产物同时也是有潜力摧毁这个制度的阶级,或者说,正是无产阶级在资本主义生产模式中所占的位置决定了无产阶级将成为解构资本主义的突破口。因此,资本主义变革的主要动因是由它自己创造的,即可以从资本主义内部寻找到推翻资本主义的力量。"为马克思主义解构'外部/内部'这一对立的并不是巴黎左派知识分子,而是革命的工人阶级。……资本主义生下了自己的掘墓人,养育着这个将来有一天会在背后向主教捅刀的小教徒。"③

---

① [英]特雷·伊格尔顿:《二十世纪西方文学理论》,伍晓明译,北京大学出版社 2007 年版,第 145 页。
② [英]特里·伊格尔顿:《没有马克思主义的马克思主义:雅克·德里达和〈马克思的幽灵们〉》,载特里·伊格尔顿《历史中的政治、哲学、爱欲》,马海良译,中国社会科学出版社 1999 年版,第 120 页。
③ [英]特里·伊格尔顿:《沃尔特·本雅明或走向革命批评》,郭国良、陆汉臻译,译林出版社 2005 年版,第 176 页。

第四章　后现代主义：西方左派政治的理论转向

考虑到解构的政治价值，伊格尔顿试图将解构当作一种具有政治效用的批评形式并展开批评实践，他将解构的方法应用于探讨文学本质问题。文学是什么？这是文学理论首先要解决的问题，也是其核心问题。在《文学原理引论》中，伊格尔顿列举了当前定义文学的一系列方法，然后将其一一击破，最后他得出结论："如果把文学看做一个'客观的'、描述性的范畴是不行的，那么把文学说成只是人们随心所欲地想要称为文学的东西也是不行的。因为这类价值判断完全没有任何随心所欲之处：它们植根于更深层的种种信念结构之中，而这些结构就像帝国大厦一样不可撼动。于是，至此为止，我们不仅揭示了文学并不在昆虫存在的意义上存在着，以及构成文学的种种价值判断是历史地变化着的，而且揭示了这些价值判断本身与种种社会意识形态的密切关系。它们最终不仅涉及个人趣味，而且涉及某些社会群体赖以行使和维持其对其他人的统治权力的种种假定。"[①] 即文学不是想象性的或虚构性的写作，不是对普通语言的陌生化，不是非实用性的、只关乎自身的写作，而是价值判断的结果，其判断标准受到意识形态的限制。可以说，伊格尔顿解构了本体论和功能论意义上的文学，目的在于强调价值论意义上的文学，他解构了文学的本质，但是没有解构文学的意义，他强调文学与意识形态的关系，正是强调文学与政治的关系。可见，伊格尔顿的关注点在于文学观念与资本主义政治的关系，以及文学与当前政治体制及教育体制的关系。

同样出于一种政治目的，伊格尔顿对英国文化进行了解构。里根说过："伊格尔顿是解构的拥护者，同时也是它最严厉的批评者之一。英国只是伊格尔顿的国籍，爱尔兰才是他的真正出身，伊格尔顿已经自我赋予一个任务去摧毁那些各式各样的矛盾

---

① [英] 特雷·伊格尔顿：《二十世纪西方文学理论》，伍晓明译，北京大学出版社2007年版，第15页。

走向新的审美实践

叙事——这些叙事在过去两百多年的时间里已经塑造了文学和历史的英—爱联系。"① 事实上，相比于英国与爱尔兰的文学联系，伊格尔顿更乐于去解构英国与爱尔兰的历史联系。正如马克思在资本主义体制中看到了无产阶级所具有的解构力量，伊格尔顿也在英国文化中看到了爱尔兰所具有的解构作用：

> 把爱尔兰看作英国的无意识，还有另一层意义。我们的行为经常沉湎于自我无法忍受的本我世界，同样，在十九世纪的爱尔兰，英国人被迫颠倒或否定自己意识中的信仰，以此来背弃自己的原则。……爱尔兰代表着一个对英国文明构成威胁的未开化的蛮荒世界；……对于英国文化而言，爱尔兰就成了自然；不过，二者也完全可以倒过来说。因为爱尔兰也代表着与统治者粗俗的物质主义相对立的传统和精神，代表着与资产阶级相对立的贵族。的确，只要爱尔兰人是自然贵族，他们就会解构整个对立面，从两个对立世界中为自己赢得最好的东西。②

我们在第一章第四节谈到爱尔兰与英国的意识形态差异，这种差异也表现在两国对待自然的不同态度上，它被伊格尔顿视为英爱政治矛盾的根源，并以此推断爱尔兰将成为英国政治的解构者。一方面，爱尔兰的物质主义与英国的审美主义之间存在龃龉，英国社会内部也存在着工业中产阶级的政治经济学语言与他们所继承的贵族化语言之间的冲突。因此，爱尔兰就像英国的"本我"，时刻提醒后者不要忘记自身的物质真相，即剥削的真

---

① Terry Eagleton, *The Eagleton Reader*, Edited by Stephen Regan, Blackwell Publishers Ltd., 1998, preface.
② [英]特里·伊格尔顿：《历史中的政治、哲学、爱欲》，马海良译，中国社会科学出版社1999年版，第344页。

第四章 后现代主义：西方左派政治的理论转向

相，它将英国陷入政治威胁之中。从《呼啸山庄》中，伊格尔顿看到了爱尔兰反击英国的隐喻性表达，即希思克利夫最终返回画眉山庄进行报复。另一方面，正如弗洛伊德对无意识的阐述，爱尔兰这个无意识除了粗野性与破坏性的，它也有欢乐性与幻想性，伊格尔顿将爱尔兰看作"自然的贵族"，后者将成为英国专制统治的一种解脱，进而形成颠覆英国文化的内在动力。

马克思当年也非常关注爱尔兰问题，他在与友人的通信中多次论及爱尔兰问题的重要性。他说："对爱尔兰问题作了多年研究之后，我得出了这样的结论：不是在英国，而只有在爱尔兰才能给英国统治阶级以决定性的打击（而这对全世界的工人运动来说是有决定意义的）。"① 马克思的这一论断所依据的是他对爱尔兰与英国的经济分析，即两国的经济关系决定了只有爱尔兰革命才能最终打倒英国的阶级统治。具体而言，则是因为在爱尔兰存在大量的土地贵族，"爱尔兰是英国贵族用来保持他们在英国本土的统治的重要工具"。② 所以，只要在爱尔兰的土地贵族被推翻，这些贵族在英国的统治也将随之倒台，而且由于爱尔兰对土地的执着，决定了推翻爱尔兰的土地贵族比推翻英国本土的土地贵族要容易得多。正因如此，马克思将爱尔兰看作反对英国的关键环节。

伊格尔顿与马克思的结论是一样的，但是他是通过文化分析得出这一结论的，他所看到的是物质现实背后的意识形态冲突，即资产阶级所信奉的契约主义与自由主义原则与爱尔兰的社会现实产生矛盾，只有爱尔兰的解放，才能最终解决这一矛盾。通过爱尔兰文化研究，伊格尔顿发现了爱尔兰所具有的政治意义，这

---

① ［德］马克思：《马克思致齐·迈耶尔和奥·福格特》，载《马克思恩格斯选集》（第4卷），人民出版社1995年版，第589页。
② ［德］马克思：《马克思致齐·迈耶尔和奥·福格特》，载《马克思恩格斯选集》（第4卷），人民出版社1995年版，第590页。

走向新的审美实践

种从薄弱环节出发去寻找政治颠覆力的做法就是伊格尔顿的政治解构。这种解构不在于消解所有的意义,而是为了寻找有力于社会主义政治的理论效果,正如肖寒在《"革命的政治批评"——论伊格尔顿的审美意识形态理论》中所论证的:伊格尔顿是从某种政治立场出发,为了探求革命的解放力量而采用一种"内在批判式"解构方法。①

二 解构主义的政治倾向

从20世纪90年代开始,伊格尔顿转向对德里达的批判,他所针对的是德里达的《马克思的幽灵们》。在《没有马克思主义的马克思主义:雅克·德里达和〈马克思的幽灵们〉》一文中,伊格尔顿对德里达进行了批评。第一,德里达虽然有激进的立场,但是他从未清楚明白地表达过自己的政治观点,甚至在涉及具体的政治事件时,表现出含糊的立场。例如,他对其同事保罗·德曼包容纳粹的行为有过不诚实的辩护。第二,介于移民/谋臣或幽灵/救世主的双重身份,德里达在《马克思的幽灵们》中使用的政治话语更像是哲学修辞,它虽然玄妙,却不过是缺乏说服力的庸人之见。第三,德里达发表了一些机会主义的政治宣言,他更多地将马克思主义当作一种批判或者痛斥他人的方便工具,而不愿意涉及马克思主义的其他肯定性内容,包括辩证唯物主义以及社会主义的目标等。"他想要的其实就是一种没有马克思主义的马克思主义,就是说按他自己的条件舒服地占有了的马克思主义。"② 由此看来,伊格尔顿对德里达的批判集中在德里达的非政治性上,后者对马克思主义的超然态度,使解构主

---

① 肖寒:《"革命的政治批评"——论伊格尔顿的审美意识形态理论》,博士学位论文,首都师范大学,2008年。
② [英]特里·伊格尔顿:《没有马克思主义的马克思主义:雅克·德里达和〈马克思的幽灵们〉》,载《历史中的政治、哲学、爱欲》,马海良译,中国社会科学出版社1999年版,第124页。

第四章 后现代主义：西方左派政治的理论转向

理论变成空洞无物的怀疑主义与哲学修辞，他对于改变我们当前所面临的不公平的现实政治是无力的。关于伊格尔顿与德里达的关系，里根的评价是相当中肯的："尽管伊格尔顿并不反感在自己的写作中偶尔一用的解构，但是，他并没有因此与德里达对政治承诺的逃避达成一致。"①

与德里达一起受到批判的还有美国耶鲁学派，伊格尔顿称耶鲁学派不过是德里达思想在美国体制下的变异体，德里达思想"从巴黎移植到了耶鲁或康奈尔，这一计划却有点像不寻常的法国葡萄酒那样经不起旅行而变了味儿，而这一大胆的、粉碎一切偶像的思想形式变得很容易为一种形式主义的范式所吸收"。② 所谓形式主义的范式即美国新批评，从某种意义而言，英美的解构批评是新批评的变身，是一种形式主义的复归。两者的差别在于："对于这些解构批评家来说，文学证明着语言除了像酒吧里的讨厌鬼那样谈论自己的失败以外，就不可能再做更多的事情了，而对于新批评来说，诗确实还是以某种间接的方式论述诗以外的现实的。"③ 解构主义之所以被看作新批评的复归，主要在于它与新批评拥有类似的世界观，即怀疑论思想：解构主义认为语言不确定，新批评认为经验不确定。

伊格尔顿将美国解构主义的政治属性称为"左倾改良主义"，即改良主义与极端左倾主义的杂交。改良主义的做法是从资本主义制度内部下手，寻找这一制度的漏洞与不足并对之进行有限的改造，但是，所有改造都以不推翻资本主义制度为基本前提；极

---

① Terry Eagleton, *The Eagleton Reader*, Edited by Stephen Regan, Blackwell Publishers Ltd., 1998. preface. 原文：While not being averse to the occasional deconstructive spin in his own writing, he has no truck with Derrida's evasion of political commitment.

② [英] 特雷·伊格尔顿：《二十世纪西方文学理论》，伍晓明译，北京大学出版社2007年版，第228页。

③ [英] 特雷·伊格尔顿：《二十世纪西方文学理论》，伍晓明译，北京大学出版社2007年版，第143页。

走向新的审美实践

端左倾主义的做法则是采用一种极端方式来反对资本主义制度，其政治理论与实践形式都与当前的资本主义相对立。解构主义是对上述两种做法的综合应用：因为他们无意于去颠覆整个资本主义制度，而只是在文本权力体系的漏洞中颇具耐心和钻劲地寻找改良主义的方案，他们从隐秘之处下手，从文本小处进攻，所以解构主义对资本主义的终极态度是改良主义的；又因为它具有否定一切的气度，他们将文本概念一一破坏，甚至与对手同归于尽，所以，解构主义所采用的方法是极端左倾主义的，它是一个矛盾的混合体。伊格尔顿说："社会民主主义和极端左倾主义（无政府主义、冒险主义、鼓吹主义，等等），不论别的，是对革命群众运动的失败或缺失的对立性回应。就此而论，它们可以寄生地杂交：谨慎的改革者可以掩盖名誉扫地的乌托邦，他们迷恋现实政治依然必须避开的某种终极否定。'外部'和'内部'可能因此形成奇怪的置换。"① 可见，伊格尔顿同样将解构主义看作左派政治失败的学术反应，这与他对后结构主义的评价是一脉相承的。

保罗·德曼是美国最早、最完整地接受德里达解构主义方法并应用于文学批评的学者，也是伊格尔顿重点批评的对象。德曼的修辞学阅读理论认为文学语言的修辞性特征决定了文学语言自身的矛盾与漏洞，文学会不断暗中破坏自己的意义，甚至自我颠覆，所以文学文本的意义是不确定的。对此，伊格尔顿指出其问题所在："意义很可能是根本就无法被决定的，如果我们只是以一种沉思默想的方式视语言为纸页上的能指链的话；但当我们把语言作为某种我们所做的事情，作为与我们的种种实际生活方式不可分割地交织在一起的事物来考虑的时候，语言就变得'可被决定'了，'真理'、'现实'、'知识'和'确定性'这类字眼的

---

① [英]特里·伊格尔顿：《沃尔特·本雅明或走向革命批评》，郭国良、陆汉臻译，译林出版社2005年版，第175页。

第四章 后现代主义：西方左派政治的理论转向

某些力量也就被恢复了。"① 也就是说，如果仅仅依靠文本，意义可能不确定，但是，如果将它联系到现实生活，意义是可以确定的。按照解构主义的思路，如果一个人关于他人文本的评论在其范围内留下些许隐含的确定的意思，那么另一个人就可能对其确定性进行解构，解构可以这样反复延续下去，只有那些放弃所有确定性甚至放弃自我的批评者才可能成为最后的胜利者，这也意味着这些人所写的东西只能是空洞无物的封闭体。正因如此，伊格尔顿称解构主义是"残酷无情"："英美解构批评基本上忽视这个实在的斗争领域，而只是继续大量地机械地生产它的那些封闭的批评文本。这些文本是封闭的恰恰正是由于它们是空洞的：它们至多只能令人羡慕它们的残酷无情，文本意义中一切实在成分都被这种残酷无情消解无遗。"② 我们不难从解构主义的这种残酷无情中推断出解构主义的政治后果：第一，它将认识行为局限于各类文本，让人沉迷于文本斗争而忽略现实的政治生活，它为知识分子的政治麻木提供了退路，他们懒于质疑现有的社会体制，最终沦为资本主义的政治同谋；第二，解构是学术竞争的便利方法，但是它破坏了人类交流、沟通的和谐性，引发了学术界的怀疑之风与倾轧之风。

在对解构主义进行批判的过程中，伊格尔顿始终关注的是解构主义的历史性与政治性，他的批评标准是马克思主义的。一方面，伊格尔顿批判了解构主义的反历史性，后者执着于文本漏洞，忽略现实生活，以至于与马克思主义基本原理背道而驰。马克思对某一事物所具有的解构力量的分析始终没有脱离其经济与政治处境，他不同于解构主义的纯文本推论。当伊格尔顿用解

---

① ［英］特雷·伊格尔顿：《二十世纪西方文学理论》，伍晓明译，北京大学出版社2007年版，第144页。
② ［英］特雷·伊格尔顿：《二十世纪西方文学理论》，伍晓明译，北京大学出版社2007年版，第144页。

走向新的审美实践

构主义的方法论证马克思对资产阶级政治经济的研究时,他这样描述马克思对物质因素的重视:"也存在着这些操作与理论——政治的必要性之间的外部联系,即劳动—权力的概念,这些必要性致使马克思把弄得他对手的文本伤痕累累的缺席建构成'在场'。另外,那一文本活动最为清楚地展现了马克思主义的'理论'与'利益'之间的关系。"① 另一方面,伊格尔顿将解构主义对历史的有意回避看作政治失败的后果,这是伊格尔顿从阶级斗争分析中得出的结论,它与伊格尔顿对整个后现代主义的评价是一致的,即政治的失败让理论家转向从语言上反击资本主义。在伊格尔顿看来,解构主义所推崇的政治形式,已经产生了非常不利于社会主义事业的政治后果。

伊格尔顿关于后现代主义的论述可以被看作他对当前西方左派政治的概括,后现代主义理论的产生与发展反映了当前西方左派政治的现实处境,相比于那些传统的西方理论,西方左派理论看似激进,却是一种无力的反抗,甚至从反面强化了当前体制。正是因为西方左派的政治失败所造成整个西方左派理论的后退,伊格尔顿才要如此强调政治批评的重要性。

---

① [英]特里·伊格尔顿:《沃尔特·本雅明或走向革命批评》,郭国良、陆汉臻译,译林出版社2005年版,第188页。

第五章　走向新的审美政治

佩里·安德森在《西方马克思主义探讨》中指出，马克思主义研究应该解决三个新的问题：第一，资产阶级民主作为一种国家制度，真正的性质和结构是什么；第二，哪一种革命战略能推翻这种国家历史形式；第三，这种形式之后是什么样的社会主义民主的制度形式呢？可以说，伊格尔顿的政治批评所要解决的问题仍然在安德森的这一理论框架之中。他努力实现理论与实践的结合，其政治批评的过程也是对理想政治的追寻过程。

第一节　政治重建的物质基础：身体

"身体"是我们这个时代使用频率较高的词汇，也是后现代主义者最热衷的事物之一。尽管伊格尔顿与后现代主义共享了"身体"概念，但是，他反对后现代主义打着"身体"的旗号回避经典政治话题的做法，而是主张利用美学为中介重新联系"身体"与国家、阶级、生产方式等传统政治主题，并重建以身体为物质基础的理想政治模式。伊格尔顿宣称："现代化时期的三个最伟大的'美学家'——马克思、尼采和弗洛伊德——所大胆开始的正是这样一项工程：马克思通过劳动的身体，尼采通过作为权力的身体，弗洛伊德通过欲望的身体来从事这项工程。"① 正是从马克思、尼采与弗洛伊德那里，伊格尔顿看到了"身体"与经典政治的关联性，从而为新的政治工程确立了物质基础。

一　马克思的劳动身体

在第三章第二节中，我们论述了美学诞生的政治意义，其中一点就在于美学的诞生是理性对感性的殖民。反过来说，美学的诞生也意味着感性肉体的自觉，它是肉体对理论专制的一种反叛。这种反叛也让美学具有政治价值，即通过身体的革命去实现一定的政治目的，如果站在感性的立场上发展美学，美学将会产生新的政治作用。早期的美学家基本上都是站在理性的立场去使用美学，他们将美学逐步推向唯心主义。例如，康德驱除了审美表达中的感性内容，一味发展纯粹形式；黑格尔仅认可视觉和听觉等对理念开放的感觉；叔本华的美学本是肉体理论潜隐的策源地，他却将欲望抽象为物自体从而走向唯心主义。如何才能重新回归唯物主义美学？伊格尔顿说："如果情况如此，那么看来唯一富于成效的策略就是回到起源并重新思考一切，但这一次是从身体的视点出发。"② 只有从身体问题出发，美学才能最终摆脱唯心主义的沉重负担。马克思被伊格尔顿视为唯物主义美学新的发起人，其理论关注点在于"劳动的身体"。

在《1844 年经济学哲学手稿》中，马克思论述了资本主义社会的异化劳动。异化劳动是一个复杂过程，它将工人与自然、工人与劳动产品、工人与劳动过程本身、工人与他自己的身体等分离开来。异化劳动包括物的异化和自我异化，前者指劳动的产品

---

① ［英］特里·伊格尔顿：《美学意识形态》（修订版），王杰、付德根、麦永雄译，中央编译出版社 2013 年版，第 178 页。
② ［英］特里·伊格尔顿：《美学意识形态》（修订版），王杰、付德根、麦永雄译，中央编译出版社 2013 年版，第 177 页。

第五章 走向新的审美政治

成为工人的异己力量,"物的世界的增值同人的世界的贬值成正比"。① 后者则指劳动活动本身的异化,即劳动成为工人维持肉体生存的手段,具有强制性,只有作为工人才能维持自己作为肉体的主体,也只有作为肉体的主体才能是工人。因此,马克思尖锐地定论:"只要肉体的强制或其他强制一停止,人们会像逃避瘟疫那样逃避劳动。"② 从马克思的异化劳动理论中,伊格尔顿看到了资本主义社会生产所导致的两种异化的感性生活方式:"在一个维度上,资本主义把男人和女人身体的丰富性降低到'原始和抽象的简单需要'。……盲目的生理性的雇佣劳动者的对立面是奇特的懒汉,是自我享受的寄生虫。"③ 这两种异化的感性生活,一种是针对普通劳动者而言,另一种是针对资本家而言。前者迫于生存的需要,不得不从事艰苦的劳动,他们的感性生活不过是维持生理存在的最低限度,这种感性生活远远没有实现人的丰富感性,甚至有些资本家为了积累更多的资本也放弃了丰富的感性生活,他们不买书、不上剧院、少想少爱,为的是积攒更多的财富,金钱的力量替代性地弥补异化的感性;后者多是上流社会的悠闲者,其幻想与欲望因为不受物质条件的限制而过度膨胀,表面看来这些人感性生活丰富,实际上都是一些情感泡沫。上述两种感性生活无疑都是有缺陷的,前一种生活冷酷无情,后一种生活充满幻觉,这是物质主义与理想主义两个极端。马克思主义美学所面临的重任就是要改变这一状况,其主要目标在于恢复身体被掠夺的力量,回归人类的丰富感觉。

伊格尔顿称马克思是最深刻的美学家,"他相信人类的感觉

---

① [德] 马克思:《1844年经济学哲学手稿(节选)》,载《马克思恩格斯选集》(第1卷),人民出版社1995年版,第40页。
② [德] 马克思:《1844年经济学哲学手稿(节选)》,载《马克思恩格斯选集》(第1卷),人民出版社1995年版,第44页。
③ [英] 特里·伊格尔顿:《美学意识形态》(修订版),王杰、付德根、麦永雄译,中央编译出版社2013年版,第181—182页。

走向新的审美实践

力量和能力的运用，本身就是一种绝对的目的，不需要功利性的论证；但是这种感性丰富性的展开是自相矛盾的，只有通过颠覆资产阶级社会关系的严酷的工具主义（实验主义）实践才能实现。只有当身体性的动力已经从抽象需要的专制中释放出来时，当对象已经从抽象的功能中恢复到感性具体的使用价值中去时，才有可能达到审美化的生活"。① 感觉的回归并不是单纯的美学事件，更是一个政治事件，它与整个政治进程密切相关，只有推翻现有资本主义的生产关系，普通劳动者才能从为了生存而劳动的单一感性生活中解脱出来，社会寄生虫才能通过实际活动获得真正的感性生活，人类才能真正地享受审美的生活。马克思在坚持感觉解放的客观性物质前提下，通过把事物的感性丰富性纳入我们的理论工程而将美学与实践统一起来，解构了美学与实践的对立，将美学和实践视为不可分割的整体，"这样马克思的《巴黎手稿》（即《1844年经济学哲学手稿》）便一举超越了居于唯心主义哲学的核心地位的实践和审美之间的二元论"。② 正是因为马克思主义美学对人的现实生存方式的关注，我们才深刻体会到马克思主义美学所具有的强烈的政治倾向。

就当前的社会经济条件而言，劳动是人类生存的必要手段，因此，"劳动的身体"也将成为身体存在的主要形式，它是每一个涉足身体理论的人所不能回避的问题。通过马克思主义异化劳动理论，伊格尔顿看清了"劳动的身体"在资本主义生产关系下的生存状态，以及这种生存环境对人类感觉生活的完满实现的不良影响，因此，他将"异化劳动的身体"的解放纳入其未来政治的理论框架中。但是，"劳动的身体"并不能涵盖全部的社会生

---

① ［英］特里·伊格尔顿：《美学意识形态》（修订版），王杰、付德根、麦永雄译，中央编译出版社2013年版，183页。
② ［英］特里·伊格尔顿：《美学意识形态》（修订版），王杰、付德根、麦永雄译，中央编译出版社2013年版，第185页。

第五章 走向新的审美政治

活,伊格尔顿对马克思主义提出了批评。第一,在马克思经济理论中,生产力的发展具有绝对的力量,可以冲破生产关系的束缚,伊格尔顿将其称为一种"表达/压抑"[①]模式。但是,采用这一范式讨论生产力问题显得过于简单,因为并不是每一种生产力都是值得发展的。例如核电站,它虽然能带来直接的利益,但是同时存在许多潜在的风险(伊格尔顿这一论断在今时看来颇有预见性,福岛核电站核泄漏事故所带来的全球危机就是一个证明)。此外,扩大生产力也并不必然带来社会主义的价值框架,甚至可能压抑一些有利于社会主义的政治能力。例如,技术进步可能削弱工人阶级组织,增强资产阶级在政治与意识形态方面的力量。此外,除了物质技术,人的能力也属于生产力。生产力与人类力量是不可分解的,那么资本主义在发展生产力的同时,是否必然为社会主义发展人类能力呢?对此,伊格尔顿并没有给予肯定的回答,他认为"表达/压抑"模式在生产力中有所作用,却很少在人类能力方面起到阐明的作用。人类除了正面的能力,还包括病态的、破坏性的能力,是否也要发展?马克思假定人类能力是由于异化、压抑、分离或者片面性而成为病态的,事实上并非所有的人类能力都是积极的。资本主义生产模式促进了人类主体的丰富,也培育了支配、侵略和剥削的习惯,对于战争与权力等概念,马克思未能做出令人满意的论断。第二,马克思的身体理论表现出一种大男子主义思想,推崇阳刚与强健,忽略虚静与谦让。他主要涉及身体在具体的物质生活和社会再生产中的表现,忽略了作为人类精力源泉之一的性别再生产。马克思的上述两个理论缺陷,尼采与弗洛伊德理论恰好有所补充,所以接下来我们将要谈谈这两位理论家在身体问题上给予伊格尔顿的理论启发。

---

① [英]特里·伊格尔顿:《美学意识形态》(修订版),王杰、付德根、麦永雄译,中央编译出版社2013年版,第202页。

二 尼采的权力身体

伊格尔顿对尼采的评价是以马克思主义作为参照物的。首先，他称尼采"是一个气质独特而又充满热情的唯物论者……人类身体对尼采意味着所有文化的根基"。① 伊格尔顿称尼采的唯物主义主要体现在他对人的肉体的重视上，即从人的肉体角度出发，重新定位道德、历史、艺术以及理性，肉体因此成为尼采哲学的关注对象。伊格尔顿对尼采的这一评价，其根据主要来自尼采的《论道德的谱系》。《论道德的谱系》论述了道德观念的起源，即我们关于善和恶的价值判断的起源。

在描述尼采思想时，伊格尔顿使用的几乎都是一些负面词汇，诸如积怨、压抑、贪婪、罪咎之类，这一思路与尼采的《论道德的谱系》的基本观点是一致的。在《论道德的谱系》中，尼采认为好人只不过是弱者的自我压抑，他说："关于好人观念的另外一个起源，也就是仇恨者想像出来的那种好人。""弱者的无害，他特有的怯懦，他倚门而立态度，他无可奈何的等待，在这儿都被冠上好的名称，被称为'忍耐'，甚至还意味着美德。"② 尼采以羊羔与猛兽的关系为例说明了这种好人观念的产生过程。羊羔怨恨猛兽对它们的侵犯，但是它们又无力去改变这一现状，也没有能力复仇，于是羊羔在内心里主张不侵犯、不伤害、不进攻他人，同时将自己设想为具有忍耐、谦恭及正义等美德的好人。对此，尼采进行了批判，他认为只有强者才是值得赞美的，弱者将弱自视为自己的自愿选择并制造出大多数的道德观念，这只不过是一种自我欺骗以及无能的伪造。由此可见，尼采对道德

---

① ［英］特里·伊格尔顿：《美学意识形态》（修订版），王杰、付德根、麦永雄译，中央编译出版社 2013 年版，第 214 页。
② ［德］尼采：《论道德的谱系》，周红译，生活·读书·新知三联书店 1992 年版，第 28、30 页。

观念持一种批判的姿态，道德不过是生活困苦、剥夺与退化的标志，而不是充实、力量与意志的标志，更未能显示出生活的勇气、信心与未来。在他眼里，大多数的道德观念是人类自我压抑、内在积怨甚至是严酷刑罚的结果。刑罚让人们不能不记住那些禁忌与戒律，并且逐渐内化为理性，表面看来人类在进步，实际上却是血的代价。尼采因此感叹："啊！理性，严厉，控制感情，所有这些意味着深思熟虑的暗淡的东西，所有这些人类的特权和珍品，它们的代价有多高啊！在这些'好东西'背后有多少血和恐怖啊！"①

伊格尔顿从尼采的道德论述中，看到了尼采思想的独特之处，即他对人的理性本质的负面化。对此，伊格尔顿仍然从马克思那里寻找评价的标准。他说："尼采话语中所关注的是身体的呢喃低语，其中充满了贪婪或罪咎，如同马克思那样，尼采一心要破除对思想自律性的轻信，尤其是要祛除那种禁欲主义的精神（不论其名谓是科学、宗教还是哲学），因为这种精神恐惧地转移了目光，不敢正视那真正产生思想观念的血脉与劳作（blood and toil）。"②也就是说，思想的真假对错，不能只从思想自身确定其评价标准，而应该从人的肉体出发去观察与判断。这一点既是唯物主义的基本要求，也是衡量一切政治理论的基本标准。

尼采对资本主义道德起源史的谱系分析，正如马克思对资本主义经济史的分析，两者都将人体视为研究的出发点。在《论道德的谱系》中，尼采更从买卖行为中债权人与债务人的关系出发，分析了这一人际关系所引发的社会道德。但是，尼采身体理论关注那些低级的、阴暗的身体动机，宣扬那些传统上视为

---

① ［德］尼采：《论道德的谱系》，周红译，生活·读书·新知三联书店1992年版，第42页。
② ［英］特里·伊格尔顿：《美学意识形态》（修订版），王杰、付德根、麦永雄译，中央编译出版社2013年版，第216页。

走向新的审美实践

"恶"的价值,例如无视他人的痛苦、反对怜悯与同情、推崇征服欲与权势欲、拥护战争等,这些又使他明显区别于马克思主义。在伊格尔顿看来,尼采理论最让人不安的地方在于他几乎没有代表进步的方向,也没有集体意识,这一点与马克思主义针锋相对。马克思一直强调人类社会的进步需要全世界的无产者团结起来,缔造共同的美好社会,而在尼采理论中,统治、侵略、剥削成为世界的本质,未来世界只是强者的世界。伊格尔顿宣称:"在对资本主义竞争的更明晰的理论描述方面我们几乎想不出会有什么人能超过尼采,尼采以自己的方式把资本主义弱肉强食的状态精神化了。"① 伊格尔顿一语道破了尼采的阶级属性,他清楚地认识到尼采身体理论的两面性,即在抨击资本主义社会道德观念的同时,也代表了资产阶级的利益,他最终服务于资本主义统治思想。

尽管尼采哲学聚焦于肉体的负面性,伊格尔顿却将尼采的批判思路看作一种审美模式。他说:"继费希特与谢林之后,尼采作为一个精力弥漫的美学家是最引人注目的代表人物,他将万事万物——真理、认识、伦理学、现实本身——都归于一种工艺品(artefact)。"② 尼采推崇一种强者哲学,进攻性、主动性和创造性被尼采视为值得发展的高级官能,强力意志被视为生命的自由本能。伊格尔顿把强力意志看作一个艺术品,因为强力意志将其自身视为一种目的,其发展是自发性的、自足的、无利害性的。强力意志既是万物的内在形式,又什么都不是,既有普遍性又有特殊性,它和艺术品共享了许多原则,尼采的新道德主体也被伊格尔顿视为艺术技巧的产物。对于尼采的泛审美倾向,伊格尔顿并

---

① [英] 特里·伊格尔顿:《美学意识形态》(修订版),王杰、付德根、麦永雄译,中央编译出版社2013年版,第234页。
② [英] 特里·伊格尔顿:《美学意识形态》(修订版),王杰、付德根、麦永雄译,中央编译出版社2013年版,第241页。

不赞同。通过与马克思的比较，他指出了尼采审美的虚假性与泡沫性。马克思的审美是在经过充分物质发展之后，最终形成的人体生存状态，这种审美社会主义理想是真正的审美。但是，尼采的审美却是抛开一切现实事物的自我陶醉，尼采美学不是社会的最终和谐，而是一种能够在自身永恒运作中获得自我统一的生产活力或其他东西。虽然尼采轻而易举就获得了审美，并且力图以此为基础寻找更高层次的美学，即人类能够自我立法的美学，但是，这种审美并不可靠。

尼采极力主张将力量本身作为一种审美愉悦，其目标不在于物质生存，而在于丰盈、过剩以及理性的自我发展。可见，强力意志美学虽然独特，却是一种空洞无物、无依无傍的自我运动。尼采将传统道德家关于美好生活的设想视为意识形态的安慰，继而推崇大自然的非道德性。他将统治、侵略、剥削等价值观念塞进强力意志的概念，导致强力意志偏离于传统的价值轨道。在伊格尔顿看来，尼采试图用一种非理性主义的方式割裂他与功利主义的联系，这是对资本主义的某种批判。尼采对自我生命力的关注折射出资本主义形而上学理论的危机，将动摇资本主义上层建筑的确定性。因此，尼采具有一定的政治颠覆性，只不过其颠覆作用并没有他所宣称的那么强大。无论如何，从身体角度出发去探索尼采道德哲学，伊格尔顿再一次向我们说明了身体所遭受的苦难以及身体解放的迫切性。

三 弗洛伊德的欲望身体

从马克思的异化劳动理论中，伊格尔顿看到了当前资本主义生产方式所造成的人类精神生活的缺陷。他在一定程度上认同马克思对资本主义私有制的批判，并将改变这一生活方式的期望寄托于马克思的政治理论与美学理想上。但是，马克思的生产理论也不是完全没有问题的。伊格尔顿对马克思主义理论缺陷的反思，部分来自弗洛伊德理论的启发。

与马克思的观点类似，弗洛伊德认为人类劳动或工作是非自愿的，"人并不自发地喜爱工作，而用以劝说他们的观点对他们的激情又不起作用"。① 马克思将这种非自愿性劳动称为异化劳动，认为这一劳动阻碍了人类天性的自由发展，只有取消了私有制，人的天性才会得到充分发展。但是，弗洛伊德并不赞同马克思的这一设想，他认为人的天性中存在一种破坏性与进攻性的欲望，这种天性是与生俱来的，不可能被改变，也不会因为私有制的取消而自动消亡。并且，人的天性中还存在性的本能以及由此带来的性特权，这种性特权也不会因为私有财产的废除而消失，反而会引发新的敌对情绪。弗洛伊德这样反驳马克思主义："废除私有制，我们就剥夺了人类喜爱的进攻性的手段之一，当然是一种强有力的手段，但是，我们绝没有改变力量和影响被进攻性所滥用的差别，也没有改变人类天性中的任何东西。进攻性不是由财产创造出来的。在原始时代，当财富仍很匮乏时进攻性的统治几乎是无处不在。"② 在弗洛伊德看来，文明的进程与个体性欲的发展具有相似性。人类对进攻性本能的压抑正是文明的结果，后者利用心理的反作用构成来控制人类进攻性本能的显露。因此，文明需要一定的强制才能维持下去，这也造成了现代文明对人的压抑。但是，弗洛伊德的目标不是要废除文明，而是要让文明更贴近人意。弗洛伊德所谓的进攻的天性，显然不是一种积极的需要被充分发展的人类天性。正是受到弗洛伊德这一思想的启发，伊格尔顿对马克思提出质疑：并非所有的人类能力都是积极的，它也包含一些病态的、破坏性的能力，这些能力应该被消

---

① ［奥］西格蒙德·弗洛伊德：《一个幻觉的未来》，载西格蒙德·弗洛伊德《论文明》，徐洋译，国际文化出版公司2000年版，第4页。
② ［奥］西格蒙德·弗洛伊德：《文明及其不满》，载西格蒙德·弗洛伊德《论文明》，何桂全译，国际文化出版公司2000年版，第110页。

第五章　走向新的审美政治

解，或者被克服。①

弗洛伊德曾经自称精神分析学说对美的问题没有太多的涉及，但是，伊格尔顿却将弗洛伊德视为美学家，这主要是针对精神分析学说的研究对象与研究方法而言的。精神分析学说着力于人类肉体隐蔽力量的阐释，其研究对象是人的感觉生活，这与美学的初衷是一致的。并且，精神分析学说将人类生活设想为肉体的、象征性的、想象与幻想并用的，其研究方法亦与传统审美有相通之处。伊格尔顿一方面将弗洛伊德纳入审美的范畴，另一方面又将弗洛伊德视为反审美的典型，并分析其对传统审美的解构。

首先，弗洛伊德解构了传统审美的无欲望无利害之说。我们知道，弗洛伊德关于审美有一个重要的论断，即认为审美是人的无意识的释放；艺术创作是作家的白日梦，是其现实欲望的替代性满足；艺术欣赏也可以弥补个人为文明所做的牺牲。"艺术创造通过提供分享那些极具价值的情感体验的机会，提升了对于每一个文化单元而言都极为需要的自居作用的感情。而当这些创造描绘出艺术家所处的独特文化的成就、并以一种令人难忘的方式使他想起文化理想的时候，它们也使人得以实现自恋满足。"② 这样一来，审美就不是无欲望的感觉形式，而是欲望的转移形式，是人的无意识借助审美逻辑使自己呈现为现实表象的过程。审美是功利性的，这个功利性的身体与尼采的权力身体是有冲突的，因为无意识随时可能跑出来质疑权力进而削弱权力。这样一来，弗洛伊德削弱了传统审美理论中的男性生命力，这也是他对尼采等美学家的一次超越。通过探讨身体欲望与外在意义的关系，弗洛伊德动摇了传统审美的非功利性观念。

---

① 关于伊格尔顿对马克思这一观点的批驳，详见［英］泰瑞·伊格尔顿《马克思》，李志成译，台北：麦田出版社2000年版，第69—70页。

② ［奥］西格蒙德·弗洛伊德：《一个幻觉的未来》，载西格蒙德·弗洛伊德《论文明》，徐洋译，国际文化出版公司2000年版，第10页。

走向新的审美实践

其次,弗洛伊德颠覆了古典审美传统中关于人的主体的设想。包括马克思在内的美学家都着力于塑造一个具有内在丰富性与完满性的男性化主体,弗洛伊德看到的却是一个分裂的主体。他将人格结构分为本我、自我和超我三部分。其中本我是无意识或性本能,按照"快乐原则"活动;自我代表理性,平衡外界要求与本能冲动,它按照"现实原则"活动;超我代表社会各类法则,压抑本能冲动,它按照"至善原则"行事。三重人格互相制衡,只有协调好三重人格之间的关系才是正常的人,否则就会成为精神病。在弗洛伊德的本能理论中,既包括保存个体的本能(食欲)与保存种族的本能(情欲),也包括虐待狂本能与死亡本能(包含进攻本能与破坏本能),这些本能既是人的内在驱动力,也是相互对立、相互冲突的,甚至隐含着怨恨、恶意、否定性等粗俗之气。弗洛伊德的精神分析理论致力于探索如何回避人的各种内在冲突,以及如何让人更少痛苦。为此,他坚信审美是可以补偿痛苦的。

最后,弗洛伊德解构了传统审美中文化与市民社会之间的根本对立,重新建立了肉体与理性的关系。他将价值领域与欲望领域混为一体,否认存在可能消除内驱力的文化价值,反而认为所有的价值不过是欲望的迂回反映。传统的审美理想认为精神与感觉、理性与肉体的统一是以感觉与肉体被招降为前提的,而弗洛伊德德却认为理性不过是肉体迂回表现的一种渠道,所有的理性最终要被肉体所颠覆。这样一来,弗洛伊德为他的肉体理论争取了更多的表达空间。

弗洛伊德对传统审美的解构,使他无法把人类社会展望成一个像马克思所设想的那样生机勃勃的审美社会,伊格尔顿因此视弗洛伊德为"激进的反审美主义者"。[①] 不同于其他研究者,伊格尔顿所关注的弗洛伊德美学理论不在于那个著名的作家白日梦理

[①] [英]特里·伊格尔顿:《美学意识形态》(修订版),王杰、付德根、麦永雄译,中央编译出版社 2013 年版,第 251 页。

第五章 走向新的审美政治

论,而在于精神分析学说对传统审美提出的挑战,这是因为它也是伊格尔顿政治批评理论所无法回避的问题。

弗洛伊德精神分析学说最常用的研究方法是将个体的心理发展过程推演到整个社会的发展过程,后者包括文明的进程、宗教的形成、自然科学的发展等。这样一来,他既阐释了自己的心理学理论,同时也介入了社会问题研究。伊格尔顿对弗洛伊德的重视,正在于后者所涉及的社会性内容,尤其是政治性内容。通过弗洛伊德的超我理论,伊格尔顿将精神分析学说与强制和领导权等传统的政治概念进行了类比分析。

他首先分析了弗洛伊德超我理论的内涵:一方面,超我是本我的感觉变异,后者借此得以被疏导或转化,超我看似理性,其基础却是肉体的欲望,它不是来自先验秩序,而是直接来自利比多。另一方面,超我是个体人格形成之前对父亲的自居(即 identification)作用,它引导了自我的内在分裂,其中一部分转化为道德与良心等。弗洛伊德精神分析实践的主要目的就在于帮助病人合理地释放欲望,应对超我,使超我变得更加宽容与理性,使个人与超我达成某种妥协。因此,"超我是所有的唯心主义的源泉,也是我们的内疚的源泉;超我既是高级牧师又是警察的代表,既是肯定的又是否定的,既是欲望的表象又是禁忌的传播者"。①

在伊格尔顿看来,超我与法则同义。弗洛伊德的政治观点中最具有破坏性的一点在于,他将法则与欲望联系起来,尽管法则的冷酷无情决定了法则必将遭受反叛,但是法则作为欲望的代言却使我们从根本上难以摆脱其控制。在论述美学的起源时,伊格尔顿曾把政治的强制形式与领导权的概念相对照。资产阶级借助于美学的统治被伊格尔顿视为一种领导权模式,也就是说,领导

---

① [英] 特里·伊格尔顿:《美学意识形态》(修订版),王杰、付德根、麦永雄译,中央编译出版社 2013 年版,第 252 页。

走向新的审美实践

权模式是对肉体的招降,它比政治的强制形式更易于降服人心。弗洛伊德的超我具有强制性,但是它利用肉体发挥作用,因此也是一种对应于政治强制形式的领导权形式。

接下来,伊格尔顿论述了超我与欲望的盟友关系所带来的政治功效:一方面,它利用了包含于人类主体深层结构中的无意识力量,其所建立起来的政治秩序是顽固而难以改变的;另一方面,超我具有无意识的不稳定性和紧迫感,它是非理性的甚至疯狂的,其本身包括着自我解构的因子,将唤醒被抑制的渴求,创造新的秩序。可以说,欲望既可能成为法则的支持者,也可能成为它最强健的反对者。"超我是一种极其矛盾的形式,超我既是本我的表现形式又是反抗本我的形式,既源出于俄狄浦斯情结的力量又反抗这种力量。具有惊人的讽刺意味的是,超我利用本我的狂热的非道德力量来维护社会的理想主义和道德的纯洁性。"[①] 但是,无论是采用强制方式维护法则,还是用领导权方式维护法则,都是通过对肉体的控制来实现的。伊格尔顿深刻地认识到:身体既是政治奴化的对象,也是政治反叛的突破口,未来政治需要妥善处理身体问题。

最后,伊格尔顿批判弗洛伊德的立场是一个悲观的、保守的、极权主义的小资产阶级政治立场。"如许多资产阶级知识分子一样,他的意识形态的愚钝性对立于他天赋的智慧。"[②] 受其政治立场的限制,弗洛伊德理论常常流露出对工人阶级、女性以及普通民众的歧视,他对一些直接的政治问题的评价也略显粗俗。伊格尔顿与弗洛伊德的主要分歧在于他们对宗教与道德的不同态度。弗洛伊德将宗教观念视为一种幻觉,他认为这种幻觉不过是

---

① [英] 特里·伊格尔顿:《美学意识形态》(修订版),王杰、付德根、麦永雄译,中央编译出版社 2013 年版,第 253 页。
② [英] 特里·伊格尔顿:《美学意识形态》(修订版),王杰、付德根、麦永雄译,中央编译出版社 2013 年版,第 266 页。

第五章 走向新的审美政治

人类最古老、最强烈、最迫切的愿望的满足,并由此推论宗教教义是不可证明的。弗洛伊德对基督教基本信条的否定冲击了伊格尔顿的宗教信仰,但是伊格尔顿并未因此放弃作为一个天主教徒的宗教虔诚。弗洛伊德将全部社会问题都归入性的问题,他对道德重要性的忽略成为伊格尔顿的主要批评对象。伊格尔顿认为道德不是以超我为基础,而是与人类天性有关。人类出生后不能独自存活,婴儿需要长者的照顾才能够生存,婴儿对长者抱有感激之情,这种感激之情最终发展为道德,成为人类社会的发展基础。因此,道德问题先于弗洛伊德所言的俄狄浦斯情结问题,性的问题是道德问题的派生物,政治的目标不应该仅仅局限于性的解放。"获得更加互惠的和平等的爱的方式是精神分析的目标之一,也是革命政治的目标之一。"①

通过对马克思、尼采、弗洛伊德三位理论家的考察,伊格尔顿发现,他们都是从身体问题出发,介入社会政治问题的讨论,而且这些思想家都是采用美学方法进行理论分析。马克思对未来社会的描述是美学式的,尼采对社会动力的认识是美学式的,弗洛伊德用艺术创作的原则来研究人的意识问题,这同样也是美学式的,美学因此成为一种必要的政治分析话语。通过身体,可以将美学重新拉回唯物主义的轨道,身体潜在的反叛性也可能成为政治突破的重要入口。正是以身体为中介,美学成功地介入现实社会,美学自律论与美学无用论的观念被打破,审美救赎变得更加可信。"在一种唯物主义立场上,伊格尔顿的激进的美学立场指向的是一种关于身体的政治学。这既是伊格尔顿美学观念的激进姿态,同时也正是现代性美学视野中的一种突出的价值趋向,更是后现代主义美学理论中的主要

---

① [英]特里·伊格尔顿:《美学意识形态》(修订版),王杰、付德根、麦永雄译,中央编译出版社2013年版,第269页。

走向新的审美实践

实践形式之一。"① 建立一种新唯物主义美学，离不开身体；重建新的政治理论，更不能忽略身体的作用。

第二节　政治重建的试验田：女性主义

伊格尔顿曾多次论及妇女运动及女性主义文学批评的重要性。在《沃尔特·本雅明或走向革命批评》（1981）、《克拉莉莎被强暴》（1982）、《二十世纪西方文学理论》（1983）、《后现代主义的幻象》（1996）、《文化的观念》（2000）、《理论之后》（2003）等著作中，伊格尔顿或者将女性主义批评称为革命的批评，或者将性别问题视为文化研究的重要成果，表现出对女性主义批评的高度热情。中国学者林树明的《论特里·伊格尔顿的"性别视角"》与吴芳的《特里·伊格尔顿与女性主义》等论文对此进行了很好的理论总结，充分肯定了伊格尔顿对女性主义文学批评的理论贡献。

然而，如果我们不谈伊格尔顿关于女性主义的直接评价，用一种女性主义眼光去审查伊格尔顿的其他论著，不难发现其著作中存在着大量的二元对立模式以及关于女性的刻板印象。他将男性看作理性的、阳性的，将女性看作感性的、阴性的。例如，伊格尔顿认为，尼采权力意志的概念中巧妙的交织着男女两性的特征，它是某种阴阳两性形态的奇特混合，他热衷于歌颂女性在形式、表面、外貌上的价值，反对道貌岸然的形而上学的本质、真实和本体，艺术对尼采而言也是如此，即艺术是热烈、强健和丰产的，亦是水性杨花、虚假和诱惑人心的，伊格尔顿这样写道："依照权力意志去生活即是坚强而专横地生活，摒弃所有女性式对法律的遵从，迈向辉煌的男性自主性。然而要想以这种方式来

---

① 段吉方：《意识形态与审美话语——伊格尔顿激进美学的逻辑和立场》，《广西师范大学学报》（哲学社会科学版）2005年第3期。

第五章 走向新的审美政治

把握住自身，就得自由无羁地过一种恶作剧的、愉悦的、反讽的生活，尽情地享受一种面具与角色的有趣游戏，以圣哲清醒的镇定自如活跃在各种情感和主体身份之间。"① 按照伊格尔顿的逻辑，男性的方式是坚强的、专横的、辉煌的、自由的、圣哲式的，女性的方式则是被动的、恶作剧的、愉悦的、反讽的、情感的。很明显，无论是在尼采还是在伊格尔顿的理论模式中，存在着一种男女二元对立的思维模式，而且女性一般处于一种劣势的或配合的位置，这种理论模式也是众多女性主义女批评家曾激烈反对的。

如何解释伊格尔顿理论的上述矛盾？我们需要更深入地去分析伊格尔顿的理论逻辑，而不是仅仅根据他对女性主义的褒贬来理解他与女性主义的关系。事实上，伊格尔顿的女性主义并非单纯地从女性解放立场出发，而是基于其建立政治批评理论模式的需要，在他看来，女性主义不具备独立意义，而是作为政治过程的一个环节，一个具有关联作用的有效点。"女权主义理论为学院与社会之间，以及种种有关身份的问题与种种有关政治组织的问题之间提供了一个可贵的联系环节，一个越来越难以在一个日趋保守的时代中找到的联系环节。"②

一 女性主义批评在伊格尔顿政治批评理论框架中的地位

作为新马克思主义理论家，伊格尔顿的政治批评理论融合了马克思主义与弗洛伊德身体理论。女性主义批评之所以被伊格尔顿所关注，某种程度上是其身体理论研究的需要，因为与身体问题直接相关的是性与性别问题，在这一点上女性主义颇合伊格尔

---

① ［英］特里·伊格尔顿：《美学意识形态》（修订版），王杰、付德根、麦永雄译，中央编译出版社2013年版，第240—241页。
② ［英］特雷·伊格尔顿：《二十世纪西方文学理论》，伍晓明译，北京大学出版社2007年版，第224页。

走向新的审美实践

顿心意。在《审美意识形态》中伊格尔顿试图通过身体或肉体来重建唯物主义美学,并且将其与国家、阶级等传统的政治问题相联系。从理论资源来看,伊格尔顿的身体理论更多出自马克思、尼采与弗洛伊德等西方男性理论家,其性/性别理论多数来自弗洛伊德。伊格尔顿指出,弗洛伊德的俄狄浦斯情结一说弥补了马克思主义生产力理论中所缺乏的关于性别再生产的讨论,它说明了性别再生产是如何发生以及具有何种政治意义。具体而言,资本主义生产关系的延续,需要一定数量的劳动力存在,而劳动力的产生需要以正常的性繁殖为前提,因此,男性个体必须压抑和超越俄狄浦斯情结,以正常的方式与女性个体结合并生产出下一代。

伊格尔顿关于丁尼生诗作《公主》的评论就是以上述思想作为理论依据的。他认为《公主》的意识形态目标是通过重塑拉康所称的象征秩序,想象性地解决资产阶级国家的政治矛盾,它既控制性的欲望,又保证资本主义社会的劳动力再生产,既确保资产阶级的阳性统治,又合理地利用阴性的文明价值,"我们不妨大胆称这个文本为'对资产阶级国家的精神分析学研究',它把性生产和权力生产问题微妙地叠合起来,重新整合了象征秩序,重新核定了资产阶级的统治结构"。[①] 伊格尔顿的讨论重点在于王子如何克服俄狄浦斯情结并使自己成为男子汉,他认为王子的男扮女装以及对一个阳性公主的征服发挥了关键作用,通过男扮女装,王子的男性特征越发突出,而对阳性公主的征服使其成为真正的男人。按照伊格尔顿的逻辑,俄狄浦斯情结代表的是阴性特征,女权主义代表的是阳性特征,阳性是具有进攻性的,他对阴性具有最终的统治权,因此,王子克服俄狄浦斯情结的过程也是

[①] [英] 特里·伊格尔顿:《丁尼生:〈公主〉和〈悼念〉中的政治和性征》,载特里·伊格尔顿《历史中的政治、哲学、爱欲》,马海良译,中国社会科学出版社1999年版,第146页。

第五章 走向新的审美政治

对阴性的一种征服,他对女权主义公主的征服,意味着阳性的重新回归,只要这样,资本主义的生产关系才能延续下去。"如果要使社会的生产关系长盛不衰,就必须以成熟性欲的名义克服俄狄浦斯情结。但是,如果要克服欲望的分裂破坏性,就必须使女人'非性欲化',使她成为弱化男人的母亲形象。该诗始终贯穿着这一矛盾。"① 伊格尔顿也谈到了《公主》里的性别歧视,但是他的主要目的在于通过《公主》的分析来说明性别问题如何成为政治的需要,对此,林树明教授亦有类似观点,他认为伊格尔顿对《公主》的评论是性别视角与阶级意识融合的结果:"见解新颖独到,也不乏深刻性,是马克思主义阶级分析与女性主义及精神分析的有机结合,突破了'社会学批评'范式单一的问题。"② 总体而言,伊格尔顿对《公主》的评论基本是从王子的角度出发,而不是从公主的角度出发的,女主角艾达的女权主义行为几乎不占讨论的篇幅,评论的焦点在于性欲转化问题,而不是性别歧视问题。

1975年,伊格尔顿发表《权力的神话:勃朗特姐妹的马克思主义研究》,该作曾因疏忽性别问题而遭到马克思主义女性主义文学批评家的集体诟病,后者批评伊格尔顿将性别归于阶级而忽视了性别的决定性作用。对此,伊格尔顿声称并未从桑德拉·吉尔伯特与苏珊·古芭关于勃朗特姐妹的研究中获益,由此可见女性主义批评对伊格尔顿的影响微乎其微,他较少独立应用女性主义文学批评方法或引证女性主义批评女学者的观点来讨论性别问题,更多是在弗洛伊德与马克思的理论逻辑中谈论性与性别。

---

① [英]特里·伊格尔顿:《丁尼生:〈公主〉和〈悼念〉中的政治和性征》,载特里·伊格尔顿《历史中的政治、哲学、爱欲》,马海良译,中国社会科学出版社1999年版,第150页。

② 林树明:《论特里·伊格尔顿的"性别视角"》,《文学评论》2010年第2期。

走向新的审美实践

我们以劳伦斯小说《儿子与情人》为例来对比伊格尔顿文学批评模式与经典女性主义批评的根本差异。在《二十世纪西方文学理论》中,伊格尔顿详细解析了《儿子与情人》的心理因素与阶级因素,他将其视为弗洛伊德所谓"俄狄浦斯情结"的最好例证:"《儿子们与情人们》可以被作为对弗洛伊德的学说的一个引人注目的独立肯定。因为,尽管小说本身似乎完全没有意识到这一点,但《儿子们与情人们》确实乃是一部深刻地表现了俄狄浦斯情结的小说。"① 此外,伊格尔顿还从社会及阶级角度对保罗的心理发展过程做了进一步的阐释:一方面,保罗的家庭关系反映了一种性别的劳动分工,即男性家长在外充当生产过程的劳动力,女性家长则留在家中为他提供物质和精神上的保养以及未来的劳动力,父亲由于工作的劳累变得暴躁,孩子们自然转向母亲,所以保罗与父亲的情感疏离部分地应该归咎于这一社会分工;另一方面,保罗家庭成员的阶级差别使得上述社会因素更加复杂化,即父亲代表的工人阶级与母亲代表的中产阶级本身具有对立性,工人阶级的粗俗让保罗转向母亲,希望通过学习去改变个人的命运。结合当时的社会状况,伊格尔顿批评劳伦斯将莫瑞所代表的无产阶级描写得过于粗俗无用,事实上那个时代的阶级斗争比较激烈,矿工并不是没有头脑的笨蛋,所以他认为小说对保罗父亲的批评与描写方式的冲突实际上反映了保罗的潜意识:对父亲的爱与认同。不难看出,伊格尔顿关于《儿子与情人》的文本分析熟练地应用了弗洛伊德精神分析与马克思主义理论,他将二者结合并相互印证、相互支持:"对这本小说的精神分析阅读不必就得代替对它所作的社会解释。我们正在谈论的其实倒是同一种人类境况的双边或两个方面。我们可以同时从俄狄浦斯情结的角度和阶级的角度来讨论保罗心目中父亲的'弱意象'和母

---

① [英]特雷·伊格尔顿:《二十世纪西方文学理论》,伍晓明译,北京大学出版社 2007 年版,第 175 页。

第五章 走向新的审美政治

亲的'强意象';我们可以看到,无论从无意识过程的角度还是从某些社会力量和关系的角度出发,我们都可以理解一个工作在外、性格暴躁的父亲,一个雄心勃勃、感情要求强烈的母亲与一个敏感的孩子之间的这种人际关系。"① 由此可见,伊格尔顿关注的重点是马克思主义与弗洛伊德身体理论的兼容性,女性主义几乎不在考虑之中。

经典女性主义女批评家凯特·米利特关于《儿子与情人》的文本分析与伊格尔顿的思路颇有不同。在《性政治》这本公认的女性主义论著中,她分析了劳伦斯如何通过小说发展他的性政治,即男人支配女人的权力结构和组合关系,《儿子与情人》被视为最初的性政治形式。米利特不赞成用弗洛伊德的俄狄浦斯情结去解释保罗的行为,她认为:"儿子的这种恋母情结主要不在于他对母亲的热恋,而在于他热切地希望获得成年男子地位应该赋予他的那种权力。对年长女性的性占有或许只是那一地位的第一种表现,而不是给人印象最深的表现。"② 从父母那里,保罗意识到追求权力的方法不是像父亲那样下煤窑,而是像母亲说的那样通过学习,于是他偏向母亲以获得指导,莫瑞太太始终如一地向保罗提供巨大而广泛的支持,激励他从一个矿工的儿子发展为一个伟大的艺术家,对此,米利特将保罗与其母亲的关系理解为利用与被利用的关系,类似的利用关系还存在于保罗与另两个女性中:克拉拉的存在是唤醒他的性意识,米里亚姆是以信徒的身份崇拜他的才能。米利特认为,小说中的恋母情结不过是一个借口,掩盖了保罗的利己主义,《儿子与情人》中的女人都在为保罗的个人需要服务,而

---

① [英]特雷·伊格尔顿:《二十世纪西方文学理论》,伍晓明译,北京大学出版社2007年版,第176页。
② [美]凯特·米利特:《性政治》,宋文伟译,江苏人民出版社2000年版,第335页。

走向新的审美实践

保罗无疑具有大男子主义信仰,他是一个完美的维持自我的形象,为了实现一种理想化的自我图像,为了追逐更大的权力,在利用完这些女人之后,随即又将她们谋害或抛弃,去继承等在前头的无限美好的男性世界。"在摆脱掉这两个年轻女子,两个耗时费神的性的物件,两个或许还会对他的智力竞争方面构成威胁的对手之后,保罗就能抽出身来对着母亲的尸体悲诉,最终将米里亚姆摈弃,然后走向大都市。小说对他的灾难性的生存状况作了详尽的描述。这种状况也许是书中早就提到的他因丧母而深切悲哀的结果,但就全书来看,似乎是一种不必要的添加物;另外,书中还用弗洛伊德的学说将他的冷淡性格解释为受他母亲有害影响的结果,这似乎也是多此一举。实际上,小说结尾时,保罗处于极佳的状况:他从他的女人们那儿得到了能想象出的一切服务,现在又将她们统统甩掉了,因此,他可以向着更伟大的冒险事业挺进了。即便是这个时候,母亲的力量,即劳伦斯无穷无尽的圣水之源,仍将支持着他。"① 在这部小说中,米利特看到的是男人利用女人获得更大的发展,由此也反映出女人的不利处境。

虽然伊格尔顿与米利特都认识到《儿子与情人》的故事并不是发生在真空中,但是两人的立论重点不同,前者着重于阶级关系,后者着重于男女关系。伊格尔顿肯定了女性主义理论给身体、性、快感等感性经验提供了一个安身之处,认为这种性政治是正统政治向前所未有的领域扩展的结果,但是伊格尔顿的肯定是有限度的,针对女性主义对性政治的过度敏感,他认为弗洛伊德精神分析批评具有更强的实用性:"精神分析批评所能做的比搜寻种种菲勒斯象征要多:它可以就文学作品实际上是怎样形成的而告诉我们一些事情,并且揭示有关这一形成过程的意义的某

---

① [美]凯特·米利特:《性政治》,宋文伟译,江苏人民出版社2000年版,第347页。

种东西。"① 尽管伊格尔顿在分析《儿子与情人》时提到性别分工因素,但是对伊格尔顿来说,相比于女性主义,弗洛伊德理论与马克思主义的影响更强更持久,并不是所有谈到性别问题或性问题的理论都可以被视为女性主义,关键要看其是否真正是从女性的立场出发去对待性别或性问题,伊格尔顿对《儿子与情人》的评论与女性主义精神分析理论有着本质的差别。

二 女性及女性主义之于理想政治模式的价值所在

有研究者认为,伊格尔顿受到马克思男女平等思想的影响,为女性主义摇旗呐喊。事实上,伊格尔顿并非从男女同等的层面看待男女问题,而是在认同男女差异的前提下,对女性价值给予某种肯定,他认为理想的政治模式需要利用女性特质,实现理想的政治模式更少不了女性的关键作用。正因如此,伊格尔顿对女性主义批评有如此强烈的兴趣。

一方面,伊格尔顿认为女性的某些文化品德,诸如虚静、谦让、感性、柔和等,是影响社会发展的重要品质。他在评论丁尼生的《公主》时指出,资产阶级国家要充分实现阳性的政治统治,需要对美好或高尚道德等典范的阴性文明价值保持一种俄狄浦斯式的忠诚:"资本主义社会形态在需要维护'阳性'原则的严格的纪律的时候,也需要'阴性'品德使峻苛的原则变得和煦可人。"② 这种"阳性"原则是属于男人的,"阴性"品德则属于女人,阴性品德可以通过性征转移和互补而被阳性原则所吸收,资本主义社会正是利用男女两性的互补作用来完善其统治,未来社会的发展同样需要这种女性的温和,它不可能只是男人的独角

---

① [英]特雷·伊格尔顿:《二十世纪西方文学理论》,伍晓明译,北京大学出版社2007年版,第224、175、179页。
② [英]特里·伊格尔顿:《丁尼生:〈公主〉和〈悼念〉中的政治和性征》,载特里·伊格尔顿《历史中的政治、哲学、爱欲》,马海良译,中国社会科学出版社1999年版,第150页。

走向新的审美实践

戏。在伊格尔顿看来,马克思主义理论隐含着一种强烈的西方大男子主义,这主要体现在马克思关于自由地实现人类能力和能量的理想——这是一个狂热的自我生产者,几乎没有为虚静、忍让、创造性等留有一丝的空间,于是伊格尔顿在构建自己的政治理论体系时,提出应该重视这些女性品质。凯特·米利特在《性政治》中批判男权社会以生理差异为依据,在男女两性的气质、角色、地位等方面制定一系列人为的价值观念,从而实现男性对女性的权力支配,尽管伊格尔顿是以一种肯定的方式将女性特质视为理想政治结构中不可或缺的因素,但是他对男女气质的两性划分却使他与女性主义貌合神离,而且暴露出他将女性视为可利用资源的企图。

另一方面,在伊格尔顿看来,虽然女性在现代社会中被男性所制约,成为男性的附庸,甚至被歧视,但是总有一些女性的本质是无法被规定的,例如女人的情欲,后者极可能成为一种新的政治力量,推翻现有的政治模式。借助于弗洛伊德三重人格理论,伊格尔顿分析了女性具有反叛性的生理原因,即女性人格结构中较少超我,更多是本我,相比于男性,历史上的女性总体上更不可能受先验能指的束缚,更不可能为旗帜和祖国而迷惑。因为女性较少处于这类活动的位置上,加之女性的俄狄浦斯情结(即存在心理上的原因使女性更怀疑权威或理解权威的世俗内容),所以女性比男性更不容易陷入唯心主义窠臼。伊格尔顿将政治改革的期望寄托在这些具有唯物主义精神与天生反叛力量的女性身上,女性主义因此成为他不得不关注的对象。

《克拉莉莎被强暴》所谈论的正是女性的政治价值,其理论支持仍然来自弗洛伊德与马克思。《克拉莉莎被强暴》是伊格尔顿将"性别视角与阶级意识融合的成功批评实践"。[①] 伊格尔顿将

---

① 林树明:《论特里·伊格尔顿的"性别视角"》,《文学评论》2010年第2期。

第五章　走向新的审美政治

克拉莉莎视为政治反抗的代表人物,但是这种反抗并不是女权主义意义上的,而是一种反讽意义的,即通过对官方意识形态的戏拟,将官方意识形态推到极限,从而获得一种反面的政治效果。"无庸赘言,她并不是什么成长中的女权主义者或历史唯物主义者:克拉莉莎·哈洛威比任何人都更加唯父权制之命是从,比任何人都更加卖力地为资产阶级的忠贞道德辩护。……小说越是肯定这些价值,哈洛威一家就暴露得越发彻底;克拉莉莎越是表现出资产阶级的柔弱温顺,对那些置她于死地的人所作的批判就越发彻底。"① 伊格尔顿从三个层面分析了克拉莉莎的政治意义。第一,克拉莉莎的美德。德行是伊格尔顿所赞赏的,当权力被男人所掌握时,女人以美德为武器进行反叛,克拉莉莎坚持道德本位,却被拉夫莱斯强暴,这意味着美德的尴尬处境,"美德既是必要的,也是一种累赘,因为在一个掠夺成风的社会里,端庄的行为必然引来暴力"。② 也就是说,女性的美德不可能独立存在,她需要适宜的政治语境,但是,美德仍然是必要的,由于昏迷与失去知觉,克拉莉莎并没有体验到性,拉夫莱斯的强暴看似成功,实际上却是失败。第二,克拉莉莎的死。伊格尔顿认为,克拉莉莎的自杀是她最后的反抗形式,她以一种独立的方式宣布了女人的最终胜利。"克拉莉莎之死实际上是对政治社会的绝对拒绝,一并拒绝性压迫、资产阶级父权制和放浪形骸的贵族。"③ 在这里,克拉莉莎之死首先被看作对政治社会的反抗,然后才是对资产阶级父权制的反抗,此外,克拉莉莎的死还具有宗教意义,它说明了上帝的影响力,无论如何,伊格尔顿都不是以女性主义

---

① ［英］特里·伊格尔顿:《克拉莉莎被强暴》,载特里·伊格尔顿《历史中的政治、哲学、爱欲》,马海良译,中国社会科学出版社1999年版,第168页。
② ［英］特里·伊格尔顿:《克拉莉莎被强暴》,载特里·伊格尔顿《历史中的政治、哲学、爱欲》,马海良译,中国社会科学出版社1999年版,第173页。
③ ［英］特里·伊格尔顿:《克拉莉莎被强暴》,载特里·伊格尔顿《历史中的政治、哲学、爱欲》,马海良译,中国社会科学出版社1999年版,第167页。

走向新的审美实践

角度为主来看待克拉莉莎的自杀行为。第三，克拉莉莎的自恋。关于女性自恋问题，伊格尔顿引证的理论文献主要是弗洛伊德的，较少女性主义的。伊格尔顿认为，克拉莉莎棺材上那个尾巴含在嘴里的蛇图案可以被当作女性的自恋，这种自恋行为破坏了资产阶级社会对女人的欲望，"克拉莉莎正是通过深刻的自恋而不是阳物崇拜才得以最终穿过男性欲望的罗网，使拉夫莱斯和她家的人落了个两手空空。她的赴死过程是细腻复杂的，乃是深思熟虑而后有的脱离父权和阶级社会的一种仪式，是对付那个世界的一个精心谋划的'心不在焉'，里比多能量不再进行毫无结果的社会投入，转而关注她的自我"。[①] 女性性欲是社会性别再生产的重要前提，克拉莉莎的自恋将中断这一环节，这也是对现有政治模式的一种反抗。柴焰曾质疑伊格尔顿："女权主义运动在19世纪中后期才开始兴起，那么伊格尔顿用女权主义理论来解读查逊于18世纪写成的《克拉莉莎》，阐释其中具有超前性的女权思想是否可能呢？"[②] 其实这个担心是多余的，因为伊格尔顿对克拉莉莎的推崇并不是单纯从女性主义视角出发，而是依据其政治批评逻辑。

受马克思影响，伊格尔顿对未来社会的构想具有一种审美的自主性，即人类应该实现一切属人的感觉和特征的彻底解放，女人的解放与男人的解放是一致的，都是一种感觉的解放，都是为了能自由地充分地发展自我。20世纪70年代女性主义步入全盛时期，随后开始衰落，伊格尔顿认为这几乎与当时的左派政治同起同落，"女权主义不是一个可以孤立起来的问题，一个与其他政治计划并行的特定'攻势'，而是形成着和质疑着个人的、社会的和政治生活的所有方方面面的一个向度。妇女运动的要旨并

---

① [英] 特里·伊格尔顿：《克拉莉莎被强暴》，载特里·伊格尔顿《历史中的政治、哲学、爱欲》，马海良译，中国社会科学出版社1999年版，第165页。
② 柴焰：《伊格尔顿文艺思想研究》，中国海洋大学出版社2004年版，第109页。

不像妇女运动之外的某些人所解释的那样，只是妇女应该获得与男子平等的权利和地位；妇女运动乃是对所有这些权力和地位本身的质疑。问题并不在于，有了更多的女性参与，世界就会更好一点儿；问题在于，要是没有人类历史的'女性化'，世界就不可能继续存在下去"。① 女性主义运动的革命性与反叛性，以及美学意义上的"女性化"气质，才是伊格尔顿真正需要的，因为它们是实现和谐人格与和谐社会的必然条件。

三 政治效用是评价女性主义的根本标准

伊格尔顿对女性主义理论的褒贬通常是以女性主义的政治效用作为标准的。在《沃尔特·本雅明或走向革命批评》中，伊格尔顿倡导一种更注重文学批评的实践作用的革命文学批评："我们来简要地想象一下革命文学'批评'将会呈现何种样子。它将拆解'文学'的统治观念，在文化实践的整个领域中重新插入'文学'文本。它将努力地把这种'文化'实践与其他形式的社会活动联系起来，努力改造文化机器本身。它将把它的'文化'分析与一贯的政治干涉有机地糅合成一体。它将解构现存的'文学'等级制度，重新估价现有的判断和假定；与文学文本的语言和'无意识'打交道，以揭示文本在主体的意识形态建构中的作用；调动这些文本——如有必要，可采用解释的'暴力'——力争在更广阔的政治环境之中改造这些主体。如果有人想要给这种现今已成气候的批评起个名，这个名字就是：女性主义批评。"② 他充分肯定了女性主义批评的政治意义：女性主义批评充分汇总了革命批评的目标；具有非学院化特点；与政治运动存在关联；

---

① ［英］特雷·伊格尔顿：《二十世纪西方文学理论》，伍晓明译，北京大学出版社2007年版，第147页。
② ［英］特里·伊格尔顿：《沃尔特·本雅明或走向革命批评》，郭国良、陆汉臻译，译林出版社2005年版，第129页。

走向新的审美实践

重构现成的文学等级制度；承认文学的意识形态性；等等。①

伊格尔顿对女性主义的批评大概涉及如下几个方面。

第一，反对女性主义的个人主义倾向。针对女性主义理论家的"个人即政治"之论，伊格尔顿明确表示反对，他认为个人与政治不能完全等同，政治斗争不能仅仅归结为个人的，按照伊格尔顿的观点，政治不是个人的，它体现的是一种人际关系，尤其是阶级关系。他批评克里斯蒂娃的理论是一种"危险的形式主义"，其在政治上的相关物就是某种"无政府主义"。②

第二，反对女性主义的经验主义倾向。伊格尔顿赞同妇女运动拒绝某些僵硬严格的组织形式和某些过分总体化的政治理论，但是反对其过于抬高个人的、自发性的和经验性的东西，他认为性政治从某种意义而言意味着正统政治的失败，是对政治激情的替换，因此，女性主义对性、身体等感性经验的追求不能过度。

第三，反对女性主义除了妇女的痛苦之外不关心其他人的痛苦，也不关心如何从政治上解决妇女的痛苦。伊格尔顿批评女性主义只关注个体的解放，而不关注阶级的命运。他认为，阶级、种族与性别虽然被视为三联物，一荣俱荣，一损俱损，但是这也是一个容易误导的公式，因为阶级是一个社会范畴，而种族、性别则是身体种类，将三者放在同一层面上加以批判，是对历史多面性的一种漠视，所以我们可以批判性别和种族，但是不能因此将阶级也一棍子打死。不难看出，伊格尔顿对于阶级问题的执着表明了他的马克思主义立场，这是一种基于全人类的解放的立场，至于女性主义个人化的立场，反而成为伊格尔顿诟病的对象。

---

① 这几点主要根据伊格尔顿在《沃尔特·本雅明或走向革命批评》中的论述总结而得。详见［英］特里·伊格尔顿《沃尔特·本雅明或走向革命批评》，郭国良、陆汉臻译，译林出版社2005年版，第130页。

② ［英］特雷·伊格尔顿：《二十世纪西方文学理论》，伍晓明译，北京大学出版社2007年版，第192页。

第五章　走向新的审美政治

第四，对"女性主义文学理论"持怀疑态度，认为目前缺乏一种自主的、成熟的"女性主义文学理论"。"这种女性主义更多地体现在对文学文本进行一些笼统理论——最著名的当推马克思主义、符号学和精神分析——的具体的政治应用上。这些理论本身绝非局限于女性主义。"① 例如，伊格尔顿批评英国的"激进女性主义"代表了一种反理论、唯心主义的小资产阶级意识形态，伊格尔顿始终不愿意放弃理性及理论的重要地位，这也是他与女性主义的主要分歧，女性主义认为理论是男权意识的承载者，而伊格尔顿认为拒绝理论或理性是一种反知识主义，政治上不可取。

伊格尔顿从理论上分析了女性主义的优劣，但是，我们几乎找不到他对女性生存境况的现实关怀，我们看到的是一个着眼于全人类政治改革的宏大理论设想。换言之，伊格尔顿女性主义批评不过是从全局性的政治需要出发对女性主义的利用。对此，女性主义者肖瓦尔特早有警觉。在《批评的换装》一文中，肖瓦尔特认为伊格尔顿从事的女性主义批评是为了使传统的男性统治更加现代化和更富有欺骗性而对女性主义和女性才智发起的另一轮攻击，他们企图成为女性主义文学批评的引领者，而不是加入她们，了解她们。男性理论家不愿意修正其阅读体系中的大男子主义偏见，他们借助女性主义批评语言，不过是与女性竞争的阳物崇拜"女性主义"批评，其后果必然是进一步加强男性话语的统治地位，使女性主义批评消音或边缘化。② 吴芳在《特里·伊格尔顿与女性主义》一文中指出："肖瓦尔特无疑陷入了悖论的漩

---

① ［英］特里·伊格尔顿：《沃尔特·本雅明或走向革命批评》，郭国良、陆汉臻译，译林出版社 2005 年版，第 131 页。
② 详见肖瓦尔特的文章《批评的换装：男性女权主义者和年度最佳女性》，英文版：Elaine Showalter, "Critical Cross-Dressing: Male Feminists and the Woman of the Year", Alice Jardine and Paul Smith, eds., *Men in Feminism*, New York: Methuen, 1987, pp. 116–132。

走向新的审美实践

涡。一方面她积极鼓励支持男性参与女性主义的研究,另一方面她又极其担心男性一旦介入了女性主义,在父权制的氛围中,女性主义很有可能重蹈覆辙,重新形成男权中心的格局,甚至有可能丢失通过艰苦卓绝的斗争争取来的女性主义阵地。这是一个令大多数女性主义批评家都感到很棘手的问题。"① 可以说,这确实是一个悖论,但是当我们充分认识到伊格尔顿的政治目的和理论逻辑,也就真正理解了肖瓦尔特的顾虑。

按照伊格尔顿的理论逻辑,女性、文学与美学具有天然的亲缘关系,女性主义文学批评是联系上述三者的一个有效关联物。在英国,文学是大学为女性设置的课程,文学的气质也偏于女性,女性主义与文学有一种天然的亲近感,如果要将文学研究从书斋引入政治,女性主义是一个很好的渠道。"在所有这些理论潮流之中,它乃是那个与半数以上的正在学习文学者的种种政治需要和经验最深刻最紧迫地联系在一起的理论。妇女现在可以带着独特的、明确的姿态介入一个学科,一个如果不是在理论上至少也是在实际上始终主要都是她们的学科。"② 此外,文学与其他学科的关系以及文学所处的社会地位,也与女性主义相类似,两者都是边缘的,辅助性的,但是这种辅助作用又是必不可少的。"如果'文学'本身处在权力与欲望、经验与现实、主体的生产与社会关系再生产之间的连接口,那么,女性主义批评本身原则上正好处在这个位置。"③ 美学的处境也大抵如此,文学、美学和女性在伊格尔顿的理论逻辑中几乎是同一的,即她们虽然被现有体制所控制,却可能冲破体制的束缚,找到政治出路。

---

① 吴芳:《特里·伊格尔顿与女性主义》,《文艺理论研究》2011 年第 2 期。
② [英] 特雷·伊格尔顿:《二十世纪西方文学理论》,伍晓明译,北京大学出版社 2007 年版,第 224 页。
③ [英] 特里·伊格尔顿:《沃尔特·本雅明或走向革命批评》,郭国良、陆汉臻译,译林出版社 2005 年版,第 130 页。

综上所述，伊格尔顿有关性与性别问题的研究，其理论资源主要来自马克思与弗洛伊德，而不是女性主义。就理论原点而言，女性主义之所以成为女性主义，与其激进的政治姿态以及特殊的理论规定密切相关。女性主义的初衷在于通过揭露社会文化所体现的权力关系去批判现实社会中男人对女人的政治支配，以此改变女性的生存现状。伊格尔顿作为一名男性学者，虽然有同情女性的心理，但是他眼中的政治是全人类的解放，或者是阶级的解放，尽管伊格尔顿对女性主义心怀好感，但是他与女性主义者想的不是同一回事，他对女性主义的兴趣，更多地着眼于其个人政治诉求与理论建构的需要，而不是单纯为了改变女性的生存困境。"女性的——这是一种并不一定与女人同一的存在方式和话语方式——表达着那个反对它的社会之内的一种力量。以妇女运动的形式体现出来的这种力量具有很明显的政治内涵。"① 伊格尔顿宣称女性主义不一定意味着与女人同一的存在方式和话语方式，言下之意男人亦可以操作女性主义，女性主义因此被纳入男性的政治事业之中。然而，问题在于女性主义一旦放弃其特殊的规定，其结果必然是女性主义的消亡。

第三节 理想政治的审美意象："爵士乐团"

2003年，伊格尔顿发表《理论之后》，他在开篇中感叹：文化理论的黄金时代已经消失，理论大师相继逝世，阿尔都塞、巴尔特与德里达等代表的理论富饶时代正离我们而去，如今不过是理论高峰期的余绪。伊格尔顿怀着一种矛盾的心情诉说着文化理论的功与过：虽然文化理论在性研究、大众文化与后殖民主义等方面取得一些成就，但是并没有解决它所承诺的所有问题。这些

---

① [英] 特雷·伊格尔顿：《二十世纪西方文学理论》，伍晓明译，北京大学出版社2007年版，第192页。

走向新的审美实践

问题包括道德与形而上学，爱、生物学、宗教及革命，邪恶、死亡及大众苦难，等等。伊格尔顿批评文化理论在本质、普遍性、真理、客观以及公正性等问题的谬误观念以及对政治的遗忘，主张重新思考理论，建构理想政治。

一 重回伦理政治：博爱与幸福

利维斯细读派曾在20世纪借助文学批评实施道德和文化改革运动。随着后现代主义的流行，道德被贬为道德主义并遭遇摒弃。伊格尔顿是在利维斯理论浸染下成长的批评家，深受利维斯的道德理想影响。但是，他反对两种道德观念：一种是将道德问题仅仅视为个人问题，另一种是将道德理解为道德主义。前者将道德视为单纯的人与人之间的抽象关系，后者则将道德看作一套规则、禁律和义务，认为存在与社会和政治问题截然不同的道德问题。伊格尔顿认为道德问题是历史的、具体的，它涉及产生道德的物质条件以及整个政治环境。"它必须是一个政治争论问题，而不仅仅是一个'道德'争论问题；也就是说，它必须是真正的道德争论，必须看到个人的品质和价值与我们整个存在的物质条件之间的关系。"① 道德问题与政治密切相关且相互作用。

亚里士多德以人类为政治动物的信念著称，《政治学》的第一段话就点明了道德与政治的亲缘关系。他说："所有共同体中最崇高、最有权威、并且包含了一切其他共同体的共同体，所追求的一定是至善。这种共同体就是所谓的城邦或政治共同体。"② 即道德完善是理想政治的前提条件，伦理学是政治学的必经路径。政治意味着一种美德的事业，因为它不仅有助于私人利益，

---

① [英]特里·伊格尔顿：《现象学、阐释学、接受理论：当代西方文艺理论》，王逢振译，江苏教育出版社2006年版，第203页。
② [古希腊]亚里士多德：《政治学》，颜一、秦典华译，中国人民大学出版社2003年版，第1页。

第五章　走向新的审美政治

而且有助于全部人的利益。换句话说，合理的政治统治是最高意义的善，支持发展个人意义上的好生活的政治机构，也是好生活的一个组成部分。亚里士多德伦理政治学是伊格尔顿政治思想的理论基础。

伊格尔顿受益于亚里士多德，认为伦理政治的重要参数是幸福与否。现代人常常认为幸福是一种意识的境况或状态，伊格尔顿却从亚里士多德那里得出了不同的结论，即幸福不单单是人的某种心理状态或心境，它有其主客观标准。"幸福是透过德性才能达成的，而德性主要是一种社会实践，而不是心灵所持的态度。幸福是实际生活方式的一部分，不是某种私人、内在的满足。"① "幸福与生活得好、行事漂亮有关，而不仅仅与你的感觉好有关。对亚里士多德而言，幸福是一种实际行动或活动，而不是心境。它与如何实现你的能力有关，而与特定的生活观无关。"② 一方面，幸福有其客观标准，必须达到一定的物质条件。另一方面，幸福也是一种自我实现的方式，只有充分实现自我，才算是幸福。比如那些身心障碍的人，由于能力受损，无法实现特定的力量与典型的能力，即使他自我感觉良好，也谈不上幸福。幸福不是由个人主观意愿所决定的，幸福的生活是人的自由全面的发展，它是客观的并且受制于整个政治背景。"幸福或福祉是有关体制的事：你需要某种社会或政治环境，让你自由发挥你的创造力。"③ 从亚里士多德的幸福观寻找理论资源，这不仅仅是一个理论观点，更是一种理论方法。

弗洛伊德也着重研究过幸福问题，他指出："造成我们痛苦的

---

① ［英］泰瑞·伊格顿：《生命的意义是爵士乐团》，方佳俊译，台北：商周出版社2009年版，第162页。
② ［英］特里·伊格尔顿：《理论之后》，商正译，欣展校，商务印书馆2009年版，第123页。
③ ［英］泰瑞·伊格顿：《生命的意义是爵士乐团》，方佳俊译，台北：商周出版社2009年版，第170页。

走向新的审美实践

三个根源：自然的优势力量，我们肉体的软弱无力，调节家庭、国家和社会中人际关系的规则不适当。"[1] 此处，痛苦就是一种不幸福的生活，弗洛伊德既看到了阻碍幸福的客观原因，也看到了阻碍幸福的主观原因。我们的肉体终究会衰老并死亡，我们会经受自然灾害，会被他人所侵犯，所有这些都是不幸福的源泉。其中，人际关系以及人的社会关系方式所造成的不幸尤其多，这也是伊格尔顿伦理政治所关心的问题。如何让自己幸福？弗洛伊德提供了几种方法：第一种方法是自动离群索居，做一个隐士，以避免人际关系所带来的痛苦；第二种方法是利用科学技术征服自然；第三种方法是抑制人的本能，如性本能等；第四种方法是致醉，借助酒的麻醉作用，暂时忘却烦恼；第五种方法是幻想，例如欣赏艺术作品；第六种方法是转移利比多或性本能，例如艺术创作、科学研究等；第七种方法是审美，包括人类形体和姿态美、自然物体和风景美、艺术甚至科学创造美等，通过美的享受获得幸福，补偿生活痛苦；第八种方法是性爱，在爱的基础上建立幸福的生活方式。前三种方法虽然有效，但是人类所获得的只是一种单调的幸福，第四种、第五种方法是在浪费能量，获得的只是暂时的幸福，弗洛伊德本人比较认同的是后三种方法，这三种方法的核心是爱与艺术，且艺术是爱的派生物。弗洛伊德之爱的基本形式是性爱，即人类最本能的需要。除此之外，爱以其他多样化的形式表现出来，例如建立家庭后产生的父母与孩子、兄弟姐妹之间的爱，它被弗洛伊德称为"目标受到限制的爱"，"纯粹肉体的爱和目标受到限制的爱扩展到家庭之外，并与以前的陌生人建立了新的联系"。[2] 这就涉及更大范围的人际关系。但是，弗洛伊德并不看好这种人际关系，他认为人的进攻本

---

① [奥] 西格蒙德·弗洛伊德：《文明及其不满》，载西格蒙德·弗洛伊德《论文明》，何桂全译，国际文化出版公司2000年版，第85页。
② [奥] 西格蒙德·弗洛伊德：《文明及其不满》，载西格蒙德·弗洛伊德《论文明》，何桂全译，国际文化出版公司2000年版，第101页。

能会干扰我们与他人的关系。他反对将"你应该爱邻如爱己"与"爱你的敌人"之类的义务强加给人，相反，只有邻人对我表示出作为一个陌生人的关心和克制，我才会以同样的方式对待他。

幸福是一个最常见、最生活化的伦理学概念，它与普通民众的日常生活息息相关。亚里士多德认为，幸福的实现与人的德性有关，但是他并不视德性或福祉与人际关系有关，这是亚里士多德理论的不足之处。与弗洛伊德的观点类似，伊格尔顿将人际关系视为幸福与否的一个重要指数。他认为爱可以让人际关系更融洽，因此也让人更幸福。不同于弗洛伊德将性欲视为人的最基本欲望，伊格尔顿认为生的欲望同样重要。人在幼年不能自我生存，必须依靠别人的照顾才能成长，这种照顾除了物质上的给予，更包括情感上的关心、爱护与无私的奉献。人的感激之情与爱的能力等道德认知正是在被抚养的过程中逐渐形成的。因此，人类社会的发展是建立在爱的基础上的。

以弗洛伊德性爱理论作为对照，伊格尔顿提出一种超越性爱论的博爱说，其特殊规定性如下。首先，博爱并不一定是男女之间的情爱，它与色欲或爱慕的情感没有关系。博爱应该是无私的，例如对陌生人的爱。其次，博爱意味着一种互惠互利的人际关系，即平等的爱。大人对小孩的爱，普通人对老人的关爱，都不是典型意义上的博爱，因为爱的双方关系是不平等的。最后，博爱与幸福是同一种生活方式的不同描述。幸福不是某种令人愉悦的安逸满足，而是一个人的力量与能力的自由发挥所达致的福祉状态；博爱则是同一种福祉状态以人际关系的角度观之的名字——唯有当他人也能自由发挥时，个体才有自由发挥的可能，博爱就是在成为他人幸福的原因时，找到自己的幸福。博爱的核心在于爱的相互性与无私性，它将像马克思所言的劳动一样成为人的内在属性，是人类克服自我本能的一种重要手段，"每个人的发挥成为对方发挥的基础。当我们这样实现我们的本性时，我

走向新的审美实践

们就处于最佳状态"。① 博爱将使杀人、剥削、凌虐、自私等行为不再出现,压迫与不平等的现象也将得到缓解。因此,博爱被伊格尔顿视为最高价值准则,相互关爱、互惠互利的人际关系是其推崇的理想社会政治模式。

伊格尔顿对博爱的强调,有其现实针对性,他是对9·11恐怖袭击事件的回应,伊格尔顿相信,恐怖袭击作为政治冲突的产物,并不是必然的,博爱可以化解此类事件。博爱也是对资本主义社会个人主义与自由主义信仰的纠正,个人主义强调自我,反对互惠的行动,自由主义只强调自己不被干涉,却不去为他人的发展着想,这两类思想都已经造成巨大的社会危害。伊格尔顿认同马克思、恩格斯对资本主义社会关系的批判,认为资本主义社会表面上实现了生产力的发展与财富的聚积,实际上存在各种不稳定的社会因素,其发展是建立在少数人剥削多数人的劳动成果的基础之上的,在这样的背景下发展起来的人际关系,是赤裸裸的金钱关系与利用关系,而不是建立在博爱基础上的相互合作关系。"这个时代的秩序是侵略、支配、对抗、战争及帝国主义的剥削,而不是合作关系和同志友谊。"② 将博爱视为一种有效的解决途径,不考虑经济发展等物质条件,单纯强调人与人之间互相关爱,这多少显得有些理想主义,这其中隐含了伊格尔顿的宗教观念。

二 政治审美化与审美政治化

本雅明较早提出政治审美化与艺术政治化概念。在《机械复制时代的艺术作品》一文中,本雅明写道:"崇尚艺术——摧毁

---

① [英]泰瑞·伊格尔顿:《生命的意义是爵士乐团》,方佳俊译,台北:商周出版社2009年版,第185页。
② [英]泰瑞·伊格尔顿:《马克思》,李志成译,台北:麦田出版社2000年版,第112页。

世界，法西斯主义这样说，并像马里内蒂所承认的那样，期待着技术所改变的感知从战争中获得艺术满足。……法西斯主义谋求的政治审美化就是如此，而共产主义则用艺术的政治化对法西斯主义的做法作出了反应。"① 他将意大利未来主义与法西斯主义联系起来考察，认为法西斯主义为了防止大众将其力量用于改变现存的私有制，通过"政治审美化"来满足大众情绪发泄的需求，给予大众表达的机会，既而消散大众的革命力量，战争美学是其最高潮的体现，它在维护传统所有制关系下赋予群众运动新的目标，并满足技术发展的需要。"根据他的分析，法西斯主义利用审美化策略把政治构建成一个绝对自主的自我指涉的领域，但它同时把现代技术、大众文化、高雅艺术加以合成复制，完成了一个再光晕化或再魅化的过程，生产出既是行动者又是受害者的被动大众。"② 在本雅明眼中，政治的审美化是一种反动的策略，也是一种阻碍革命进程的大众生产模式，共产主义应以艺术的政治化作为抵制策略。何为艺术的政治化？本雅明语焉不详，但他讨论了照相、电影等现代技术对艺术生产方式及接受形式的影响，呼唤新的艺术形式。伊格尔顿非常推崇本雅明的政治姿态，他说："尽管本雅明是被作为资产阶级知识分子而培养成人的，但他却倾注全力于革命改造这一重任。"③《沃尔特·本雅明或走向革命批评》是伊格尔顿对本雅明理论的再创造，伊格尔顿说："笔者的话语与本雅明的话语之间并非是一种反思或复制的关系，而更像两种话语叠加而产生的第三种话语。"④ 由此，他将古希腊

---

① [德] 瓦尔特·本雅明：《摄影小史、机械复制时代的艺术作品》，王才勇译，江苏人民出版社2006年版，第102页。
② 周韵：《论本雅明的"政治的审美化"批评模型的意义——兼论意大利未来主义》，《文艺理论研究》2013年第4期。
③ [英] 伊格尔顿：《序言》，载特里·伊格尔顿《沃尔特·本雅明或走向革命批评》，郭国良、陆汉臻译，译林出版社2005年版，第2页。
④ [英] 伊格尔顿：《序言》，载特里·伊格尔顿《沃尔特·本雅明或走向革命批评》，郭国良、陆汉臻译，译林出版社2005年版，第1页。

走向新的审美实践

的修辞学理论与本雅明的艺术政治化观点进行嫁接，对革命文化工作者提出了三项任务，并把社会主义文化工作者的实践概括为投射式、争论式以及攫取式。尽管在资本主义现有生产条件下，艺术的政治化常常以失败告终，但是伊格尔顿和本雅明一样，始终对艺术的革命潜能抱有希望，将之视为唤醒大众和无产阶级感性意识的重要手段。本雅明对政治审美化和艺术政治化的论断是提纲挈领式的，未做系统详细的阐述，但是他关于审美、艺术与政治之间关系的论断为马克思主义研究开辟了一条重要思路，为伊格尔顿等后继者指明了理论研究的方向。

伊格尔顿一直对艺术的政治化抱有较大期望，他尤其强调文学的政治功能。对伊格尔顿而言，艺术的政治化不仅仅是实现政治理想的一种手段，更是一种理想的人类生存方式。伊格尔顿说："我们向往一个历史时刻，在这一时刻我们可以将这些令人疲惫不堪的政治争端抛之脑后，使自己以及人们彼此之间都生活在完美的状态下。对，那就是审美主义的观点。不过，我认为那是以完美的政治方式界定的审美主义。"① 此处，伊格尔顿已经将艺术的政治作用上升为以艺术方式生存的政治模式，这就是审美政治化。在这样一个审美政治化的社会里，人们不必为各种形而上的目标烦恼，也不必因为政治的功利心受到批判，每个人都能自由充分地发挥自己的能力，就像艺术品一样。

伊格尔顿的审美政治化思想继承了马克思的"审美社会主义"思想。后者始终关注人类的最终命运，视人类创造力与能力的自由全面的发展为最高的善，换言之，如果我们充分地发展自己，那么就是道德的，如果没有，则是非道德的。马克思将人类的自我发展本身视为目的，而不是所谓的责任、道德、绝对观念等形而上的要求。这种伦理学模式被伊格尔顿称为审美的，因为

---

① [英]特里·伊格尔顿等：《赛义德、文化政治与批评理论——伊格尔顿访谈》，吴格非译，《国外理论动态》2007年第8期。

第五章 走向新的审美政治

它只专注于自己的内在逻辑，为了实现自我而展现能量。"对马克思而言，社会主义正是实践的运动，这个实践的运动让尽可能多的个人可以参与像审美这类的活动。艺术在哪里，人性就在哪里。这也就是为什么他期待一个尽可能自动自发劳动的社会，让男人和女人（工人和资本家）都不再被化约为仅仅是生产的工具，可以自由地用各式各样的方式发展自己的个性。"① 这样一来，马克思最高的道德理想与其最高的美学理想就实现了统一，即当每个人都能自由地充分地发展自我能力时，这个社会就是最美最好的社会。

以18世纪早期的英国政治为例，伊格尔顿对这种审美政治化模式的可能性进行了探讨。英国资产阶级大多数曾经是拥有土地的贵族，他们把传统文化与资本主义结合起来，既保证了资本主义的进一步发展，也为建立一种宽松的政治结构提供了可能。夏夫兹伯里、哈奇生、亚当·斯密等人既是早期的道德家，也是早期的美学家，还是新政治的设计家。他们所共享的理念是：人们产生共鸣是因为某种普遍共同的感觉，而不是道德方面的强求或说教，我们的直接经验中存在着某种感觉以及对审美趣味的正确直觉，它为我们揭示了道德的秩序。因此，道德、美学和政治被融为一体，即合理的政治体制就是主体在这种体制下行为检点、举止优雅的一种体制。在伊格尔顿看来，18世纪英国新的社会精英与传统社会精英之所以能够和睦相处，正是因为统治集团理想化的自我形象是"一种根植于市民社会的政治结构，其成员既是些坚定的个人主义者，又通过开化的社会交往和一整套约定俗成的文明礼节相互联系在一起"。② 即通过普遍文化和礼仪的形式来

---

① ［英］泰瑞·伊格尔顿：《马克思》，李志成译，台北：麦田出版社2000年版，第60—61页。
② ［英］特里·伊格尔顿：《美学意识形态》（修订版），王杰、付德根、麦永雄译，中央编译出版社2013年版，第19页。

走向新的审美实践

实现统治者的权威影响,这种普遍文化和礼仪不是依据现实的社会地位或经济利益来建立,而是建立在共同的感性类型基础上的感情共同体。这意味着整个统治方案是审美性的,依靠审美政治化,资产阶级获得了政治统治的主动权,伊格尔顿设想将这种审美政治化理念扩大到全人类。

马尔库塞也曾对审美政治提出设想,他对艺术的革命性寄予厚望,将艺术的革命性与政治潜能归结于艺术的审美形式而非艺术所涉及的政治内容。"艺术通过其审美的形式,在现存的社会关系中,主要是自律的。在艺术自律的王国中,艺术既抗拒着这些现存的关系,同时又超越它们。因此,艺术就要破除那些占支配地位的意识形式和日常经验。"[①]马尔库塞反对正统马克思主义美学将艺术作品理解为表现特定社会阶级利益的某种确定形式,而是认为艺术形式具有自律性。真正的艺术品既抵抗现有社会关系,又超越它们,艺术形式成为一种革命手段,它的表现维度或称审美之维预示着它们的颠覆潜能。马尔库塞设想未来社会艺术与生活的界限将被打破,艺术成为个体生存方式,即产生"艺术作为现实的形式"的社会:"在这个社会中,不再是剥削主体或客体新型的男人与妇女,将在他们的劳动和生活中,展现出人和物曾被压抑了的审美可能性视野——美学不再作为某些对象(艺术对象)的特定属性,而是作为与自由个体的感性和理性相适应的生存形式和态势,正如马克思所说,是'对世界的感性占有'。艺术的现实化,或'崭新的艺术',只能被领会为建构一个自由社会的广阔天地的过程。"[②]艺术不再是对给定东西的美化,而是建构出全然不同

---

① [美]赫伯特·马尔库塞:《审美之维》,载赫伯特·马尔库塞《审美之维》,李小兵译,广西师范大学出版社2001年版,第189页。
② [美]赫伯特·马尔库塞:《作为现实形式的艺术》,载赫伯特·马尔库塞《审美之维》,李小兵译,广西师范大学出版社2001年版,第187页。

的现实世界,它不是外在于物质世界的他物,而是成为世界本身。佩里·安德森在《西方马克思主义探讨》一书中批评西方马克思主义脱离政治实践,最终逃向美学,马尔库塞可以说是一个典型的例证,但是马尔库塞勾勒出的乌托邦式审美憧憬与人类对自由和解放的孜孜追求并行不悖。

尽管伊格尔顿本人在其著作中很少提及马尔库塞,但是其理论构建却与马尔库塞有许多相似之处。伊格尔顿期望未来社会人与人的关系不再是阶级斗争、阶级压迫,而是每个人的充分发展并且同时也成就了他人的充分发展,这是将艺术的自律性推演到人际关系的结果。不过与马尔库塞不同的是,他不是从发展人的主体性需求来理解审美,而是从人与人关系的角度来理解审美,并始终强调批评不能脱离政治实践。他将哲学问题"生命的意义"落脚在人与人的关系上,使其成为一个政治问题,探讨生命的意义不再是哲学家、理论家的学术争论,而是关于普通人生存方式的现实讨论。他提出审美政治理论,用于应对当前社会普遍工具化的现状。"资本主义现代性给了我们一个几乎纯粹工具性的经济体系,这是一种致力于权力、利润与物质生存的生活方式,而不在乎培养人类团结与分享的价值。政治领域也变成管理与操控的问题,而不是共同体形塑公共生活的问题。理性被贬抑成单纯自利的计算。至于道德,也日渐变成私人事物,比较有关卧室而不是会议室。"① 伊格尔顿对现实问题的关注成为其理论的重要品质。

三 构建"爵士乐团"式审美政治

2007年,伊格尔顿出版著作《生命的意义》。在大多数人看来,在这样一个反本质主义时代讨论生命的意义是一件很可笑的

---

① [英]泰瑞·伊格尔顿:《生命的意义是爵士乐团》,方佳俊译,台北:商周出版社2009年版,第65页。

走向新的审美实践

事情,因为意义早已被后现代主义消解,如今的社会追求意义的人远远没有追求金钱的人那么多见。但是,伊格尔顿却说:"对于这种崇高的主题,我尽量表面上轻松浅白,内心严肃。"① 生命的意义在于生命的精华,它与人的生活息息相关,而不单单是一个哲学命题。如果社会大范围地讨论生命的意义问题,恰恰说明原有事物的秩序出现松动,社会正面临危机。"有关生命意义的探讨,若会大规模地出现,通常都是在社会认为理所当然的角色、信念、习俗陷入重大危机时。最杰出的悲剧作品也是在这样的时代里出现,或许并不令人意外。"② 例如,20世纪存在主义的风行,与第二次世界大战所带来的精神危机是分不开的。如今,我们也是面临危机的时代,这种危机尤其体现在性、宗教与文化等方面。③ 性变得惊人与败德,追求奇观性,并取代政治抗争;艺术的内容被物化,艺术的价值成泡沫化,艺术已经无法为救赎服务;宗教对人的引导或规范作用要么过于强硬,要么过于松垮。因此,讨论生命的意义是有必要的。

如何理解生命的意义?伊格尔顿列举了历史上关于"生命的意义"问题的两种解答方法:一种是将生命的意义定义为某种具体事物,例如宗教中的上帝、可救赎人的谎言、人文主义理想等,这是一种意识形态的伎俩,作为一种有益的幻觉,它是人的生存动力,具有不可或缺性;另一种认为意义的产生既受制于自然,也受制于社会,即意义的确定受到我个人的物种的限定,尤其是我身体的物质性特征的限制,生命的意义与我的个人身体感受有关,同时,每个人都面临许多他人的意见,这些意见为我们

---

① [英]泰瑞·伊格尔顿:《生命的意义是爵士乐团》,方佳俊译,台北:商周出版社2009年版,第22页。
② [英]泰瑞·伊格尔顿:《生命的意义是爵士乐团》,方佳俊译,台北:商周出版社2009年版,第58页。
③ [英]泰瑞·伊格尔顿:《生命的意义是爵士乐团》,方佳俊译,台北:商周出版社2009年版,第65页。

第五章 走向新的审美政治

形成自己与世界的意义提供了母体。伊格尔顿本人更倾向于第二种解释，即意义既不是完全内在的，也不是完全建构的，它是人类行为的成果。"意义其实是我们与真实对话的成果。文本与读者是互相依赖的。"① 生命的意义在于过程，而非结果。正是基于这一认识，伊格尔顿认为生命的意义并不是一个形而上的哲学问题，也不是一个可以用一句话作答的问题，它是关注生活本身的生活方式问题。"它并不是可以从生命切割下来的某个东西，而是让生命更值得活的东西，详言之，某种生命的品质、深度、丰饶、强度。因此，生命的意义是以某种方式呈现的生命本身。"② 最终，生命的意义问题落脚到了伦理道德问题，即幸福与博爱。如果幸福是我们能力的自由发挥，那么博爱就是允许这种最佳状态发生的对等互惠关系。幸福与博爱是实现生命的意义的重要步骤。那么如何形象地说明这种幸福的人生呢？伊格尔顿想到了"爵士乐团"。

一个爵士乐团在即兴演奏时，跟交响乐团有所差异。因为爵士乐团的乐手在很大程度上可以自由地表现他所想要表现的自己，同时他对其他乐手的自我表现也是关注的。在爵士乐团的乐手之间存在一种互惠互利的关系，他们充分地发挥自己的才能，并且每个人的自我发挥也成为他人自我发挥的基础。伊格尔顿这样描述道："他们所形成的复杂和谐，并不是因为他们都演奏同一套乐谱，而是因为每位成员的自由演奏都是其他成员的自由演奏的基础。随着每位乐手的演奏愈见精彩，其他成员则从中获得灵感，激励自己达到更高的表现程度。在这里，并没有自由与'整体的善'的冲突，这样的景象更是极权主义的反面……在这

---

① ［英］泰瑞·伊格尔顿:《生命的意义是爵士乐团》，方佳俊译，台北：商周出版社2009年版，第143页。
② ［英］泰瑞·伊格尔顿:《生命的意义是爵士乐团》，方佳俊译，台北：商周出版社2009年版，第181页。

走向新的审美实践

样的艺术表演中,也可以获得快乐;而且因为当中也有能力的自由发挥或实现,所以也有自我发展与繁盛的那种幸福。因为这样的发挥是对等互惠的,甚至也可以站在更远的类比角度说它是一种爱。显然,把这样的情境当作生命的意义是个不坏的想法——既因为这样的情境使得生命有意义,也因为当我们处于这样的情境时,我们才能够最佳地实现自己的本性。"[1]爵士乐团是一种理想的团体关系,这个团体的主旨是要让每一个团体成员都能充分地实现自我,并且不会限制他人的自我实现。要实现生命的意义,并不是要每个人都去参加爵士乐团或者去当一个乐手,而是要让每个人都能处于这种人际关系中。伊格尔顿的政治目标就是要在更大的规模上建立这样的社群,这个社群的重点不在于他最终能够实现什么样功利性的或严肃的形而上的目的,而是社群中人与人之间的关系,这种关系让其中的每个人都能充分发挥自己并且获得快乐。

未来社会应该以类似于爵士乐队的方式存在,即每个成员都能在其中有所表现,有所发展。只有这样,作为自我实现的审美与作为社会和谐的审美才能真正的统一起来。伊格尔顿将哲学上的难题——生命的意义落脚于人与人的关系,使其成为一个政治问题,探讨生命的意义不再是哲学家、理论家的学术争论,而是关系到每一个普通人的生存方式。哈贝马斯曾这样描述古希腊的公共领域:"公民相互之间进行对谈,从而把事物表达出来,并使之形象化;彼此差不多的人通过争论,才能把最好的衬托出来,使之个性鲜明——这就是名誉的永恒性。因此,如果说生的欲望和生活必需品的获得发生在私人领域范围内,那么,公共领域则为个性提供了广阔的表现空间;如果说前者还使人有些羞涩,那么后者则让人引以为豪。公民之间平等交往,但每个人都

---

[1] [英]泰瑞·伊格尔顿:《生命的意义是爵士乐团》,方佳俊译,台北:商周出版社2009年版,第188—189页。

第五章 走向新的审美政治

力图突出自己。"① 如哈贝马斯所言,公民在公共领域的发言能够把事物形象化地表达出来,公民之间的争论可以让最好的事物呈现出来,每个公民都可以突出自我,这是一种理想的社会状态,也是伊格尔顿向往的社会状态。伊格尔顿向来推崇古希腊,他对于未来社会的设想,重现了这种平等自由、凸显个性的交往方式。同时,"爵士乐团"的存在方式也是一种审美的存在,因为它除了发展自我,不需要其他的正当理由。这样一来,伊格尔顿再一次将道德、政治与审美统一起来。可以说,"爵士乐团"是伊格尔顿审美政治化思想的延续,也是伊格尔顿理想政治的审美意象。

发扬博爱精神,建立一种"爵士乐团"式的社群关系,使人获得幸福,从而实现生命的意义,这是伊格尔顿审美政治理论的基本观念。"爵士乐团"式的人际关系是伊格尔顿审美政治理论的核心,爱和幸福则成为其审美政治理论的两翼。爵士乐团的演奏方式让每一个人都充分发挥自我,从而获得幸福。乐团中每个人的发挥又是对等互惠的,体现出爱的最高境界。"爵士乐团"是伊格尔顿心中美好人生的意象,换言之也是一种理想政治的审美意象。这一观念的核心思想在于充分实现人的自由发展,而且每个人的充分发展又构成其他人充分发展的条件。这样一来,作为自我实现的审美与作为社会和谐的审美真正地统一起来。伊格尔顿说:"我们向往一个历史时刻,在这一时刻我们可以将这些令人疲惫不堪的政治争端抛之脑后,使自己以及人们彼此之间都生活在完美的状态下。对,那就是审美主义的观点。不过,我认为那是以完美的政治方式界定的审美主义。"② 在伊格尔顿所设想

---

① [德]尤尔根·哈贝马斯:《论资产阶级公共领域》,载哈贝马斯《哈贝马斯精粹》,曹卫东选译,南京大学出版社2004年版,第39页。
② [英]特里·伊格尔顿等:《赛义德、文化政治与批评理论——伊格尔顿访谈》,吴格非译,《国外理论动态》2007年第8期。

249

走向新的审美实践

的审美政治化的社会里,人们不必为各种形而上的目标烦恼,也不必因为政治的功利心受到批判,每个人都能自由充分地发挥自己的能力,就像艺术品一样。而且,未来社会要实现人类的可持续发展,这一原则尤其重要。"如果我们不是以如下方式生活,即每一个人的自由的自我实现是通过所有人的自由的自我实现而达成的,那么,我们就很有可能毁灭我们自己的物种。"①

---

① [英]特里·伊格尔顿:《美学意识形态》(修订版),王杰、付德根、麦永雄译,中央编译出版社 2013 年版,第 396 页。

结　语

　　纵观伊格尔顿的政治批评理论，我们很难发现伊格尔顿独创的概念或原理，他多数是对传统概念的重新阐释与应用。正如爱德森所说："必须承认的一点是，伊格尔顿的著述并没有因为某个具有革新精神的理论概念而声名显赫并被吸收到当代的批评话语中。"① 这的确是伊格尔顿的理论缺陷，因为缺乏这种创新词汇，伊格尔顿的思想很容易被误解为老生常谈。但是，伊格尔顿对每一个旧有概念的论述都有他新的认识。例如，他将古典修辞学理论发展为新的政治批评理论，将西方马克思主义的"形式的意识形态"发展为"形式的政治"，将阿尔都塞的阶级斗争与意识形态观点应用到美学研究与批评实践中，将马克思的美学理想与社会理想融为一个新的政治理念，等等。因此，我们不能单凭概念的新颖性这一标准来衡量伊格尔顿的理论价值，而要结合历史语境来分析伊格尔顿政治批评理论的意义所在。

　　伊格尔顿的政治批评理论形成于 20 世纪 70 年代末，这一时期让资本主义理论家感兴趣的不再是传统的马克思主义与西方马克思主义，而是后现代主义以及各种文化理论。作为马克思主义的追随者，伊格尔顿深刻体会到政治批评与马克思主义在西方的没落，以及当代资本主义现状与马克思所论的理想社会的距离

---

① David Alderson, *Terry Eagleto*, New York: Palgrave Macmillan, 2004, p. 3.

所在。他说:"假装马克思主义仍然是一种鲜活的政治现实,或者假装社会主义改造的前景,至少对于现在,绝非极其遥远,都是一种理智的欺骗。在这样的环境里,放弃对一个正义社会的想象,要比欺骗坏得多,默许当代世界这惊人的混乱局面也是如此。那么,我们不是说我们手头已经拥有代替后现代主义的完全成熟的东西,而只是说我们能够做得更好。"① 在伊格尔顿看来,理想的社会还没有实现,我们仍然需要理论作为武器。为此,他着重分析了两类理论,一类是现代批评理论,另一类是后现代批评理论。前者代表了资本主义理论,它帮助资产阶级确立并巩固了政权;后者代表了反资本主义理论,它徒有反资本主义的姿态,却没有反资本主义的效果,这也意味着西方左派的政治退却与理论衰落。可以说,伊格尔顿的政治批评理论是对当前西方理论危机与政治变动的一种积极回应。为了寻找更好的理论模式,也为了恢复批评的现实功能,伊格尔顿继承了西方马克思主义的形式批评以及西方古典修辞学与道德理论等,对马克思的阶级斗争理论、内容与形式理论以及审美理论等进行了重新的阐释与应用,最终建立起自己的政治理念。他的政治批评理论既弘扬了马克思主义的政治理想,也为实现这一理想提供了新的理论方法。"伊格尔顿的'政治批评'是对马克思主义政治学文论的重要拓展和完善,它超越了党的阶级的、甚至是作为狭义理论的纲领或思想主张的政治,而是指向人的现实生存及发展,从人类解放的高度认识和理解政治,赋予政治批评以新的时代精神内涵。"②

当前西方学界颇为流行文化政治批评,何谓"文化政治"? 范永康先生将西方马克思主义、英国新左派和前期文化研究、后

---

① [英]特里·伊格尔顿:《后现代主义的幻象》,华明译,商务印书馆 2000 年版,前言第 3 页。
② 李西建、谭诗民:《重审马克思主义的"政治批评":问题与意义》,《陕西师范大学学报》(哲学社会科学版)2018 年第 5 期。

结　语

现代主义和后期文化研究、晚期马克思主义等都纳入文化政治范畴。他将文化政治分为三大支脉：左翼文化政治、后现代文化政治与晚期马克思主义文化政治。其中，"晚期马克思主义虽然非常重视文化政治，但是，他们仍然坚守经典马克思主义的政治理念，强调在新的历史形势下，应该将宏观政治与微观政治、社会主义政治与文化政治加以融合"。① 就此而言，伊格尔顿可以归入"晚期马克思主义"文化政治的行列。但是，伊格尔顿本人对文化政治尤其是后现代主义的文化政治却是持一种批判态度。

伊格尔顿政治批评与后现代文化政治的一个重要分歧在于他们对阶级斗争的不同认识。伊格尔顿一直执着于阶级斗争理论，并且将其看作资本主义阶段的一个主要矛盾。但是，随着资本主义的不断强大与自我完善，他发现阶级斗争问题逐渐被置换。例如，20世纪五六十年代的反殖民主义运动以民族的观念代替阶级冲突即是对阶级问题的屏蔽。殖民地国家的中产阶级领导本民族摆脱了帝国主义的控制，但是民族独立并不意味着人的解放，实际上仍然存在阶级斗争问题，因为对于本民族的劳工而言，只不过面临的不再是外国剥削者，而是本国剥削者而已。伊格尔顿的分析可谓一针见血："在有民族主义意识的中产阶级的领导下，以政治主权和经济独立的名义抛弃了他们的殖民主义统治者。第三世界的精英们将穷苦百姓的需求引导到这些目标上，利用民怨建立自己的政权。一旦大权在握，他们就需在来自底层的激进压力和外部全球市场力量之间进行笨拙的平衡。"② 进一步而言，作为反殖民主义运动中一种颇具优势的意识形态，民族主义成为阻挡殖民势力的一种有效方式，但是民族主义与反殖民主义并没有必然的联系，其发展后果是阶级观念的萎缩。"对社会主义者而

---

①　范永康：《何谓"文化政治"》，《文艺理论与批评》2010年第4期。
②　[英] 特里·伊格尔顿：《理论之后》，商正译，欣展校，商务印书馆2009年版，第10页。

走向新的审美实践

言,反抗殖民的斗争,也是阶级斗争,它代表着对国际资本力量的打击,而国际资本力量则以持久的武力迅速对这种挑战做出反应。这是一场西方资本和世界上劳苦工人间的战斗。但因为这种阶级冲突是用民族措辞表达,因而为后期的后殖民论著中阶级观念的不断萎缩铺平道路。"① 伊格尔顿对当代流行的后殖民主义理论颇有微词(赛义德除外,在伊格尔顿看来,赛义德是一个古典的人道主义者、启蒙运动的儿子、反理论者,后者本无意于发展一种后殖民主义思潮),他认为后殖民主义理论将研究的中心从阶级与民族问题转到种族问题,将注意力从政治问题转向文化问题,实际上已经完全放弃了阶级斗争观念。西方国家转移阶级斗争问题的注意力,为后政治时期带来很多时髦话语,但是它未必符合新的政治现实。因此,伊格尔顿主张对所有的殖民主义与后殖民主义政治本身进行阶级分析,而不是文化分析。由此可见,伊格尔顿政治批评理论对社会关系尤其是阶级关系的重视有其针对性。

伊格尔顿政治批评理论也是对马克思主义美学原理的创造性发展。他认定马克思关于人类社会的构想本质上是一种审美主义观点,即专注于自己的内在逻辑,为了实现自我而展现能量,呈现出某种自律性特征。马克思的道德理想与其美学理想终归于一体,即当每个人都能自由地充分地发展自我能力时,这个社会就是最美、最好的社会。对于经典马克思主义理论而言,有关社会主义的话题早已不再热门,重读伊格尔顿的论著可以激发我们重新思考传统命题,这种发散性审美观念有利于推进当前美学研究中某些固化思维的转变。

在欧美国家中,英国是一个有着深厚的马克思主义传统的国度,形成于这一政治语境的政治批评理论是伊格尔顿多年着力发

---

① [英]特里·伊格尔顿:《理论之后》,商正译,欣展校,商务印书馆2009年版,第13页。

结　语

展的理论武器，目的在于促进人与人的关系和谐，最终实现一个人人都能充分发展自身的未来社会。伊格尔顿综合应用了马克思主义传统理论以及西方当代思潮，他对推进马克思主义的时代化所起的作用不容忽视，也是一个很好的理论中介，有助于我们把握西方马克思主义研究的发展动态。当代中国的理论研究应重视当代美学参与社会历史发展的主观能动性以及参与主体建构的可能性，从而推进中西美学研究的交流与对话。段吉方教授说："由美学和政治的关联所推动以及构建的审美共同体已经区别于以往的审美介入理论，更推动了当代审美话语有效介入现实的能力和品格，这种能力和品格有利于当代美学进一步参与社会和感知经验的历史形构，并对当代文化中的主体建构起到重要作用，由此可以达到一种基于美学政治学原则的'感觉的共同体'，这无疑是当代美学发展中的新问题，同时也是当代美学未来发展值得重视的方向。"[①] 从传统到现代，政治的历史发生了很大的跳跃，但是任何政治都应该严肃地考虑审美这一传统主题，从而为实现共产主义提供充分的理论资源与活力。

[①] 段吉方：《审美与政治：当代西方美学的政治转向及其理论路径》，《外国文学研究》2017年第6期。

参考文献

伊格尔顿论著中译本

［英］泰瑞·伊格顿：《理论之后：文化理论的当下与未来》，李尚远译，台北：商周出版社2005年版。

［英］泰瑞·伊格顿：《马克思》，李志成译，台北：麦田出版社2000年版。

［英］泰瑞·伊格顿：《生命的意义是爵士乐团》，方佳俊译，台北：商周出版社2009年版。

［英］泰瑞·伊格顿：《文化的理念》，林志忠译，台北：巨流图书公司2002年版。

［英］泰瑞·伊格顿：《文学理论导读》，吴新发译，台北：书林出版有限公司1993年版。

［英］特里·伊格尔顿：《马克思主义与美学价值》，载陆梅林选编《西方马克思主义美学文选》，漓江出版社1988年版。

［英］特雷·伊格尔顿：《二十世纪西方文学理论》，伍晓明译，北京大学出版社2007年版。

［英］特雷·伊格尔顿：《二十世纪西方文学理论》，伍晓明译，陕西师范大学出版社1987年版。

［英］特雷·伊格尔顿：《希思克利夫与大饥荒》，周小仪译，《国外文学》1997年第3期。

［英］特里·伊格尔顿：《勃朗特姐妹：权力的神话》，高晓玲译，

中信出版社 2017 年版。

［英］特里·伊格尔顿：《当代文化的危机》，马海良译，《天涯》1999 年第 3 期。

［英］特里·伊格尔顿：《当代西方文学理论》，王逢振译，中国社会科学出版社 1988 年版。

［英］特里·伊格尔顿：《后现代主义的幻象》，华明译，商务印书馆 2000 年版。

［英］特里·伊格尔顿：《话语与意识形态》，马驰、王朝元、麦永雄译，载刘纲纪主编《马克思主义美学研究》（第 2 辑），广西师范大学出版社 1999 年版。

［英］特里·伊格尔顿：《理论的兴衰：20 世纪 80 年代以前文化理论的发展》，袁新译，载刘纲纪主编《马克思主义美学研究》（第 8 辑），广西师范大学出版社 2005 年版。

［英］特里·伊格尔顿：《理论之后》，商正译，欣展校，商务印书馆 2009 年版。

［英］特里·伊格尔顿：《理论之后》，王晓群译，《国外理论动态》2006 年第 11 期。

［英］特里·伊格尔顿：《历史中的政治、哲学、爱欲》，马海良译，中国社会科学出版社 1999 年版。

［英］特里·伊格尔顿：《论文化》，张舒语译，中信出版社 2018 年版。

［英］特里·伊格尔顿：《论牺牲》，林云柯译，上海人民出版社 2021 年版。

［英］特里·伊格尔顿：《论邪恶：恐怖行为忧思录》，林雅华译，湖南人民出版社 2014 年版。

［英］特里·伊格尔顿：《马克思为什么是对的》，李杨等译，新星出版社 2011 年版。

［英］特里·伊格尔顿：《马克思主义文学理论》，马海良译，

《外国文学》1999年第4期。

［英］特里·伊格尔顿：《马克思主义与社会主义》，王朝元译，载刘纲纪主编《马克思主义美学研究》（第6辑），广西师范大学出版社2002年版。

［英］特里·伊格尔顿：《马克思主义与文学批评》，文宝译，人民文学出版社1980年版。

［英］特里·伊格尔顿：《马歇雷与马克思主义文学理论》，戴侃译，《国外社会科学》1983年第1期。

［英］特里·伊格尔顿：《美学意识形态》（修订版），王杰等译，中央编译出版社2013年版。

［英］特里·伊格尔顿：《美学意识形态》，王杰等译，广西师范大学出版社1997年版。

［英］特里·伊格尔顿：《批评的功能》，程佳译，西南师范大学出版社2018年版。

［英］特里·伊格尔顿：《批评与意识形态》，段吉方、穆宝清译，北京出版社2021年版。

［英］特里·伊格尔顿：《人生的意义》，朱新伟等译，译林出版社2012年版。

［英］特里·伊格尔顿：《如何读诗》，陈太胜译，北京大学出版社2016年版。

［英］特里·伊格尔顿：《社会主义：保护尚未诞生的未来》，吕增奎编译，《社会科学报》2004年3月25日。

［英］特里·伊格尔顿：《审美意识形态》，王杰、傅德根、麦永雄译，广西师范大学出版社2001年版。

［英］特里·伊格尔顿：《甜蜜的暴力：悲剧的观念》，方杰等译，南京大学出版社2012年版。

［英］特里·伊格尔顿：《托马斯·哈代和〈无名的裘德〉》，王泉译，载张中载、赵国新编《文本·文论——英美文学名著重

读》，外语教学与研究出版社 2004 年版。

［英］特里·伊格尔顿：《文本·意识形态·现实主义》，张冲译，载王逢振等编《最新西方文论选》，漓江出版社 1991 年版。

［英］特里·伊格尔顿：《文化与上帝之死》，宋政超译，河南大学出版社 2016 年版。

［英］特里·伊格尔顿：《文化之战》，王宁译，《南方文坛》2001 年第 3 期。

［英］特里·伊格尔顿：《文学理论导论》（第 2 版）（英文），外语教学与研究出版社 2004 年版。

［英］特里·伊格尔顿：《文学事件》，阴志科译，河南大学出版社 2015 年版。

［英］特里·伊格尔顿：《文学原理引论》，刘峰译，文化艺术出版社 1987 年版。

［英］特里·伊格尔顿：《文学阅读指南》，范浩译，河南大学出版社 2015 年版。

［英］特里·伊格尔顿：《沃尔特·本雅明或走向革命批评》，郭国良、陆汉臻译，译林出版社 2005 年版。

［英］特里·伊格尔顿：《现象学、阐释学、接受理论：当代西方文艺理论》，王逢振译，江苏教育出版社 2006 年版。

［英］特里·伊格尔顿：《叶芝〈1916 年复活节〉里的历史和神话》，马海良译，《外国文学》1999 年第 4 期。

［英］特里·伊格尔顿：《异端人物》，刘超等译，江苏人民出版社 2014 年版。

［英］特里·伊格尔顿：《再论基础和上层建筑》，张丽芬译，柏敬泽校，载刘纲纪主编《马克思主义美学研究》（第 5 辑），广西师范大学出版社 2001 年版。

［英］特里·伊格尔顿：《真理、德性和客观性》，袁新译，载《当代国外马克思主义评论》，人民出版社 2007 年版。

［英］特里·伊格尔顿：《资本主义、现代主义与后现代主义》，戴永沪、宋伟杰译，《当代电影》1994年第2期。

［英］特里·伊格尔顿、马修·博蒙特：《批评家的任务：与特里·伊格尔顿的对话》，王杰、贾洁译，北京大学出版社2014年版。

［英］特里·伊格尔顿等：《赛义德、文化政治与批评理论——伊格尔顿访谈》，吴格非译，《国外理论动态》2007年第8期。

［英］特利·伊格尔顿：《意识形态导论：结语》，宋伟杰译，《文艺理论研究》1998年第1期。

［英］特瑞·伊格尔顿：《文化的观念》，方杰译，南京大学出版社2003年版。

其他中文及中译著作

［德］贝·布莱希特：《布莱希特论戏剧》，丁扬忠等译，中国戏剧出版社1990年版。

［德］本雅明：《发达资本主义时代的抒情诗人》，张旭东、魏文生译，生活·读书·新知三联书店2007年版。

［德］哈贝马斯：《哈贝马斯精粹》，曹卫东选译，南京大学出版社2004年版。

［德］马克斯·韦伯：《学术与政治》（韦伯作品集Ⅰ），钱永祥等译，广西师范大学出版社2004年版。

［德］瓦尔特·本雅明：《巴黎，19世纪的首都》，刘北成译，上海人民出版社2006年版。

［德］瓦尔特·本雅明：《德国悲剧的起源》，陈永国译，文化艺术出版社2001年版。

［德］瓦尔特·本雅明：《摄影小史、机械复制时代的艺术作品》，王才勇译，江苏人民出版社2006年版。

［德］席勒：《审美教育书简》，张玉能译，译林出版社2009

年版。

［俄］托洛茨基：《文学与革命》，刘文飞、王景生、季耶译，外国文学出版社1992年版。

［法］阿尔都塞：《哲学与政治：阿尔都塞读本》，陈越编译，吉林人民出版社2003年版。

［法］弗朗索瓦·多斯：《从结构到解构：法国20世纪思想主潮》，季广茂译，中央编译出版社2004年版。

［法］路易·阿尔都塞：《保卫马克思》，顾良译，商务印书馆1984年版。

［法］路易·阿尔都塞：《保卫马克思》，顾良译，商务印书馆2006年版。

［法］路易·阿尔都塞、艾蒂安·巴里巴尔：《读〈资本论〉》，李其庆、冯文光译，中央编译出版社2001年版。

［法］让-弗·利奥塔：《后现代主义》，赵一凡等译，社会科学文献出版社1999年版。

［法］让-弗朗索瓦·利奥塔：《后现代性与公正游戏——利奥塔访谈书信录》，谈瀛洲译，上海人民出版社1997年版。

［古希腊］亚里士多德：《修辞术·亚历山大修辞学·论诗》，颜一、崔延强译，中国人民大学出版社2003年版。

［美］爱德华·赛义德：《赛义德自选集》，谢少波、韩刚等译，中国社会科学出版社1999年版。

［美］彼得·基维主编：《美学指南》，彭锋等译，南京大学出版社2008年版。

［美］道格拉斯·凯尔纳、斯蒂文·贝斯特：《后现代理论：批判性的质疑》，张志斌译，中央编译出版社1999年版。

［美］弗雷德里克·詹姆逊：《快感：文化与政治》，王逢振等译，中国社会科学出版社1998年版。

［美］弗雷德里克·詹姆逊：《文化转向》，胡亚敏等译，中国社

会科学出版社2000年版。

［美］弗雷德里克·詹姆逊：《政治无意识》，王逢振、陈永国译，中国社会科学出版社1999年版。

［美］赫伯特·马尔库塞：《爱欲与文明》，黄勇、薛民译，上海译文出版社1987年版。

［美］赫伯特·马尔库塞：《单向度的人：发达工业社会意识形态研究》，刘继译，上海译文出版社2006年版。

［美］赫伯特·马尔库塞：《审美之维》，李小兵译，广西师范大学出版社2001年版。

［美］杰姆逊讲演：《后现代主义与文化理论》（精校本），唐小兵译，北京大学出版社2005年版。

［美］肯尼斯·米诺格：《当代学术入门：政治学》，龚人译，辽宁教育出版社1998年版。

［美］雷内·韦勒克：《现代文学批评史：1750—1950（第五卷1900—1950年的英国文学批评）》，章安祺、杨恒达译，中国人民大学出版社1991年版。

［美］理查德·罗蒂：《偶然、反讽与团结》，徐文瑞译，商务印书馆2003年版。

［美］马泰·卡林内斯库：《现代性的五副面孔：现代主义、先锋派、颓废、媚俗艺术、后现代主义》，顾爱彬、李瑞华译，商务印书馆2003年版。

［美］斯蒂芬·贝斯特、道格拉斯·科尔纳：《后现代转向》，陈刚等译，南京大学出版社2002年版。

［美］詹明信：《晚期资本主义的文化逻辑：詹明信批评理论文选》，张旭东编，陈清侨等译，生活·读书·新知三联书店1997年版。

［美］詹姆斯·米勒：《福柯的生死爱欲》，高毅译，上海人民出版社2003年版。

参考文献

［苏］阿尔森·古留加：《康德传》，贾泽林、侯鸿勋、王炳文译，商务印书馆1981年版。

［英］查特尔·墨菲：《政治的回归》，王恒、臧佩洪译，江苏人民出版社2001年版。

［英］大卫·麦克里兰：《意识形态》，孙兆政、蒋龙翔译，吉林人民出版社2005年版。

［英］弗朗西斯·马尔赫恩编：《当代马克思主义文学批评》，刘象愚、陈永国、马海良译，北京大学出版社2002年版。

［英］雷蒙·威廉斯：《关键词：文化与社会的词汇》，刘建基译，生活·读书·新知三联书店2005年版。

［英］雷蒙·威廉斯：《现代悲剧》，丁尔苏译，译林出版社2007年版。

［英］雷蒙德·威廉斯：《文化与社会》，吴松江、张文定译，北京大学出版社1991年版。

［英］雷蒙德·威廉斯：《现代主义的政治：反对新国教派》，阎嘉译，商务印书馆2002年版。

［英］迈克·费瑟斯通：《消费文化与后现代主义》，刘精明译，译林出版社2000年版。

［英］佩里·安德森：《当代西方马克思主义》，余文烈译，东方出版社1989年版。

［英］佩里·安德森：《后现代性的起源》，紫辰、合章译，中国社会科学出版社2008年版。

［英］佩里·安德森：《西方马克思主义探讨》，高铦等译，人民出版社1981年版。

［英］史蒂文·康纳：《后现代主义文化——当代理论导引》，严忠志译，商条印书馆2002年版。

［英］约翰·格雷：《自由主义的两张面孔》，顾爱彬、李瑞华译，江苏人民出版社2002年版。

走向新的审美实践

柴焰：《伊格尔顿文艺思想研究》，中国海洋大学出版社 2004 年版。

陈永国：《文化的政治阐释学：后现代语境中的詹姆逊》，中国社会科学出版社 2000 年版。

董学文：《马克思与美学问题》，北京大学出版社 1983 年版。

方珏：《伊格尔顿意识形态理论探要》，重庆出版社 2008 年版。

冯宪光：《"西方马克思主义"文艺美学思想》，四川大学出版社 1988 年版。

高宣扬：《后现代论》，中国人民大学出版社 2005 年版。

姜哲军、刘峰：《西方马克思主义艺术与美学理论批评》，社会科学文献出版社 2002 年版。

旷新年：《中国 20 世纪文艺学学术史》（第二部下卷），上海文艺出版社 2001 年版。

马驰：《"新马克思主义"文论》，山东教育出版社 1998 年版。

马驰：《马克思主义美学传播史》，漓江出版社 2001 年版。

马驰、张岩冰：《伊戈顿》，台北：生智文化事业有限公司 2001 年版。

马海良：《文化政治美学——伊格尔顿批评理论研究》，中国社会科学出版社 2004 年版。

马新国主编：《西方文论史》，高等教育出版社 2002 年版。

毛崇杰：《20 世纪中下叶的马克思主义美学思想》，中央编译出版社 1999 年版。

孙盛涛：《政治与美学的变奏——西方马克思主义文艺基本问题研究》，社会科学文献出版社 2005 年版。

王逢振：《特里·伊格尔顿访谈录》，载王逢振《交锋：21 位著名批评家访谈录》，上海人民出版社 2007 年版。

王宁主编：《文学理论前沿》（第一辑），北京大学出版社 2004 年版。

王天保：《审美意识形态的辩证法——伊格尔顿美学思想述论》，河南文艺出版社2007年版。

温恕：《精神生产与社会生产——二十世纪国外马克思主义艺术生产理论研究》，巴蜀书社2008年版。

俞可平：《社群主义》，中国社会科学出版社2005年版。

袁久红主编：《西方马克思主义的政治哲学》，东南大学出版社2004年版。

中共中央马克思恩格斯列宁斯大林著作编译局编：《马克思恩格斯选集》（1—4卷），人民出版社1995年版。

朱立元主编：《当代西方文艺理论》（增补版），华东师范大学出版社2005年版。

中文论文

［美］克利夫·麦克马洪：《论伊格尔顿》，李永新、汪正龙译，载刘纲纪主编《马克思主义美学研究》（第8辑），广西师范大学出版社2005年版。

［美］罗蒂：《哈贝马斯和利奥塔论后现代性》，李文阁译，《世界哲学》2004年第4期。

［英］戴维·洛奇：《向这一切说再见——评伊格尔顿〈理论之后〉》，《国外理论动态》2006年第11期。

［英］特里·伊格尔顿、马修·博蒙特：《批评家的任务——特里·伊格尔顿对话录》，贾洁译，《马克思主义美学研究》2011年第1期。

［英］约翰·杜普雷：《评特里·伊格尔顿的〈再论基础与上层建筑〉》，苏东晓译，载刘纲纪主编《马克思主义美学研究》（第5辑），广西师范大学出版社2001年版。

柴焰：《当代马克思主义文化研究——特里·伊格尔顿对资本主义的文化批判》，《海南师范学院学报》（社会科学版）2005年第1期。

柴焰：《后现代主义的幻象——伊格尔顿对后现代主义的研究》，《鲁行经院学报》2003年第5期。

柴焰：《马克思主义当代形态的批评实践——特里·伊格尔顿对〈克拉莉莎〉的解读》，《山东社会科学》2004年第9期。

柴焰：《文化中心主义的马克思主义批判——伊格尔顿的爱尔兰文化研究》，《山东社会科学》2008年第5期。

柴焰：《政治与审美意识形态——特里·伊格尔顿文艺、美学思想研究》，博士学位论文，山东大学，2003年。

柴焰、刘佳：《"意识形态终结论"的马克思主义批判——特里·伊格尔顿的意识形态观》，《中国海洋大学学报》（社会科学版）2008年第6期。

陈定家：《艺术生产论的发展及当代意义》，《中国社会科学院研究生院学报》2001年第3期。

陈明华：《浅析伊格尔顿的文艺价值观》，《肇庆学院学报》2002年第4期。

陈培永：《后现代主义主体消亡话语的政治哲学解读》，《求索》2007年第11期。

陈学明：《论"西方马克思主义"的当代意义——从与后现代主义对立的视角看》，《复旦学报》（社会科学版）2003年第4期。

程代熙：《西方当代文艺理论：流派与流变——读伊格尔顿的〈文学原理引论〉》，《文艺理论与批评》1988年第6期。

程小平：《在"政治"与"文化"之间——对当代西方文论一种特点的描述》，《外国文学研究》2002年第1期。

段吉方：《20世纪英国马克思主义文学批评的理论发展和贡献》，《温州师范学院学报》（哲学社会科学版）2006年第4期。

段吉方：《"女性"、"解构"与"政治反讽"》，《文艺评论》

2007年第1期。

段吉方:《〈批评与意识形态〉与伊格尔顿前期文论研究的理论价值》,《贵州大学学报》(社会科学版)2020年第2期。

段吉方:《分裂与僭越——伊格尔顿〈审美意识形态〉的美学分析》,《文艺理论研究》2006年第2期。

段吉方:《伊格尔顿的后现代主义文化批判析论》,《天津社会科学》2006年第3期。

段吉方:《伊格尔顿文艺批评观念的理论意义及其局限》,《甘肃社会科学》2007年第4期。

段吉方:《意识形态视野中的批评实践——特里·伊格尔顿的文学批评理论》,《温州师范学院学报》(哲学社会科学版)2005年第3期。

段吉方:《意识形态与审美话语——伊格尔顿激进美学的逻辑和立场》,《广西师范大学学报》(哲学社会科学版)2005年第3期。

段吉方:《意识形态与政治批评——伊格尔顿文学思想研究》,博士学位论文,浙江大学,2004年。

方珏:《基于"他者"问题思考的资本主义伦理——政治批判——论伊格尔顿的"伦理学转向"》,《社会科学辑刊》2019年第3期。

方珏:《美学意识形态和身体政治学——略论伊格尔顿美学意识形态理论》,《国外社会科学》2008年第3期。

方珏:《伊格尔顿意识形态理论探要》,博士学位论文,复旦大学,2006年。

冯宪光:《论伊格尔顿的"文化生产"美学》,《文艺理论与批评》1997年第3期。

冯宪光:《伊格尔顿的"文化战争"论》,《绵阳师范学院学报》2009年第4期。

冯宪光：《中国新时期文论热点与西马文论的关系》，载刘纲纪主编《马克思主义美学研究》（第2辑），广西师范大学出版社1999年版。

郭志今：《文学与意识形态——伊格尔顿文学批评理论评析》，《浙江社会科学》1992年第3期。

韩洁、陈立华：《后现代图书馆学关于多元文化论的批判反思——以伊格尔顿的共同文化观为例》，《高校图书馆工作》2020年第4期。

韩秋红、李百玲：《马克思主义与后现代主义》，《当代世界与社会主义》2003年第2期。

贺晓武：《试论文学生产方式理论》，《北京航空航天大学学报》（社会科学版）2007年第2期。

胡友珍：《犀利的文化瞩望者——伊格尔顿文化批评观》，博士学位论文，中国人民大学，2006年。

华丽：《马克思主义与后现代主义关系的再思考》，《学习与探索》2008年第1期。

华明：《冷眼看后现代主义》，《中华读书报》2001年6月27日第17版。

黄茂文：《在意识形态与文学形式之间——试论特里·伊格尔顿的文学观》，《唐山师范学院学报》2006年第4期。

贾洁：《伊格尔顿爱尔兰研究中的民族主义内涵》，《黑龙江民族丛刊》2008年第3期。

李军：《从〈后现代主义的幻象〉看现代性与后现代》，《雁北师范学院学报》2005年第1期。

李炜：《文学理论的解构——伊格尔顿文学思想研究》，《扬州大学学报》（人文社会科学版）2008年第2期。

李炜：《伊格尔顿的解构思想研究》，博士学位论文，扬州大学，2008年。

李永新:《文本是如何被建构的?——试论伊格尔顿文学生产理论的英国马克思主义特征》,《福建论坛》(人文社会科学版) 2007年第9期。

李永新:《文化批评和美学研究中的领导权理论——兼论威廉斯和伊格尔顿对葛兰西领导权理论的接受与发展》,《文艺理论研究》2008年第2期。

李永新:《英国马克思主义美学在中国的译介与研究》,《河北学刊》2006年第6期。

李永新:《走向社会主义的共同文化——论伊格尔顿的共同文化观》,《外国美学》2016年第1期。

李永新:《作为不同意识形态协商实践的审美——论伊格尔顿的审美意识形态理论》,《广东社会科学》2007年第6期。

林广泽:《20世纪西方文论中的政治泛化——伊格尔顿的文学批评观探析》,《四川理工学院学报》(社会科学版) 2006年第2期。

林树明:《论特里·伊格尔顿的"性别视角"》,《文学评论》2010年第2期。

刘峰:《谈伊格尔顿的〈文学原理引论〉》,《文艺理论与批评》1987年第2期。

刘静、冯伟:《摆正文化的位置——伊格尔顿文化观探析》,《理论月刊》2018年第2期。

龙扬志、董惠敏:《游离的文学本质:伊格尔顿的文学观——兼论诗歌伦理》,《淮阴师范学院学报》(社会科学版) 2006年第5期。

陆扬:《读伊格尔顿〈美学意识形态〉》,《文艺理论与批评》1999年第1期。

罗良清、格明福:《意识形态:从阿尔都塞到伊格尔顿》,《南京社会科学》2006年第8期。

马驰:《透视历史关注当代——评伊格尔顿的美学观》,《常熟高专学报》2000年第3期。

马驰:《伊格尔顿:英国"新左派"的旗帜》,《西安教育学院学报》1997年第4期。

马海良:《历史—意识形态—文本——伊格尔顿文化政治批判方法的逻辑》,博士学位论文,北京师范大学,2000年。

马海良:《文化政治学的逻辑——伊格尔顿的文化批判思想概要》,《外国文学》1999年第4期。

马海良:《伊格尔顿的思想历程》,《山西大学学报》(哲学社会科学版)2000年第2期。

盛宁:《"理论热"的消退与文学理论研究的出路》,《南京大学学报》2007年第1期。

盛宁:《是起点还是终点——〈理论之后〉的启示》,《社会科学报》2005年12月1日第5版。

苏宏斌:《跨世纪的对话——评西方马克思主义的艺术生产理论》,《学习与探索》1998年第2期。

唐岫敏:《悲剧与现代社会——读伊格尔顿新著〈甜蜜的暴力〉》,《外国文学研究》2003年第3期。

汪正龙:《谈文学与文化研究中的意识形态批评》,《文艺理论研究》2003年第5期。

王逢振:《伊格尔顿和杰姆逊:西方马克思主义文学批评的新发展》,《外国文学评论》1989年第4期。

王健:《从审美走向伦理——论伊格尔顿身体美学理论的现实意义》,《当代文坛》2017年第3期。

王健:《伊格尔顿:意识形态的伦理维度》,《道德与文明》2017年第1期。

王杰:《幻象与真实——评特里·伊格尔顿的〈后现代主义的幻象〉》,《南方文坛》2001年第6期。

王杰:《漫长的革命:20世纪英国马克思主义文论的问题与理论立场》,《湖北大学学报》(哲学社会科学版)2008年第1期。

王杰、徐方赋:《"我不是后马克思主义者,我是马克思主义者"——特里·伊格尔顿访谈录》,《文艺研究》2008年第12期。

王杰、徐方赋:《"我的平台是整个世界"——特里·伊格尔顿访谈录》,《文艺理论与批评》2008年第5期。

王宁:《"后理论时代"西方理论思潮的走向》,《外国文学》2005年第3期。

王宁:《当代英美马克思主义文化批评》,《外国文学研究》2002年第1期。

王宁:《特里·伊格尔顿和他的马克思主义批评理论》,《南方文坛》2001年第3期。

王天保:《审美意识形态的辩证法——伊格尔顿美学思想研究》,博士学位论文,南京大学,2004年。

王天保:《伊格尔顿的文学生产论》,《郑州大学学报》(哲学社会科学版)2006年第1期。

王天保:《伊格尔顿的文学意识形态论》,《外国文学研究》2004年第2期。

王天保:《伊格尔顿的意识形态理论——兼论其对中国当代文论的启示》,《涪陵师范学院学报》2007年第2期。

王伟:《批评的冲突——论伊格尔顿〈文化的观念〉之接受偏差》,《华中学术》2021年第1期。

王曦:《伊格尔顿谈文化与上帝之死——兼评西方左翼的"神学转向"》,《文艺理论研究》2017年第2期。

王晓群:《理论的现状与未来》,《外国文学》2004年第6期。

王一川、梁刚:《辩证批判与对话——评伊格尔顿〈后现代主义的幻象〉》,《光明日报》2001年6月7日第C01版。

温恕：《文学生产论——从布莱希特到伊格尔顿》，博士学位论文，四川大学，2003年。

吴芳：《特里·伊格尔顿与女性主义》，《文艺理论研究》2011年第2期。

吴格非：《解析伊格尔顿对当代文化危机的一种理解范式》，《中国矿业大学学报》（社会科学版）2007年第4期。

吴炫：《伊格尔顿批判——兼谈否定主义的文学观》，《学术月刊》2008年第7期。

吴之昕、李霄翔：《伊格尔顿文化研究新视角：论理性和信仰》，《当代外国文学》2018年第2期。

吴之昕、袁久红：《多元文化论、"文化主义"与社会主义共同文化——伊格尔顿对后现代主义文化观念的批判反思》，《南京社会科学》2018年第9期。

伍晓明：《文学批评与意识形态——伊格尔顿的马克思主义文学批评观》，《文学评论》1988年第2期。

鲜益：《政治意识形态批评话语的沉潜与复归》，《西南民族学院学报》（哲学社会科学版）2003年第1期。

肖寒：《"革命的政治批评"——论伊格尔顿的审美意识形态理论》，博士学位论文，首都师范大学，2008年。

肖寒：《由"文本科学"到革命的"修辞学"——伊格尔顿政治批评观的确立》，《社会科学辑刊》2008年第3期。

肖琼：《论伊格尔顿悲剧理论中的伦理意识》，《学术论坛》2014年第9期。

谢华：《文学文本作为审美意识形态生产——伊格尔顿意识形态观解读》，《江西社会科学》2006年第12期。

徐刚：《美学意识形态：伊格尔顿的意识形态美学批判——兼谈"日常生活审美化"问题》，《理论学刊》2006年第2期。

杨耕：《后现代主义与现代主义、马克思主义关系的再思考》，

《文史哲》2003年第4期。

杨耕：《马克思主义哲学与后现代主义在当代的相遇》，《学术界》2000年第2期。

杨耕、张立波：《马克思哲学与后现代主义》，《哲学研究》1998年第9期。

姚大志：《詹姆森：马克思主义与后现代主义之间》，《山东大学学报》（哲学社会科学版）2003年第4期。

阴志科：《摹仿、身体、伦理——重审晚近伊格尔顿的身体观》，《湖北社会科学》2016年第6期。

阴志科：《特里·伊格尔顿发生"神学"转向了吗?》，《社会科学论坛》2016年第4期。

阴志科：《糟糕的康德：伊格尔顿伦理美学的起点》，《道德与文明》2017年第4期。

袁春红：《以身体的名义建构审美意识形态话语——伊格尔顿的美学批评观》，《云南民族大学学报》（哲学社会科学版）2004年第3期。

张盾：《重新辨析马克思创立历史唯物主义的理论本意——评后现代理论对马克思"生产"概念的批判》，《哲学研究》2005年第6期。

张离海：《马克思主义与后现代性》，《江汉论坛》2002年第8期。

张亮：《英国马克思主义的研究模式及方法》，《求是学刊》2006年第5期。

张亮：《英国马克思主义理论传统的兴起》，《国外理论动态》2006年第7期。

张平功：《文化主义的传承：解读英文研究》，《外语与外语教学》2003年第7期。

张伟：《论特里·伊格尔顿的审美文化理论》，《西北大学学报》

（哲学社会科学版）2008年第6期。

张玮：《伊格尔顿早期的马克思主义政治批评》，《江西社会科学》2014年第4期。

张旭东、胡亚敏、杨厚均、钟鲲：《杰姆逊：尚未打开就已合上的书?》，《社会科学报》2002年12月26日第6版。

赵昌龙：《审美实践与审美乌托邦——评伊格尔顿的〈审美意识形态〉》，《四川大学学报》（哲学社会科学版）1993年第2期。

赵光慧：《超越文化政治：走向宗教伦理的批评》，博士学位论文，南京师范大学，2007年。

赵光慧：《论特里·伊格尔顿的文化与文明观》，《外语研究》2015年第6期。

郑敏：《从对抗到多元——谈弗·杰姆逊学术思想的新变化》，《外国文学评论》1993年第4期。

周小仪：《批评理论之兴衰与全球化资本主义》，《外国文学》2007年第1期。

周小仪：《社会历史视野中的文学批评——伊格尔顿文学批评理论的发展轨迹》，《国外文学》2001年第4期。

英文论著

A. W. McHoul, "History Lessons: Eagleton and the Problem of the Space of Commentary", *Theory, Culture & Society*, Vol. 2, No. 2, 1984, pp. 105-122.

Catherine Gallagher, "The New Materialism in Marxist Aesthetics", *Theory and Society*, Vol. 9, No. 4, July 1980, pp. 633-646.

C. P. Watt, *Literature, Ideology and Society: a Critique of Lukacs, Goldmann and Eagleton*, London School of Economics, M. Phil., 1982.

David Alderson, *Terry Eagleton*, New York: Palgrave Macmillan, 2004.

David Couzens Hoy, "Deconstructing 'Ideology' ", *Philosophy and Literature*, Vol. 18, No. 1, Apr 1994, pp. 1–17.

David J. Herman, "Modernism versus Postmodernism: Towards an Analytic Distinction", *Poetics Today*, Vol. 12, No. 1 (Spring, 1991), Published by: Duke University Press, pp. 55–86.

Edward W. Said, "Opponents, Audiences, Constituencies, and Community", *Critical Inquiry*, Vol. 9, No. 1, Sept 1982, pp. 1–26.

Evelyn Cobley, "Hard Going after Theory", *English Studies in Canada*, Edmonton: Dec 2004. Vol. 30, Iss. 4.

Fred Pfeil, "Towards a Portable Marxist Criticism: A Critique and Suggestion", *College English*, Vol. 41, No. 7, Mar 1980, pp. 753–768.

Giuseppe Tassone, "Antinomies of Transcritique and Virtue Ethics: An Adornian Critique", *Philosophy & Social Criticism*, Vol. 34, No. 6, July 2008, pp. 665–684.

John Orr, "Hidden Agenda: Pierre Bourdieu and Terry Eagleton", *Reading Bourdieu on Society and Culture*, Oxford: Blackwell, 2000, pp. 126–141.

Kalyan Das Gupta, *Principles of Literary Evaluation in English Marxist Criticism: Christopher Caudwell, Raymond Williams, Terry Eagleton*, the University of British Columbia (Canada), Ph. D., 1985.

Katherine Elaine Hetrick, *"Having It Both Ways": Navigating Terry Eagleton's Contemporary Identities*, Villanova University, M. A., 2009, Adviser: Hugh J. Ormsby-Lennon.

Llewellyn Negrin, "Postmodernism and the Crisis in Criticism", *Phi-

losophy and Social Criticism, Vol. 19, No. 2, Apr 1993, pp. 171-193.

Matthew Sharpe, "The Aesthetics of Ideology, or 'The Critique of Ideological Judgment' in Eagleton and Zizek", *Political Theory*, Vol. 34, No. 1, Feb 2006, pp. 95-120.

Michael Moriarty, "Ideology and Literature", *Journal of Political Ideologies*, Vol. 11, No. 1, Feb 2006, pp. 43-60.

Nathalie M. Kuroiwa-Lewis, *Oedipus, Runaway Planes, and the Violence of the Scapegoat: A Burkean Analysis of Catharsis in the Rhetoric of Tragedy*, The University of Arizona, Ph. D. , 2007, Adviser: Roxanne Mountford.

Peter Conrard, "Terry Eagleton's review of Modern Times", *Modern Flaces, the London Review of Books*, November 12, 1998.

Roland Boer, "The Perpetual Allure of the Bible for Marxism", *Historical Materialism*, Vol. 15, No. 4, 2007, pp. 53-77.

Ronald Frankenberg, "Styles of Marxism, Styles of Criticism, Wuthering Heights: A Case Study", *The Sociological Review Monograph*, Vol. 26, Apr 1978, pp. 109-144.

San Juan, "Western Sociological Literary Theory: A Historical Survey", *Philippine Sociological Review*, Vol. 35, No. 3-4, July-Dec 1987, pp. 42-54.

Simon Ashley Stow, *The Literary Turn: Political Theory without Philosophy*, University of California, Berkeley, Ph. D. , 2002, Adviser: Shannon C. Stimson.

Terry Eagleton, *After Theory*, London, New York: Penguin Books, 2003.

Terry Eagleton, *Against the Grain: Essays 1975-1985*, London and New York: Verso, 1986.

参考文献

Terry Eagleton, *Crazy John and the Bishop and other Essays on Irish Culture*, Notre Dame: University of Notre Dame Press in Association with Field Day, 1998.

Terry Eagleton, *Criticism and Ideology: A Study in Marxist Literary Theory*, London: Verso, 2006. (First Published by NLB 1976)

Terry Eagleton, *Exiles and Emigration: Studies in Modern Literature*, London: Chatto & Windus, 1970.

Terry Eagleton, *Figures of Descent: Critical Essays on Spival Zizek and Others*, London and New York: Verso, 2003.

Terry Eagleton, *From Culture to Revolution*, ed. with Brian Wicker, London: Sheed & Ward, 1968.

Terry Eagleton, *Heathcliff and the Great Hunger: Studies in Irish Culture*, London and New York: Verso, 1995.

Terry Eagleton, *How to Read a Poem*, Oxford: Blackwell Pub, 2007.

Terry Eagleton, *Ideology*, Edited and Introduced by Terry Eagleton, New York: Longman, 1994.

Terry Eagleton, *Ideology: An Introduction*, London and New York: Verso, 2007.

Terry Eagleton, *Marx and Freedom*, London: Phoenix, 1997.

Terry Eagleton, *Marxism and Literary Criticism*, Berkeley and Los Angeles: University of California Press, 1976.

Terry Eagleton, *Myths of Power: A Marxist Study of the Brontes*, London: Macmillan, 1975.

Terry Eagleton, *Saint Oscar and Other Plays*, Oxford, Cambridge: Blackwell, 1997.

Terry Eagleton, *Saints and Scholars* (novel), London and New York: Verso, 1987.

Terry Eagleton, *Scholars and Rebels in Nineteenth-century Ireland*,

走向新的审美实践

Maiden, Mass.: Blackwell, 1999.

Terry Eagleton, *Shakespeare and Society: Critical Studies in Shakespearean Drama*, New York: Schocken Books, 1967.

Terry Eagleton, *Sweet Violence: The Idea of Tragic*, Oxford, Malden: Blackwell Publishers Ltd., 2003.

Terry Eagleton, *The Body as Language: Outline of A "New Left" Theology*, London: Sheed & Ward, 1970.

Terry Eagleton, *The Eagleton Reader*, ed. by Stephen Regan, Oxford: Blackwell Publishers Ltd., 1998.

Terry Eagleton, *The English Novel: an Introduction*, Malden, M. A.: Blackwell Pub., 2005.

Terry Eagleton, *The Function of Criticism: from The Spectator to Post-Structuralism*, London: Verso, 1984.

Terry Eagleton, *The Gatekeeper: A Memoir*, London: Allen Lane/Penguin, 2001.

Terry Eagleton, *The Ideology of the Aesthetics*, Oxford, Cambridge: Blackwell, 1990.

Terry Eagleton, *The Illusions of Postmodernism*, Oxford: Blackwell Publishers Ltd., 1996.

Terry Eagleton, *The Meaning of Life*, Oxford: Oxford University Press, 2007.

Terry Eagleton, *The New L Church (essays)*, Baltimore: Helicon, 1966.

Terry Eagleton, *The Rape of Clarissa: Writing, Sexuality and Class Struggle in Samuel Richardson*, Minneapolis: University of Minnesota Press, 1982.

Terry Eagleton, *The Truth about the Irish*, Dublin: New Island Books, 1998.

Terry Eagleton, *Walter Benjamin, or, Toward a Revolutionary Criticism*, London: Verso, 1981.

Terry Eagleton, *William Shakespeare*, Oxford, U. K. and New York, USA: Blackwell, 1987.

Terry Eagleton, *The Idea of Culture*, Oxford, Malden: Blackwell, 2000.

Vijay Devadas, Brett Nicholls, "Postcolonial Interventions: Gayatri Spivak, Three Wise Men and the Native Informant", *Critical Horizons*, Vol. 3, No. 1, Feb 2002, pp. 73–101.

Yang Lingui, *Materialist Shakespeare and Modern China*, Texas A & M University, Ph. D. , 2003, Adviser: James L. Harner.

后　　记

本书是在我的博士论文基础上修订而成，原作选题、框架、立论无不受益于中山大学中文系我的导师王坤教授的悉心指点。博士毕业后我任教于中山大学新华学院（今转设为广州新华学院），因忙于教学，学术研究几乎停滞。2015年到华南师范大学文学院访学，承蒙段吉方教授指点，重新燃起对博士论文选题的研究兴趣，着手修改部分章节，萌发出版专著的想法。直到2019年成功申报广东省哲学社会科学后期资助项目"伊格尔顿政治批评理论研究"，修订计划才提上日程。本书亦为这一项目的最终成果。在博士论文基础上，除进一步完善表述方式，使全文论证逻辑更加严谨，语言更加规范，内容修订主要体现在以下两个方面。

其一，收集国内外伊格尔顿研究的参考资料，增补国内外最近十年伊格尔顿研究的主要文献，了解伊格尔顿研究最新动向，重新论证选题研究意义，全面梳理国内外研究综述，力求论证逻辑更可靠。

其二，重读伊格尔顿经典著作（包括新出版的中译本），吸收伊格尔顿新著观点，梳理并强化其政治批评理论的前后延续性。如以马修·博蒙特的《批评家的任务——特里·伊格尔顿对话录》为依据，增补伊格尔顿的生平经历，着重描述了他与爱尔兰的关系、学习马克思主义理论以及参加社会主义活动实践的情况，以此说明伊格尔顿所受爱尔兰文化的影响以及他成为马克思主义者的原因；论述伊格尔顿的马克思主义信仰时，引用其新著《马克思为什么是对的》中的部分观点，充分论证伊格尔顿政治批评理论对马克思主义的继承与发展；重读伊格尔顿的重要著作《批评的功能》中关于欧洲现代批评实质性社会功能的分析论证，强化说明伊格尔顿的理论初衷及延续至今的批评逻辑；借助伊格尔顿新作《文学事件》《文学阅读指南》《如何读诗》中的例证分析，展示文学批评的形式主义批评方法及文学的政治价值，通过分析这些著作中关于文学形式问题的讨论，进一步论证了伊格尔顿政治批评理论的前后一致性。此外，还挖掘其他新材料，进一步充实马克思主义批评、批评的政治功能、意识形态批评、审美政治理论等关键问题的论证。

感谢我的博导王坤教授及中山大学文艺学导师组、答辩委员会。中山大学系统规范的学术训练带我真正摸到理论研究的大门，奠定了学术研究的根基，让我终身受益。王老师治学严谨，为文为人堪称表率，值得我终身学习，在他指导下搭建起来的伊格尔顿研究架构，为此次修改完善打下扎实的理论基础。本书部分章节早年也在《华南师范大学学报》《河南师范大学学报》《马克思主义美学研究》等刊物发表。感谢广东省哲社科规划办、广东省教育厅的经费支持，感谢广州新华学院的支持以及领导同行的勉励与帮助。感谢中国社会科学出版社的王丽媛老师，其专业素养及认真负责的态度让人钦佩。

理论研究是一件非常考验心智与耐力的工作，尽管我力求宁坐冷板凳，不写一字空，但是多年投入仍然自叹学识尚浅，对于伊格尔顿政治批评理论的探究仍有不少匮乏、遗憾之处。近几年，由于工作环境的影响，我的学术兴趣逐渐转向广东文学文化研究，在参加广东省教育厅"粤港澳大湾区文学与文化研究团队"项目（2020WCXTD010）期间，我尝试将伊格尔顿政治批评

走向新的审美实践

理论应用于批评实践,让文学理论回归文学批评现场,今后也将更多专注于批评理论的创新性应用与创造性转化,为推进中西方当代文论的融合贡献一份学术力量。

程　露

2023 年 10 月于广州